Erdogan Ercivan

Corona-Komplott

ERDOGAN ERCIVAN

CORONA
KOMPLOTT

Eine kontrollierte Neuordnung
der Welt mit synthetischen Viren?

SILBERSCHNUR VERLAG

Copyright © 2020 Verlag "Die Silberschnur" GmbH

ISBN: 978-3-89845-670-8

1. Auflage 2020

Gestaltung & Satz: XPresentation, Güllesheim
Umschlaggestaltung: XPresentation, Güllesheim; unter Verwendung verschiedener Motive: Virus: © geralt, pixabay.com; Doppelportrait: 127055837 © picture-alliance/Reuters/K. Lamarque/Hintergrund bearbeitet; Flaggen: © Motortion Films, shutterstock.com

Druck: Finidr, s.r.o. Cesky Tesin

Verlag "Die Silberschnur" GmbH · Steinstraße 1 · D-56593 Güllesheim
www.silberschnur.de · E-Mail: info@silberschnur.de

Inhaltsverzeichnis

VORWORT

Ganz offensichtlich wird es die Welt, wie wir sie noch bis zum 10. März 2020 kannten, in dieser Form nicht mehr geben. Das liegt vor allem an einem Eindringling aus der Mikrowelt, der das gesellschaftliche Miteinander von einem Tag auf den anderen – überall auf der Welt – auf den Kopf gestellt hat: das Coronavirus. Wie alle Viren hat auch dieses nur eine Aufgabe: sich zu vermehren und auszubreiten! Dieses Ziel ist von der Natur so einprogrammiert, ganz egal welchen Schwierigkeiten das Virus auf seinem Weg begegnet.

Als Kanzlerin Angela Merkel wegen der drohenden Pandemie gegen 21.00 Uhr den Notstand für Deutschland ausrief, machte sie schon vor ihrer Rede ein sehr besorgtes Gesicht, gerade so, als ob sie noch viel mehr von ihrem geheimen Wissen mitteilen wollte. Offenbar wusste sie schon, dass das 2019-nCo-Virus auch neue "synthetische" Hilfskomponenten besitzt, die, neben der Fähigkeit zur eigenständigen Replikation, insbesondere menschliche Wirtszellen für ihren Stoffwechsel angreifen. Gerade die Altersgenossen der Kanzlerin können durch den Virusangriff schwer erkranken und schnell ihr Leben verlieren. Chronisch kranke und Menschen ab 55 Jahren zählen zur Risikogruppe! Doch wie konnte Angela Merkel schon im September 2019 allen Bürgern im Fernsehen eine 10-tägige Vorratshaltung empfehlen, obwohl eine Pandemie erst sechs Monate später ausgerufen wurde? Wusste die Kanzlerin längst über das Coronavirus Bescheid?

Während US-Präsident Donald Trump sagt, dass es sich bei 2019-nCoV um ein "ausländisches", ein "China-Virus" handelt, das "aus einem Labor stammt" (!), lässt Chinas Xi Jinping die Vorwürfe von Außenamtssprecher Geng Shuang in Peking als "unverschämte Lügen" abweisen. Die Institutsprofessorin Zheng-Li Shi in Wuhan entgegnet sogar: "Ich schwöre bei meinem Leben, 2019-nCoV hat nichts mit unseren Laboren in Wuhan zu tun." – Alles nur Ablenkung? Wer ist tatsächlich für 2019-nCoV verantwortlich?

Die Virologie entwickelt auf der ganzen Welt immerzu irgendwelche gewinnbringenden "Mittel" gegen Viren, die wir ohne sie offenbar aber gar nicht erst hätten! Deshalb ist es mehr als merkwürdig, dass uns Politiker und Virologen noch immer verschweigen, das 2019-nCoV ganz offensichtlich aus Bestandteilen von Gebärmutterhalskrebszellen (HeLa), HIV-DNS, Ebola-RNS und SARS-CoV zusammengesetzt worden ist und in der Natur in dieser Form überhaupt nicht vorkommt. "Das lässt sich nur mit molekularen Instrumenten herstellen, die sich einzig und allein in einem Labor befinden", sagt Nobelpreisträger Professor Luc Montagnier. Dann kann 2019-nCoV nur als Auftragsarbeit in Form einer "synthetischen Aussaat" erstellt worden sein, die offenbar einen ganz bestimmten Zweck erfüllen soll. Doch welchen? Die Neuordnung der Welt?

Das Leben der 7,7 Milliarden Einwohner der Erde wird im Neokapitalismus lediglich von 200 Akteuren des Weltfinanzwesens beherrscht, wo Vermögensverwalter, Fondsmanager, Scheichs, Oligarchen und Familiendynastien spekulieren, investieren und ein Vermögen von ungefähr 51.000.000.000.000 US-Dollar hin- und herschieben. Dem gegenüber bestehen ungedeckelte Realschulden von insgesamt 188.000.000.000.000 US-Dollar, die mit Investitionsverschuldungen aus Giralgeldern (GeistGeld/GhostMoney) etwa viermal so hoch liegen. Weil aus dieser undurchsichtigen Situation heraus Bargeld inzwischen zu einer "Waffe" mutiert ist, wollen 200 "schwerbewaffnete" Akteure den Bürger in Zukunft mit einem Bargeldverbot entwaffnen, um ihre eigenen Interessen zu schützen - und die Politik hilft dabei! In einer bargeldlosen Welt gäbe es nämlich keine Untergrenze mehr für den Zins, und die Elite könnte jederzeit Konjunkturschwächen und falsche Entscheidungen in der Politik auf Kosten der Solidargemeinschaft durch Minuszinsen ausgleichen - und all das mit nur einem Verlierer: dem Volk.

Der Mensch der Zukunft bekommt schon als Baby ein Chipimplantat eingesetzt, das 2002 als Diebstahlüberwachung in der Lübecker Uni-Klinik begann und als Lebensüberwachung mit einem Bürgerpunktesystem enden wird. "Über die ungewöhnliche Überwachung hat sich in Lübeck noch keine Mutter beschwert", sagt Dr. Eduard Malik voller Zuversicht. Verwaltet wird die neue Weltordnung mit "Quantencomputern", an denen gleich mehrere Nationen arbeiten, doch nur die US-Amerikaner können hier mit einer erfolgreichen Entwicklung aufwarten. Nach der Fertigung des supraleitenden Prozessors "Sycamore" mit 54 Quantenbits von Google gaben die Spezialisten um John Martinis und Sergio Boixo von der Quantenforschungsabteilung im September 2019 bekannt, dass die Leistungsfähigkeit von "Sycamore" die ihr gestellten Aufgaben in nur 200 Sekunden lösen könne - zum Vergleich: Die schnellsten Supercomputer der Welt benötigten dafür rund 10.000 Jahre. Mit dem "Quantencomputer" besitzen die zum Teil "unsichtbar" bleibenden Akteure hinter der US-Regierung einen großen Vorteil gegenüber anderen Nationen und können, ohne Kriege zu führen, die "Weltmacht" an sich reißen. Kollateralschäden sind auf diesem Weg selbstverständlich eingeplant, solange die Elite nicht selbst davon betroffen ist!

Einen dieser Kollateralschäden konnte 2020 jeder miterleben: Ältere und Kranke bilden nicht nur einen unliebsamen Kostenapparat für jeden Staat, sondern verbrauchen auch die Ressourcen eines jeden Landes, ohne im Alter einen nachvollziehbaren Nutzen für die Gesellschaft zu erbringen – so zumindest die Meinung der Elite. Es existiert aber auch eine rassenspezifische virale "Aussaat", die zum Beispiel nur gegen Araber, Chinesen, Kaukasen oder Schwarze eingesetzt werden kann und nur diese Ethnien trifft! Während es deutschen Politikern, wie dem Tübinger Oberbürgermeister Boris Palmer, offenbar ganz egal ist, wen das Virus tötet, weil Ältere oder Kranke angeblich "in einem halben Jahr sowieso gestorben wären", sagt der Bundestagspräsident Wolfgang Schäuble: "Aber wenn ich höre, alles andere habe vor dem Schutz von Leben zurückzutreten, dann muss ich sagen: Das ist in dieser Absolutheit nicht richtig. Grundrechte beschränken sich gegenseitig. Wenn es überhaupt einen absoluten Wert in unserem Grundgesetz gibt, dann ist das die Würde des Menschen. Die ist unantastbar. Aber sie schließt nicht aus, dass wir sterben müssen."

Auch wenn viele Politiker scheinheilig wie "Helfer in der Not" auftreten, wissen sie längst, dass für die Neuordnung der Welt in Wahrheit von 200 Akteuren und ihren Helfern ein perfider Plan in Form der "Corona-Pandemie" ausgeheckt worden ist. Was bleibt, ist die Angst, die auf Jahre hinaus nicht nur der Impfindustrie Billionen an garantierten Einnahmen sichern wird ...

Kapitel 1

DIE LABORE XI JINPINGS

Als am Mittwoch, den 27. November 2019 die Sonne von der Frühe bis in die späten Abendstunden zwischen den Zangen des Sternbildes Skorpion hin- und herwanderte, kennzeichnete dieses Ereignis ein bis in uralte Zeiten zurückreichendes Himmelsphänomen und ein besonderes Datum. Die "Zangen des Skorpions" nahmen dabei die "Sonnenkinder" symbolisch in ihren "Würgegriff" und sagten ein "großes Unheil" voraus. Diese von der übrigen Welt kaum bemerkte, aber sehr merkwürdige Sternen-Sonnen-Konstellation fand nicht nur am 5.000. Todestag des altägyptischen Skorpionkönigs "Wḥꜥ Srq" und dem der Skorpiongötter DIN.GIR der Sumerer statt, sondern entspricht auch dem Tag, an dem ein "großes Unheil die Menschheit bedrohen" wird, was eine späte, nachträgliche Bestrafung der Götter darstellen soll.

Welche Götter sollen das denn sein? In unserer Gegenwart existieren neben dem Monotheismus doch gar keine Götter. Oder sind damit geheime Kontakte bestimmter Regierungen zu "außerirdischen Zivilisationen" gemeint, von denen die Normalbevölkerung in aller Regel immer nur Bruchstücke erfährt? Und mit welchem "großen Unheil" auf der Erde lassen sich gleich "alle Menschen" auf einmal bestrafen? Eine kosmische Katastrophe vielleicht?

Tatsächlich erreichte am 29. April 2020 der eiförmige, etwa vier Kilometer große Asteroid "1998 OR2" die Erde, der seit Beginn seiner Aufzeichnungen von Astronomen als "potenziell gefährlich" eingestuft wurde. Es gab jedoch keinen Grund, in Panik zu verfallen, weil "1998 OR2" ungefähr 6,3 Millionen Kilometer entfernt an der Erde vorbeizog und dadurch keine Gefahr mehr für die Menschen darstellte. Doch antike Keilschrifttexte aus dem Schöpfungsmythos der Sumerer berichten, dass, bevor die Menschen "durch Feuer" und eine "große Sintflut" bestraft wurden, die allererste Götterstrafe aus seltsamen, wachsenden und sich häufenden Krankheiten bestand, die bei den Leuten am Schluss "hohes Fieber" und "Schüttelfrost" verursachten, woraufhin der Mensch kurz danach verstarb. Ein synthetisches Virus von den Göttern des ersten Zeitalters, das gegen die Menschen eingesetzt wurde?

Verschleierte Pandemie?

Der chinesische Augenarzt Li Wenliang (1986-2020) hat am 30. Dezember 2019 in einer Online-Diskussionsgruppe von Medizinern und Studenten – genau wie in den antiken Schriften – auf eine auf mysteriöse Weise wachsende Anzahl von neuen Virusfällen in der 11-Millionen-Metropole Wuhan hingewiesen. Dabei wurden bei den Menschen durch das Virus vornehmlich die Atemwege angegriffen, und nach "hohem Fieber" und "Schüttelfrost" sind die meisten der Erkrankten verstorben. Eine Strafe der Götter?

Der Augenarzt verneinte und warnte in der Diskussionsgruppe stattdessen vor einer Wiederkehr des "Severe Acute Respiratory Syndrome-Coronavirus 2" ("Schweres Akutes Respiratorisches Syndrom"), das als SARS-CoV bereits vor zwei Jahrzehnten China heimsuchte. 2002 war in der chinesischen

Provinz Guandong eine Virus-epidemie ausgebrochen, die sich bis zum Juli 2003 in 37 Ländern ausbreitete und insgesamt 8094 Menschen mit dem SARS-CoV infizierte, wovon 774 verstarben. Li Wenliang erkannte als Arzt schnell dieselben Symptome wie bei SARS-CoV, an denen jetzt die Bevölkerung in Wuhan litt.

Doch schon kurz nach der Warnung des Augenarztes waren acht Teilnehmer an seiner Diskus-sionsgruppe von der Polizei wegen "Verbreitung von Gerüchten" vorgeladen und verwarnt worden. Die Teilnehmer mussten eine Erklärung unterschreiben, dass sie nichts mehr über den Ausbruch einer ominösen Virus-krankheit enthüllen und im Internet verbreiten würden. Die Zentralregierung in Peking befürchtete durch solche Veröffent-lichungen weitere negative Auswirkungen auf die chinesische Wirtschaft, nachdem in jüngster Zeit die Beziehungen zu den USA unter Präsident Donald Trump recht angespannt waren. Während sich das "neue" Coronavirus als Krankheit 2019-nCoV allmählich zur globalen Pandemie ausbreitete, ist ihm somit ein weiteres gefährliches Virus ganz dicht auf dem Fuße gefolgt: die Geißel von chinesischen Politikern und Behörden, die wichtige Daten verschleierten, Informationen unterdrückten und nicht nur ihre Bürger über die Virusseuche falsch infor-mierten. Die große Desinformation für den Rest der Welt brach am Anfang der 2019-nCOV-Pandemie also ebenfalls zuerst im chinesischen Wuhan aus – und das nur, um wirt-schaftliche Interessen zu schützen!

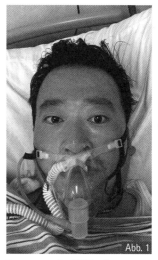

Abb. 1

Augenarzt Dr. Li Wenliang

Li Wenliang wurde ebenfalls beschuldigt, unlautere Nachrichten verbreitet zu haben, und wurde mitten in der Nacht von den Gesundheitsbehörden vorgeladen. Er musste sogar schriftlich eingestehen, in seinem Chat "falsche Kommentare" abgegeben zu haben. Seine Warnungen blieben damit bis auf Weiteres unbeachtet, und nachdem er sich nur einige Zeit später bei einer Patientin selbst mit 2019-nCoV infizierte, ist der Augenarzt am 7. Februar 2020 mit nicht einmal 34 Jahren an dem mysteriösen "Coronavirus" verstorben.

Eiserne Hand?

Als die Pandemie in der chinesischen Region Einzug hielt, wurde Wuhan von Anfang an zum Spielplatz zweier unterschiedlicher Plots: einer sanitären, von der Regierung genehmigten Version von Ereignissen – und einer ganz anderen Realität vor Ort. Privatpersonen posteten Handyvideos, als in der Stadt die Quarantäne mit brutaler Gewalt verhängt wurde. Nachbarn und Passanten wurden durch Korridore getrieben und wie im Holocaust des Zweiten Weltkriegs in Lieferwagen getreten. Einfache Arbeiter schrien Menschen an, hämmerten dabei mit Brettern Türen von Wohngebäuden zu und schränkten sie so massiv in ihrer Bewegungsfreiheit ein. Die Videos von den schrecklichen Bildern wurden alle in YouTube eingestellt. Doch parallel zu diesen schockierenden Bildern veröffentlichten in der Zwischenzeit staatlich kontrollierte Medien einen steten Strom fröhlicher Videoschnipsel, die angebliche Viruspatienten zeigten, die neben ihren Krankenhausbetten tanzten, sowie glückliche Mitarbeiter des Gesundheitswesens, die sich die Haare rasierten, um damit die Hygiene zu fördern.

Von da an wurde es immer schlimmer. Mindestens drei chinesische Bürgerjournalisten (Fang Bin, Chen Qiushi, Xu

Zhiyong), die über das Virus berichtet haben, sind ebenfalls in Haft verschwunden, so dass ihr Aufenthaltsort lange Zeit unbekannt blieb. Ein ehemaliger Fernsehjournalist der chinesischen Regierung filmte dabei sogar seine eigene Verhaftung; das Video kann noch immer auf YouTube

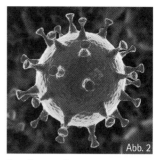
Abb. 2
Das Coronavirus

angeschaut werden (obwohl es in China wahrscheinlich zensiert wird). Nachdem der Essayist und Aktivist Xu Zhiyong die Reaktionen des chinesischen Präsidenten Xi Jinping auf das Virus kritisiert hat, befindet er sich ebenso in "geheimer Haft", wobei dem Juristen eine 15-jährige Haftstrafe wegen "Subversion" droht.

Nach mehreren panischen Wochen hat der chinesische Präsident Xi Jinping dann eine Propagandaoffensive gestartet, um sein Handeln sowohl einer zunehmend wütenden Bevölkerung als auch einer skeptischen Welt im Ausland zu erklären. Denn wegen seiner Verzögerungstaktik und seiner zurückhaltenden Informationspolitik wurde der Präsident zunehmend nicht nur im Ausland, sondern auch von Chinesen immer öfter kritisiert. Daraufhin drängte Xi Jinping sein Politkomitee aggressiv auf eine Gegendarstellung, die den vorbildlichen chinesischen Umgang mit dem Virus sowie Beweise für die Tugenden des autoritären Systems zeigen sollte. Die Zentralregierung in Peking versprach, für die Zuschauer überall dort vorbildlicher aufzutreten, wo Wuhan-Beamte bislang versagt hatten.

Beamte der Zentralregierung haben dann sowohl der Öffentlichkeit als auch externen Gruppen wie der Weltgesundheitsorganisation (WHO) mehr Transparenz zugesagt und sogar eine "Whistleblower-Hotline" in die äußerst beliebte

"WeChat-Messaging-App" eingeführt. Doch sind solche Maßnahmen ungefähr so überzeugend wie ein Chef des organisierten Verbrechens, der eine "Start Snitching"-Kampagne startet. Mangelnde Transparenz und die Angst, sich in das teils undurchsichtige Gewebe von Xi Jinpings China einzumischen, können für eine Krise nicht einfach weggeworfen werden. Transparenz ist kein Fenster, das nach dem Willen des Staates geöffnet und geschlossen werden kann, wenn er dies für nützlich hält. Selbst wenn die Behörden der Zentralregierung möglicherweise wirklich Transparenz wollten – schon allein, damit sie selbst wissen, was los ist. Aber sie wollten offensichtlich trotzdem keine auf ganzer Linie, sondern nur zu diesem einen spezifischen Thema.

Verlorene Tote?

In Wahrheit schien die Epidemie in China weit über das bis dahin öffentlich bekannt gemachte Maß fortgeschritten zu sein. Tatsächlich wurden am 1. Februar 2020 akribische Zahlen mit Datenserien veröffentlicht, was ganz offensichtlich einer "Panne" in der Amtsstelle der Wuhan-Beamten zuzuschreiben war. Sie veröffentlichten vollkommen andere Zahlen von erkrankten und verstorbenen Chinesen, als die chinesische Zentralregierung in Peking bis heute zugeben will. Danach gab es bis zu diesem Tag 154023 Erkrankte, 79808 Verdachtsfälle, 24589 Tote und 269 wieder genesene Personen. Doch nachdem das "Versehen" festgestellt und aus Peking gerügt wurde, stellten die Verantwortlichen am 2. Februar 2020 völlig andere offizielle Zahlen und Datenreihen vor. Jetzt waren es nur noch 14446 Erkrankte, 19544 Verdachtsfälle, 304 Tote und 351 wieder genesene Personen. Xi Jinping ließ die Erkrankten um 140.000 Personen, die Verdachtsfälle um 60.000 Personen und die Todesfälle um 24.000 Personen einfach nach unten korrigieren. Nachdem auch die aktuellen chinesischen Zahlen im Laufe der Zeit wegen ihrer Unverhältnismäßigkeiten im Ausland immer wieder angezweifelt wurden, hat die Zentralregierung am 17. April

Abb. 3
Xi Jinping während der Coronakise

2020 die Todesfälle um 1290 Personen nach oben korrigiert und dabei immer noch 22710 Tote einfach unter dem Teppich gekehrt. China gibt also immer nur das zu, was nicht mehr zu verbergen ist!

In Wuhan wurden allerdings zudem viele Leichen eingeäschert, ohne die Todesursache - womöglich durch ein Coronavirus - festzustellen, so dass viele Fälle überhaupt nicht registriert sind. Dadurch ist die Situation äußerst schwierig geworden, weil man nicht mehr sagen kann, wie tödlich das Virus am Anfang tatsächlich gewesen ist. Es gibt definitiv keine wirklich neue Transparenz in China. Viele im Westen sind jedenfalls auf die Erzählungen Xi Jinpings hereingefallen, in denen er schließlich auch verkündete, in seinem Land seien seit dem 18. März 2020 keine Infektionen mehr vorgekommen und die, die es gebe, würden lediglich von Reisenden aus dem Ausland eingeschleppt. Trotz all dieser Umstände und noch immer nicht wirklich transparenter Zahlen von Fällen, plant die Regierung um Xi Jinping sogar die Veröffentlichung eines Buches, das aus dem Mandarin in fünf Sprachen übersetzt wird und den chinesischen Sieg über das Coronavirus verkündet. Nicht verkündet wird dabei allerdings, dass es sich bei all den positiven Berichten nur um "einseitige" handelt, da ausländische und insbesondere amerikanische Journalisten von der Zentralregierung in Peking zuvor außer Landes verwiesen worden sind.

Nachdem die WHO am 11. März 2020 für die restliche Welt eine Pandemie ausrief, hatte das neue Coronavirus aus dem chinesischen Wuhan inzwischen die entlegensten Gebiete der Erde erreicht und die Welt in seinen "Zangengriff" genommen. In Europa waren insbesondere Spanien und Italien mit der Situation mehr als überfordert und hatten bis dahin die meisten Todesfälle zu beklagen. Die Präsidentin der Europäischen Kommission, Ursula von der Leyen, musste im März 2020 eingestehen: "Die Politik hat die Lage mit dem Coronavirus vollkommen unterschätzt."

Weltverschwörung?

War das Coronavirus ein Anschlag auf die Menschheit? Lag der Pandemie eine vorsätzliche Absicht zugrunde, die Welt bewusst ins Chaos zu stürzen, um sie dann wieder neu zu ordnen? Haben wir es bei dem Einsatz von 2019-nCoV in Wahrheit mit einer großangelegten Verschwörung zu tun?

Auch wenn Psychologen den Anhängern von Verschwörungstheorien keine Geisteskrankheit unterstellen, so deutet die Mehrzahl der "Seelenklempner" solche Vorstellungen doch zumeist als eine krankhafte "Paranoia" des Menschen, der diesen "irrsinnigen" Theorien nachgeht. Als Verschwörungstheorie wird im weitesten Sinne der Versuch bezeichnet, ein Ereignis oder eine besondere Entwicklung einer "unlogisch" erscheinenden Sachlage durch eine Verschwörung zu erklären. Diese soll, durch das zielgerichtete, konspirative Wirken einer meist kleinen, eingeweihten Gruppe von mächtigen Akteuren, zu einem meist illegalen oder illegitimen Zweck genutzt werden. Verbirgt sich hinter dem 2019-nCoV also die Absicht einer geheimen Gruppe von mächtigen Akteuren oder haben wir es nur mit einem zufällig "mutierten" Virus aus der Tierwelt zu tun, das nun die Menschheit bedroht?

Eigentlich galt die von SARS-CoV ausgehende Gefahr einer Infizierung von Menschen längst als behoben, weil 2002 die schnelle Reaktion der WHO das Problem der entstandenen Pandemie zeitnah gelöst hatte. Doch woher das Virus tatsächlich kam, war lange Zeit unklar. Erst im März 2003, als kanadische Wissenschaftler 29.700 Basenpaare aus der Gensequenz dieser Viren ermitteln konnten, wurde SARS-CoV einer Fledermausart zugewiesen und man sah klarer. Die Sequenzierung eines gesamten Virus war bis dahin zuvor nur dreimal gelungen: zuerst bei der "Phage Phi X 174", einer Bakteriophage, dann beim "Polio-Virus" und nur etwas später auch beim Influenzavirus der "Spanischen Grippe" (A/H1N1).

Eine Besonderheit der "Spanischen Grippe" war es, dass ihr vor allem 20- bis 40-jährige Menschen erlagen und auch schwangere Frauen im letzten Drittel ihrer Schwangerschaft extremst gefährdet waren. Ungeachtet des irreführenden Namens, der auf falsche zeitgenössische Zeitungsmeldungen zurückgeht, sind die meisten Wissenschaftler heute davon überzeugt, dass die Pandemie durch A/H1N1 ihren Ursprung nicht in Spanien, sondern in den USA hatte und weltweit über 50 Millionen Todesopfer forderte.

Auch wenn die Umstände des Ausbruchs noch immer nicht restlos geklärt sind, gelten die Nachrichten als sicher, dass die "Spanische Grippe" Soldaten mitbrachten, die im März 1918 in Ausbildungslagern der USA für den Einsatz im Ersten Weltkrieg vorbereitet wurden. Zum Jahresanfang 1918 behandelte dort der Landarzt Loring Miner (1860-1935) zahlreiche Patienten in "Fort Riley" (Haskell County, Kansas), deren Grippesymptome überdurchschnittlich heftig waren. Bei einem Ausbruch

Fort Riley (Haskell County, Kansas) 1918

am 4. März 1918 gab es innerhalb einer Woche bis zu 500 erkrankte Soldaten, die ins Krankenhaus eingeliefert wurden. Den Krankheitsverlauf schildert Miner als rasend schnell und gelegentlich tödlich. Miner war über diesen Krankheitsausbruch so beunruhigt, dass er sich an den "United States Public Health Service" (PHS) des Militärs wandte, wo man seine Bitte um Unterstützung jedoch seltsamerweise ignorierte. Die von den Influenzaviren ausgelöste Pandemie erreichte im Mai 1918 aus den USA zuerst Japan, dann die Philippinen, Kanada, Mexiko und kam schließlich mit den amerikanischen Soldaten an die Westfront in Frankreich. Von dort aus verbreiteten sich die Krankheitserreger im restlichen Europa, einschließlich Spanien, Südamerika, Afrika und Asien.

Teuflische Absichten?

Während Influenzaviren ansonsten besonders Kleinkinder und alte Menschen gefährden, war es bei A/H1N1 auffällig, dass gerade die als Soldaten oder Freiheitskämpfer infrage kommenden 20- bis 40-Jährigen von dem Virus dahingerafft wurden. Gab es dafür besondere Gründe? Während der Virologe Jeffrey Karl Taubenberger den Erreger der Spanischen Grippe 2005 in der Fachzeitschrift "The Lancet" rekonstruierte, vertrat er die Ansicht, dass "kurz vor 1918 ein komplettes Influenzavirus von Vögeln auf den Menschen übergegangen" sei. Doch andere Forscher widersprachen ihm und vermuteten bei A/H1N1 eine Rekombination mit Gensegmenten aus Schweine-Influenzaviren; irgendjemand musste den Vogelvirus mit dem Schweinevirus künstlich zusammengebracht haben. Zudem konnte bei A/H1N1 eine genetische Verbindung zur seit 1872 in den USA grassierenden Pferdeinfluenza ausgemacht werden, und sieben von acht Genen des Virus hatten eine große Ähnlichkeit mit Influenzagenen, die man nur bei Vögeln in Nordamerika fand.

Im Herbst 1918 kehrte die "Büchse der Pandora" nach Kansas zurück, und Regierungsbeamte ergriffen rasch Maßnahmen gegen die Ausbreitung der Krankheit durch A/H1N1. Samuel J. Crumbine (1862-1954) war der Sekretär des "State Board of Health" und startete eine Kampagne, um die Öffentlichkeit in Kansas über die Grippe und die Vorsorgemöglichkeiten zu informieren. Doch trotz dieser Maßnahmen wurden in Kansas immer noch Hunderte von Todesfällen gemeldet, und schließlich mussten Gesundheitsbeamte einzelne Städte in Quarantäne stellen. Durch die Schließung von Schulen, öffentlichen Versammlungen, Theatern, Gottesdiensten und die Begrenzung der Anzahl an Personen in Geschäften hofften die Regierungsbeamten in Kansas, den Ausbruch zu begrenzen und wollten verhindern, dass noch mehr Menschen erkrankten.

Doch war solch eine "teuflische Absicht" 1918 überhaupt schon möglich?

Der römische Medizinschriftsteller Aulus Cornelius Celsus (25 v. Chr.-50 n. Chr.) bezeichnete bereits vor 2.000 Jahren den Speichel, durch den die Tollwut übertragen wird, als "Virus" und berief sich dabei auf babylonische Texte, die aus seiner Zeit noch einmal bis 2.000 Jahre in die Vergangenheit zurückreichten. Der erste Nachweis eines tierischen Virus im Industriezeitalter gelang indes 1898 Friedrich Loeffler (1852-1915) und Paul Frosch (1860-1928), die das Maul- und Klauenseuche-Virus entdeckten.

Abb. 5

Spanische Grippe in Europa

Man hatte sich also schon seit mindestens 20 Jahren mit Viren auseinandergesetzt, auch bei der Kriegsführung. Denn in den USA war es im Sommer 1765 der britische Feldmarschall Jeffrey Amherst (1717-1797), der den Eingeborenen zwei pockenverseuchte Decken als "Biowaffe" unterjubelte, das Ganze mit den Worten: "Wir müssen jede Methode anwenden, um diese abscheuliche Rasse auszulöschen." Danach starben Tausende von Indianern. Eine Methode, die ganz offensichtlich auch im Ersten Weltkrieg angewendet wurde. Das könnten zumindest jüngste Erfahrungen in den USA noch einmal bestätigen.

Im Frühjahr 2009 breitete sich ein neuartiger Subtyp des H1N1-Virus mit der Bezeichnung "A/California/7/2009 (H1N1)" zunächst in Nordamerika aus und verursachte bald darauf eine Pandemie. Offiziell hieß es, die pandemische Variante des Virus (pdmH1N1) sei angeblich in mexikanischen Schweinefarmen entstanden, wofür man sogar eine 2016 publizierte Studie in Auftrag gegeben hatte. Tatsächlich erhielten am 15. September 2009 vier Hersteller von Influenzaimpfstoffen (CSL Limited, Novartis Vaccines and Diagnostics Limited, MedImmune LLC, Sanofi Pasteur) von der amerikanischen "Food and Drug Administration" (FDA) die Zulassung für die Verwendung von monovalenten Influenza-A-Impfstoffen (H1N1). Wie die Entwicklung der zulassungsfähigen Impfstoffe den Pharmaunternehmen in so kurzer Zeit gelingen konnte, bleibt ein Rätsel.

Zwischen 2010 und Januar 2015 wurden, laut der EudraVigilance-Datenbank der Europäischen Arzneimittelagentur, allerdings mehr als 1.300 Fälle bei geimpften Personen bekannt, die nach der Behandlung Narkolepsie bekamen. Das ist eine lebenslang andauernde neurologische Erkrankung, die zu einer Störung des Schlaf-Wach-Rhythmus führt und sich durch eine übermäßige Tagesschläfrigkeit auszeichnet. In Schweden wurde daraufhin 2016 ein Gesetz für die Entschädigung von Betroffenen verabschiedet, während man den 86 aufgetretenen Fällen in Deutschland kaum Beachtung schenkte. Mit 29.700 Basenpaaren ist das Coronavirus allerdings viermal größer als A/H1N1 und andere Viren.

Verdächtige Patente?

Seltsamerweise hat eine Forschergruppe um Ralph S. Baric das SARS-CoV über die Vanderbilt University in Nashville nur einige Jahre nach der Pandemie 2002 zum ersten Mal "synthetisch" hergestellt und im Jahre 2008 darauf sogar ein Patent (PNAS 2008; doi: 10.1073/pnas.0808116105) angemeldet. Weil das Forschungsteam um Baric aus den Ergebnissen der Kanadier wusste, dass das Virus bei verschiedenen Fledermausarten zu finden war, einigten sich die Forscher bei der Herstellung auf einen bestimmten Fledermaustyp, aus dem dann die erforderlichen Genbausteine synthetisch modelliert wurden. Ob auch 2019-nCoV eine synthetische Weiterentwicklung des PNAS 2008 ist, werden wir im weiteren Verlauf dieses Buches noch herausfinden. Befremdlicherweise gibt es unter der Nummer EP31723119B1 auch im "European Patent Office" mindestens eine Anmeldung zur Modifizierung von SARS-CoV. Darüber hinaus haben die Chinesen unter der Patentnummer CN 1276777C selbstverständlich ebenfalls eine genetisch veränderte S-Version des SARS-CoV patentieren lassen. Aus welchem Grund aber waren diese künstlichen

Eingriffe und Veränderungen in den Laboren an dem zuvor nur halb so gefährlichen Virus notwendig geworden?

Angeblich sollten gerade kleinere Modifikationen im Gen des Virusrezeptors dazu dienen, rechtzeitig Impfstoffe oder Medikamente gegen diese Bedrohung zu finden, so dass man für den hypothetischen Fall einer neuen SARS-Epidemie gewappnet war. Seltsamerweise wurden bis heute jedoch weder Medikamente noch Impfstoffe hergestellt, obwohl seit dem ersten Auftreten des SARS-CoV-Risikos zwei Jahrzehnte verstrichen sind. Darüber hinaus bilden die synthetisch hergestellten Viren seit den Eingriffen ins Genom eine vollkommen neue Gefahr und könnten außerhalb des Labors jederzeit den Beginn einer weltweiten Pandemie bedeuten, was nun ganz offensichtlich auch eingetreten ist.

Warum gab es noch immer keine Impfstoffe oder Medikamente, wenn die synthetische Herstellung des SARS-CoV nur zum Wohle des Menschen vorgenommen wurde? Wird in Wahrheit an neuen Formen von Biowaffen gearbeitet? "Keines dieser Patente hat irgendetwas mit der neuen Form von 2019-nCoV zu tun", bekräftigt der Virologe Matthew B. Frieman von der Universität Maryland (Johns Hopkins University). Aber stimmt das wirklich? Was will man verheimlichen?

Herkunft 2019-nCoV?

Für alle Laboratorien, in denen mit gentechnisch veränderten Organismen gearbeitet wird, gilt eine Einstufung in vier biologische Sicherheitsstufen, die als S1-Labor bis S4-Labor (international BSL-1 bis BSL-4) bezeichnet werden, was in etwa der EU-Richtlinie 2.000/54/EG entspricht. In China wurde mit französischer Hilfe bis 2015 das "Wuhan Institute of Virology" (WIV) mit der internationalen bautechnischen Sicherheitsstufe BSL-4

gebaut und 2017 vollstän-
dig in Betrieb genommen.
Noch vor der staatlichen
Gründung der WIV betä-
tigten sich US-amerikani-
sche Nichtregierungsor-
ganisationen (NRO oder
English NGO) in den ver-

Wuhan Institute of Virology

schiedensten Laboren in China, ohne durch ein öffentliches
Mandat dafür legitimiert zu sein, und führten dabei viele unbekannte biologische Experimente durch, die jedoch alle so illegal waren, dass die chinesischen Behörden sehr wütend reagierten.

Angeblich dienten die Aktivitäten der privaten Organisationen dazu, Leid zu mindern, die Interessen der Armen in der
Öffentlichkeit zu vertreten, die Umwelt zu schützen und grundlegende soziale Dienste zu leisten. Doch insbesondere die bekannt gewordenen Versuche und Experimente, die von der renommierten Harvard Universität heimlich in China durchgeführt wurden, hatten die Behörden schon Jahre zuvor verboten.
Dabei wurden seltsamerweise auch viele hunderttausend chinesische DNS-Proben gesammelt, die dann das Land verließen.
Die Chinesen waren sehr besorgt, als sie erfuhren, dass die
Amerikaner zu einem unbestimmten Zweck chinesische DNS
sammelten. Die Zentralregierung in Peking griff ein und verbot
den weiteren Export der Daten. Man kam von chinesischer
Seite zu dem Schluss, dass die "Forschungen der Harvard Universität vom US-Militär in Auftrag gegeben" worden sind und
die DNS-Proben für die rassenspezifische Biowaffenforschung
in den USA bestimmt waren. Dass für das Pentagon in den
USA ganz offensichtlich für unlautere Zwecke rassenspezifische
Daten stets von Interesse sind, beweist eine Ausschreibung

Ausschreibung US-Air Force

vom 18. Juli 2017, die bis zum 19. Juli 2017 unter der Nummer FA3016-17-U-0164 geführt wurde. Darin fragte die US-Air Force Gewebeproben von russischen und kaukasischen Menschentypen an. Die RNS-Proteine sollen vornehmlich aus den Handgelenken der Proban den entnommen werden, mit dem ausdrücklichen Verweis, dass RNS-Proben von Ukrainern für diese Ausschreibung nicht akzeptiert werden können. Wozu benötigt das Pentagon derartige Proben?

Tatsächlich ist es merkwürdig, dass gerade die Harvard Universität in 1350 Massachusetts Avenue, Suite 350 Cambridge, MA 02138-3654 schon Anfang Dezember 2019 folgenden Text auf ihre Homepage gestellt hat: "Es muss dringend projiziert werden, wie sich die Übertragung des neuartigen Betacoronavirus SARS-CoV-2 in den kommenden Jahren entwickeln wird. Diese Dynamik hängt von der Saisonalität, der Dauer der Immunität und der Stärke der Kreuzimmunität gegen/von den anderen menschlichen Coronaviren ab. Anhand von Daten aus den USA haben wir gemessen, wie diese Faktoren die Übertragung der menschlichen Betacoronaviren HCoV-OC43 und HCoV-HKU1 beeinflussen. Anschließend haben wir ein mathematisches Modell erstellt, um die Übertragung von SARS-CoV-2 bis zum Jahr 2025 zu simulieren. Wir gehen davon aus, dass wiederkehrende Ausbrüche von SARS-CoV-2 im Winter wahrscheinlich nach einer anfänglichen Pandemiewelle auftreten werden. Wir fassen die gesamte Bandbreite plausibler Übertragungsszenarien zusammen und identifizieren Schlüsseldaten,

die noch zur Unterscheidung erforderlich sind, vor allem serologische Längsschnittstudien zur Bestimmung der Dauer
der Immunität gegen SARS-CoV-2."

SARS-CoV-2 meint in dem Text nichts anderes als das aktuelle 2019-nCoV. Doch wie kam es, dass die Harvard Universität schon einen Monat vor der im Januar 2020 folgenden
Pandemiewelle über das Virus argumentieren konnte? Ist das
ein Beweis, dass 2019-nCoV "made in America" ist?

Planvolle Manipulation?

Das chinesische WIV-Institut wurde ganz offensichtlich aus
den begründeten Verdachtsmomenten heraus eingerichtet, um
den "Wild-West-Methoden" der Amerikaner in den heimischen
Laboren Einhalt zu gebieten, wonach Laborforschungen der
Sicherheitsstufe BSL3-4 in China nur noch unter staatlicher
Kontrolle betrieben werden dürfen. Ausschließlich diesen
Hochsicherheitseinrichtungen wird erlaubt, mit Biostoffen der
höchsten Risikogruppe überhaupt zu arbeiten, die laut der
Biostoffverordnung insbesondere "eine schwere Krankheit beim
Menschen hervorrufen und eine ernste Gefahr [nicht nur] für
Beschäftigte darstellen". Hierzu zählen beispielsweise Erreger
von Ebola bis Pocken – und selbstverständlich auch SARS.

Generaldirektorin im WIV-Institut, an dem 37 Forschungsgruppen in fünf Zentren arbeiten, ist Yanyi Wang. Unter der
Aufsicht des Vertreters der Kommunistischen Partei Changcai
He wird seit Eröffnung der Einrichtung an verschiedenen Themen gearbeitet: Molekularvirologie, Virus-Pathologie, neuartige
Infektionskrankheiten, analytische Mikrobiologie und Nano-
biologie sowie mikrobielle Virusstammkulturen und ihre Anwendungen. Obwohl die Fertigstellung des Labors gerade
wegen der Sicherheitsanforderungen über ein Jahrzehnt dauerte,

äußerten sich westliche Wissenschaftler wie der US-amerikanische Molekularbiologe Richard H. Ebright besorgt über das Tempo und die Geschwindigkeit der Pläne Chinas zum Ausbau der BSL-4-Labore. Allerdings ist das WIV-Labor seit 2015 auch eng mit dem amerikanischen Galveston National Laboratory (GNL) an der University of Texas verbunden, was vermutlich den zwischenzeitlichen Sinneswandel von Ebright in seiner Einschätzung in Zusammenhang mit 2019-nCoV und dem WIV erklären könnte. Im Januar 2020 bezeichnete der Molekularbiologe Ebright das chinesische Institut nämlich auf einmal als eine "vortreffliche Forschungseinrichtung, die erstklassige Wissenschaft in Virologie und Immunologie betreibt".

Wie die aktualisierte positive Bewertung zustande kam und welche gegenseitigen Interessen damit tatsächlich verbunden sind, darf an dieser Stelle nur vermutet werden. Ob sich aber das WIV-Labor einen wirklichen Gefallen damit getan hat, erneut mit den Amerikanern zusammenzuarbeiten, darf bezweifelt werden. Während Ebright inzwischen auch mehrere Verschwörungstheorien in Bezug auf die WIV ablehnte, erklärte er aber am 5. Februar 2020 gegenüber der BBC China, dass seine Ablehnung nicht immer alle Möglichkeiten oder Szenarien widerspiegeln könne und dass das Virus durchaus erst aufgrund "eines Laborunfalls in die Welt ausgetreten" sein könne, was er nicht "vollständig ausschließen" wolle. Warum der neue Sinneswandel vom Sinneswandel? War es nur ein vorsorglicher Widerspruch?

2019-nCoV synthetisch?

Mitte März 2020 veröffentlichten Forscher um den schwedischen Mikrobiologieprofessor Kristian Andersen ihre neue Analyse über das Coronavirus, worin sie gezielt der Frage

nachgingen, ob das Virus tatsächlich synthetisch hergestellt worden
sein könnte. Dazu untersuchte das
Forschungsteam an 2019-nCoV
die aus der Virusoberfläche he-
rausragenden Spike-Proteine. Diese Stacheln nutzt der Erreger, um
an eine Wirtszelle in Lunge oder
Rachen anzudocken und dann in
sie einzudringen. Die Untersuchung zeigte dabei insbesondere
zwei wichtige Unterschiede zwi-

Coronavirus-Studien des WIV

schen 2019-nCoV und seinen Verwandten auf: Vereinfacht gesprochen besitzt das Protein einen abweichenden Aufbau und
eine andere Zusammensetzung in seinen Aminosäuren als andere Coronaviren.

Die Forscher betonen dabei ausdrücklich, dass anhand der
untersuchten Merkmale das neue Virus zwar besonders leicht
menschliche Zellen befallen könne, allerdings sei das Ganze
nicht so optimal gestaltet, wie man es von einer synthetisch
hergestellten Biowaffe erwarten würde. "Dies ist ein starker Beweis dafür, dass 2019-nCoV nicht das Produkt einer gezielten
Manipulation ist", heißt es in der Analyse der Schweden.
Zudem sei es überhaupt nicht nachvollziehbar, warum man
2019-nCoV aus einem bislang für Menschen harmlosen Virus
entwickelt haben sollte und nicht aus lange bekannten gefährlichen Corona-Verwandten wie MERS oder SARS.

Auch wenn die schwedischen Wissenschaftler ein Labor-
szenario daher nicht für plausibel halten, widerspricht der
Duisburger Virologe Günther Bittel dieser Ansicht und meint:
"Der jetzt einsetzende Propagandakrieg und die Schuldzuweisungen von US- und chinesischen Regierungsvertretern

verstärken die Befürchtungen vieler Menschen, dass das 2019-nCo-Virus ein künstlich hergestellter Erreger ist. Tatsächlich gibt es wissenschaftliche Publikationen in renommierten Fachzeitschriften, aus denen sich deutliche Indizien für diese These ableiten lassen."

Für die Schweden hingegen kommt nur eine natürliche Übertragung auf den Menschen in Frage: Entweder könnte das Virus direkt von "Fledermäusen übergesprungen sein oder einen tierischen Zwischenwirt genutzt" haben. Noch sei aber auch für die Schweden unklar, ob 2019-nCoV schon davor zu dem aktuellen Virus mutierte, weil es leichter an menschliche Zellen andocken kann, oder erst später, als es womöglich bereits unerkannt unter den Menschen zirkulierte. Dr. Bittel entgegnet: "Der natürliche Übergang von Corona-Viren zum Beispiel von Fledermäusen zu dem hochinfektiösen Corona-Typ CoV2 ist nirgendwo wissenschaftlich belegt. Die Verantwortlichen sind aufgefordert, in dieser Frage Klarheit zu schaffen – und Konsequenzen zu ziehen. Die Frage ist von großer Bedeutung für die Entwicklung von Impfstoffen und Immuntherapien, die bei einem künstlichen Ursprung erheblich erschwert sind."

Bittels Bestätigung?

Der künstliche Ursprung des neuartigen Coronavirus 2019-nCoV kann nicht ausgeschlossen werden, sagt auch die Leiterin des russischen Bundesamtes für Medizin und Biologie (FMBA), Veronika Skvortsova, am 20. April 2020: "In der Tat können wir sehen, dass eine ziemlich große Anzahl von Fragmenten dieses Virus von seinem sehr nahen Verwandten SARS unterscheidet. Sie sind ungefähr 94 Prozent ähnlich, der Rest ist anders."

Damit bestätigt sie die Bedenken des Duisburger Virologen Günther Bittel. "Es scheint mir, dass diese Situation keine Vermutungen erfordert, sondern ernsthafte Nachforschungen. Keine der Versionen kann ausgeschlossen werden", sagte Skvortsova in einem Interview mit der Pozner-TV-Show auf Russlands Channel One. Sie fuhr fort, dass ernsthafte Forschung zu diesem Thema erforderlich sei, da Viren, deren genetisches Material RNS enthält (einschließlich Corona-Viren), sehr leicht mutieren können.

Auch der französische Virologe Professor Luc Montagnier, der 2008 für seine Erforschung des HI-Virus (HIV) mit dem Nobelpreis ausgezeichnet worden ist, geht davon aus, dass das 2019-nCoV nicht von einem Tier übertragen wurde, sondern erst in einem Labor entstanden sein muss. Der Professor und ein Kollege haben bei einer Untersuchung des neuen Coronavirus RNS-Sequenzen von HIV gefunden, die nicht auf natürliche Weise zum Bestandteil von 2019-nCoV geworden sein können. "Um eine HIV-Sequenz in das Genom einzubringen, sind molekulare Werkzeuge nötig, und das kann nur in einem Labor gemacht werden", so Montagnier. Dennoch lehnen Virologen wie Christian Drosten und mehr als zwei Dutzend weiterer Forscher die Theorie des Laborursprungs von 2019-nCoV voller Überzeugung ab! Der Direktor des "Wuhan Center for Disease Control & Prevention" (WHCDC) Gao Fu mutmaßte auf einer Pressekonferenz am 22. Januar 2020 als Erster, dass 2019-nCoV wohl auf dem Huanan-Markt in Wuhan von einem Tier auf den Menschen übergesprungen sein könnte.

Zwar sah es Chinas Gesundheitsbehörde bisher ebenfalls als recht wahrscheinlich an, dass die Verbreitung von 2019-nCoV auf den Verkauf der Wildtiere auf dem Huannan-Markt zurückzuführen sei, aber eine weitere Studie chinesischer

Ausbruch Pandemie nach 60 Minuten

Wissenschaftler hält es inzwischen für sehr wahrscheinlich, dass der Markt doch nicht die originäre Quelle des Virus war, sondern der Erreger von anderswo dorthin eingeschleppt wurde. "Obwohl das 2019-nCoV zuerst in China entdeckt wurde, bedeutet dies nicht, dass es aus China stammt", sagte der Sprecher des chinesischen Außenministeriums Zhao Lijian.

HeLa Bestandteile?

Nachdem sich die ersten künstlich geschaffenen Coronaviren in der Vergangenheit nicht wie vorgesehen in den Zellkulturen von Affen vermehrten, veröffentlichten GNL und WIV noch 2015 eine gemeinsam durchgeführte erfolgreiche Untersuchung darüber, ob ein Fledermaus-Coronavirus "zur Infektion von HeLa hergestellt werden kann". Das für dieses Forschungsvorhaben verwendete SARS-Virus wurde in Hufnasenfledermäusen gefunden, die die Wissenschaftler des WIV gemeinsam mit den amerikanischen Forschern des GNL ab dem Jahr 2013 in einer Höhle im chinesischen Yunnan gefunden hatten. Der Gruppe um die stellvertretende Direktorin des WIV, Professorin Zheng-Li Shi, wurde gemeinsam mit den US-Kollegen 2015 dann auferlegt, das neuartige Virus mit HeLa-Zellen zu rekombinieren. Bei dieser Arbeit erforschte das Team insbesondere, wie man ein Fledermaus-Coronavirus gentechnisch so verändern könnte, dass das Virus sich an den menschlichen ACE2-Rezeptor bindet. Tatsächlich haben die

Forscher bald herausgefunden, dass man bei SARS und SL-CoV durch eine genetische Veränderung einer bestimmten Aminosäuresequenz (ASS) des Spike-Proteins diese dazu bringen kann, auch den Menschen zu infizieren. Bei den Untersuchungen waren insbesondere die Veränderungen der Aminosäuren (AS) auffällig, weil durch das Zusammentun von Coronaviren und HeLa-Zellen der

Abb. 10

Henrietta Lacks

Erreger anpassungsfähiger wurde gegenüber Menschen. Die Amerikaner arbeiteten mit den Chinesen nicht nur harmonisch zusammen, sondern waren von Zheng-Li Shi so angetan, dass sie ihr nach der Abschlussarbeit den Spitznamen "Batwomen" ("Fledermausfrau") gaben. Ist das der Nachweis, dass 2019-nCoV in einem chinesischen Labor synthetisch hergestellt worden ist?

Dazu muss man wissen, dass HeLa eine geklonte "unsterbliche Zelllinie" ist, die am 8. Februar 1951 von den Gebärmutterhalskrebszellen von **He**nrietta **La**cks (1920-1951) entnommen wurde, bevor die Patientin am 4. Oktober 1951 an ihrem Tumor verstarb. Gerade diese Zelllinie aus den Krebszellen erwies sich als bemerkenswert langlebig und produktiv, was zu ihrer umfassenden Verwendung in der wissenschaftlichen Forschung führte. Der Zellbiologe George Otto Gey (1899-1970) fand heraus, dass die ersten aus dem Gebärmutterhalskrebs entnommenen und in einem Labor gezüchteten Zellen trotz unzähliger Teilungen überlebten und von Natur aus unsterblich waren. Zuvor überlebten Zellen, die aus anderen menschlichen Zellen kultiviert wurden, immer nur einige Tage.

Die Nachfrage nach HeLa-Zellen stieg in der aufstrebenden biomedizinischen Industrie schnell an. Auch das Max-Planck-Institut für biophysikalische Untersuchungen betreibt heute unter der Leitung von Dr. Ashwin Chari eine HeLa-Bioreaktoranlage zur Herstellung von HeLa-Zellextrakten, die für die allgemeine Biochemie und Proteomik in Deutschland dienen sollen. Seit den ersten Massenreplikationen der Zellen wurden sie von Wissenschaftlern in verschiedenen Arten von Untersuchungen verwendet, darunter Krankheitsforschung, Genkartierung sowie bei Auswirkungen toxischer Substanzen auf Organismen und Strahlung auf den Menschen. Zusätzlich wurden HeLa-Zellen verwendet, um die Empfindlichkeit des Menschen gegenüber Klebeband, Klebstoff, Kosmetika und vielen anderen Produkten zu testen.

Wissenschaftler haben bis heute schätzungsweise 50 Millionen Tonnen HeLa-Zellen von besonderer Dichte gezüchtet, und es gibt ungefähr 11.000 Patente, an denen diese Zellen beteiligt sind. Ganz offensichtlich erklären diese und andere kuriose Patente aus den Laborarbeiten der modernen "Frankensteine", warum die Krebsrate in der Bevölkerung die letzten Jahrzehnte drastisch angestiegen ist, obwohl man nach über 200 Jahren Forschung annehmen sollte, dass Krebs aus der Gesellschaft längst verschwunden sein müsste.

Vorsätzlich infiziert?

Auch wenn die Proteine in den HeLa-Bioreaktoranlagen angeblich gereinigt werden, sind gerade die HeLa-Zelllinien dafür berüchtigt, in fremde Zellkulturen einzudringen. Einige Wissenschaftler wie Stanley Gartler und Walter Nelson Rees (1929-2009) schätzen, dass HeLa-Zellen 10 bis 20 Prozent aller derzeit verwendeten Zelllinien längst kontaminiert haben.

Tatsächlich sind die HeLa-Zellen aufgrund ihrer Anpassung an das Wachstum in Gewebekulturplatten zum Teil schwer zu kontrollieren. Es ist inzwischen unter Virologen allgemein bekannt, dass sie durch unsachgemäße

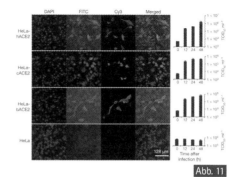

Abb. 11

HeLa, in SARS-CoV beigemengt

Wartung andere Zellkulturen im selben Labor immer wieder kontaminieren und die normale biologische Forschung damit stören. Deshalb zwingt HeLa die Wissenschaftler meistens auch dazu, die Ergebnisse aus ihren langwierigen Arbeiten später für ungültig zu erklären. Hinzu kommt, dass der Grad von HeLa-Zellkontaminationen unter anderen Zelltypen vollkommen unbekannt ist, da nur wenige Forscher die Identität oder Reinheit bereits etablierter Zelllinien testen. Was hat diese Art der Forschung dann überhaupt für einen Sinn?

Anstatt sich darauf zu konzentrieren, wie das Problem der HeLa-Zellkontamination gelöst werden könnte, dokumentieren viele Wissenschaftler dieses Problem weiterhin einfach nur als ein Kontaminationsproblem, das nicht etwa durch menschliches Versagen oder die Mangelhaftigkeit der Forscher verursacht wird. Sie führen es vielmehr auf die Proliferation und Besonderheit von HeLa zurück. Jüngste Daten des "International Cell Line Authentication Committee" (ICLAC) legen der Forschung allerdings schon seit langem nahe, dass "Kreuzkontaminationen bei modernen Zellkulturen nach wie vor ein großes Problem darstellen". Dennoch experimentiert die Forschung weiterhin mit HeLa-Zellen und verwendete diese jüngst auch beim Parvo-Virus, um zu testen, wie die

Zellen von Menschen, Hunden und Katzen auf eine Infizierung reagieren.

Weil die Parvoviren ein einzelsträngiges DNS-Genom tragen und keine zusätzliche Hülle besitzen, sind sie sehr resistent gegen äußere Einflüsse. Dabei hat die Forschung schon seit langem negative Erfahrungen mit der HeLa-Zelllinie auch bei der Krebsforschung gemacht: Diese Zellen vermehren sich ungewöhnlich schnell im Vergleich zu normalen Krebszellen und besitzen zudem eine eigenständige Telomerase. Das ist ein eigenständiges Enzym des Zellkerns, das aus einem Protein-(TERT) und einem langen RNS-Anteil (TR) besteht und somit ein Ribonucleoprotein ist. Dieses Enzym stellt die Endstücke der Chromosomen (Telomere) immer wieder her. Die Forschung erzeugte auch durch den horizontalen Gentransfer von humanen Papilloma-Virus 18 (HPV18) zu humanen Gebärmutterhalszellen das neue HeLa-Genom, das sich aber in verschiedener Hinsicht vom Genom von Henrietta Lacks unterscheidet, einschließlich der Anzahl der Chromosomen. Die aktuelle Schätzung (mit Ausnahme sehr kleiner Fragmente) ist eine "hypertriploide Chromosomenzahl (3n +)", das heißt 76 bis 80 Gesamtchromosomen (anstelle der normalen diploiden Zahl von 46) mit 22 bis 25 klonal abnormalen Chromosomen, die als "HeLa-Signaturchromosomen" bezeichnet werden.

Ungehörte Warnungen?

Die Forschung warnend und zur großen Vorsicht auffordernd, wurde HeLa von dem Biologen Leigh Van Valen (1935-2010) von der University of Chicago als ein Beispiel für die neuzeitliche Schaffung einer neuen "Bedrohungsart" im Genzeitalter beschrieben und "Helacyton gartleri" genannt, da die Zellen sich auf unbestimmte Zeit selbst replizieren können und zudem die nicht-menschliche Chromosomenzahlen aufweisen. Sein Argument für die Spezifikation hängt dabei von folgenden Punkten ab:

- Die chromosomale Inkompatibilität von HeLa-Zellen mit Menschen.
- Die ökologische Nische der HeLa-Zellen.
- Ihre Fähigkeit, weit über die Wünsche menschlicher Kultivierender hinaus zu bestehen und zu expandieren.
- HeLa kann als Spezies definiert werden, da es einen eigenen klonalen Karyotyp hat.

Van Valen schlug die neue Familie der Helacytidae und die Gattung Helacyton vor und unterbreitete in derselben Veröffentlichung eine "eigene neue Laborart für HeLa-Zellen" vorzunehmen, um der unkontrollierten Kontaminierung vorzubeugen. Doch dieser Vorschlag wurde damals weder von Evolutionsbiologen noch von Wissenschaftlern anderer Disziplinen ernst genommen. Van Valens formulierte Argumentenkette zielte dabei nur auf HeLa, weil diese nachweislich eine neue Art sei, doch seine Kontrahenten meinten aufgrund der berüchtigten Instabilität des HeLa-Karyotyps und des Fehlens einer strengen Abstammungslinie zwischen Vorfahren und Nachkommen, die Zellkultur würde angeblich nicht die erforderlichen Kriterien für eine unabhängige einzellige, sich ungeschlechtlich reproduzierende Art erfüllen und lehnten damit die Vorschläge des Biologen ab.

Eine weitere Warnung des HeLa-Kontaminationsproblems ereignete sich bereits Anfang der 1970er Jahre und wurde beinahe zu einem ernsten Vorfall im Kalten Krieg. Die UdSSR (Sowjetunion) und die USA hatten begonnen im von Präsident

Richard Nixon (1913-1994) eingeleiteten Krieg gegen den Krebs zusammenzuarbeiten, nur um schnell festzustellen, dass auch die unter den Großnationen ausgetauschten Zellen bereits durch HeLa kontaminiert waren. Noch heute sind Kreuzkontaminationen und Fehlidentifikationen in der Forschungsgemeinschaft recht häufig. Dies bedeutet, dass bei allen Arbeiten mit diesen Zelllinien die sogenannten Schadstoffe immer falsch verwendet werden, die von einer anderen Art oder einem anderen Gewebe stammen. Eine Zelllinie gilt immer dann als falsch identifiziert, wenn sie nicht mehr der Person entspricht, von der sie zuerst etabliert wurde.

Kuriose Informationen?

Auch wenn man in den öffentlichen Berichterstattungen ständig bemüht ist, den Ursprung von 2019-nCoV auf dem Fisch- und Wildgroßtiermarkt in Wuhan zu verlagern und diesen Anfang 2020 sogar geschlossen hat, gibt es für diesen Verdacht nicht einen einzigen wissenschaftlichen Nachweis. Allerdings befindet sich im Tang Jianghan Residental District mit dem WHCDC ein großer Laborkomplex, der von dem Fisch- und Wildgroßtiermarkt nur 280 Meter entfernt liegt. Ganz offensichtlich erschaffen in den dortigen Laboren moderne "Frankensteine" ganz besondere, synthetisch zusammengesetzte Viren. Gerade zivile westliche Forschungseinrichtungen verhalten sich im Rahmen von Austauschprogrammen mit chinesischen Kollegen oftmals sehr naiv, wie das Beispiel von Dr. Xiangguo Qiu zeigte, die im Juli 2019 mal eben – ohne jegliche Sicherheitsbedenken – Ebola- und Nipah-Viren vom "Canadian National Microbiology Laboratory" (NML) in Winnipeg (Kanada) mit der Post ans WIV sendete. Nur deshalb kam die erste Vermutung in Zusammenhang mit dem

WHCDC auf, dass vielleicht durch ein "Sicherheitsleck" infizierte Mitarbeiter das Virus zum Fisch- und Wildgroßtiermarkt gebracht haben, wo es sich dann schnell verbreitete. Das war auch die erste Befürchtung von Zheng-Li Shi vom WIV, die als Erstes unter den 41 Erstinfizierten im angrenzenden "Union Hospital" (Jin Yin-tan) nach Kontaktpersonen, Hilfskräften und Mitarbeitern des WHCDC suchen ließ. Angeblich war die Prüfung negativ, und nur 27 der Erstinfizierten konnte überhaupt der Kontakt zum Markt nachgewiesen werden. In der 57-jährigen Schrimpsverkäuferin Wei Guixian, die sich am 10. Dezember 2019 wegen eines Infektes mit 2019-nCoV arbeitsunfähig gemeldet hatte, wurde zeitweise "Patientin 0" vermutet. Bei den anderen 14 Personen konnte weder eine Verbindung zum Markt noch zur WHCDC hergestellt werden. Ein Problem der Chinesen ist es auch, dass ganz offensichtlich alle Laboreinrichtungen wie bei einer "Fastfood-Kette von McDonalds" miteinander kooperieren und dabei nicht nur Personal, sondern offenbar auch Ausrüstung austauschen, wobei das WHCDC den BSL-4-Standard eben nicht erfüllt. Doch nicht der BSL-4-Standard ist das Problem, sondern dass gefährliche Experimente an Einrichtungen wie dem WHCDC mit BSL-2-Standard gemacht werden!

Zwei chinesische Wissenschaftler halten es durchaus für möglich, dass erst das WHCDC mitten im Zentrum von Wuhan den Ausbruch des Coronavirus 2019-nCoV ausgelöst hat. Tatsächlich ist das schon einmal 2004 in Peking passiert, als sich zwei Mitarbeiter unabhängig voneinander in einem Labor mit dem SARS-Coronavirus infiziert hatten und das Virus nach draußen getragen haben. Die Brüder Botao Xiao und Lei Xiao berichteten am 14. Februar 2020 auf dem Forschungsportal "ResearchGate" von dem Zentrallabor in Wuhan, bevor der Text schnell wieder von der Internetseite verschwunden ist.

Abb. 12
Professor Botao Xiao

Interessanterweise wird im WHCDC auch an Viren in Hufeisennasenfledermäusen der Art "Rhinolophus affinis" geforscht, die in der Natur nur 1.400 Kilometer von Wuhan entfernt in der Provinz Yunnan (Südchina) vorkommen.

Vor ihren Forschungsarbeiten in dem Hochhaus des Zentrumlabors waren die Forscher jahrelang in fast völliger Dunkelheit in tiefen natürlichen Höhlen unterwegs, um die erwähnten Fledermäuse zu fangen. Unter schwierigen Bedingungen und bekleidet mit Schutzanzügen machten sich die Virenjäger auf, um nach Spuren noch unbekannter Krankheitserreger zu suchen, worüber ein TV-Sender aus Shanghai erst im Dezember 2019 ein Video veröffentlichte. Analysiert werden diese Erreger dann im WHCDC in Wuhan. Zuvor war das in Wuhan nachgewiesene Virus SARS-CoV-2, das die neue Erkrankung 2019-nCoV auslöste, in ähnlicher Form bei in nur 1.400 Kilometer Entfernung lebenden Hufeisennasenfledermäusen festgestellt worden. Auf dem Fisch- und Wildtiergroßmarkt gibt es solche Fledermäuse nach allen bisherigen Erkenntnissen aber nicht!

Professor Xiao, Biologe an der renommierten South University of Technology, hat noch eine weitere Erklärung. Xiao ging mit seinem Co-Autor der Frage nach, ob und wo in Wuhan mit Viren an diesen Fledermäusen geforscht wird. Tatsächlich stieß er auf zwei Labore. Im WHCDC werde nur 280 Meter vom Fisch- und Wildtiergroßmarkt entfernt mit Fledermausproben gearbeitet. Das ist jenes Institut, dessen Direktor noch im Januar 2020 den Ursprung von 2019-nCoV mit dem Markt in Verbindung brachte. Laut Xiao habe es aber in dem Institut auch 600 gefangene Fledermäuse der Art "Rhinolophus affinis" gegeben.

Den Tieren wurden über lange Zeiträume immer wieder Proben entnommen. "Die Gewebeproben und kontaminierten Abfälle waren eine Quelle von Pathogenen", so der Professor.

Gefangene Fledermäuse?

Pathogenität ist die grundsätzliche Fähigkeit von infektiösen Agenzien (Bakterien, Parasiten, Prionen, Toxine, Viren), einen bestimmten Organismus krank zu machen. Gerade diese Fledermäuse haben ein einzigartiges Immunsystem, das auf Viren sehr schnell und wirkungsvoll anspricht. In ihnen

Abb. 13
Träger von Coronaviren

entstehen so aber auch neue Virenmutationen, die sich sehr schnell reproduzieren und leicht übertragbar sind. Ebola, SARS, Tollwut – all diese Erreger finden sich jeweils in Fledermäusen wieder. Zumindest Simon Anthony von der Universität Columbia in New York hatte das am 26. Januar 2019 auch für Ebola behauptet. Daher sind die Höhlen dieser Fledermäuse für Virologen reiche Fundgruben, um ihre Experimente durchzuführen.

In dem Video vom Dezember 2019 ist unter anderem auch zu sehen, wie der Forscher Tian Junhua aus dem Zentrumlabor in Wuhan in der Brutstätte der Viren neue Beute macht. "Wenn wir mit unbedeckter Haut hineingehen würden, können wir leicht mit dem Kot von Fledermäusen in Kontakt kommen, der alles sofort kontaminiert", sagt Junhua. "Es ist also für uns sehr riskant hier. Man hat Angst vor Ansteckung und geht entsprechend vorsichtig vor. Wenn man auf ein Virus stößt, ist man ihm auch höchstwahrscheinlich direkt ausgesetzt", so Juhana weiter. Unerwähnt bleibt in diesem Video allerdings, dass die Virensuche von der US-Regierung ("National Institutes of Health") mit rund 4,6 Millionen US-Dollar unterstützt wurde.

Bereits 2016 meldeten chinesische Medien, dass vor allem dank Junhua innerhalb von fünf Jahren rund 1.500 neue Viren entdeckt wurden. Diese werden im Zentrumlabor repliziert, und die Forscher führen unzählige Versuchsreihen an ihnen durch. Dabei hat sich der Forscher mehrfach nach Hautkontakt mit Fledermausblut, -urin und -kot aus Vorsicht selbst in Quarantäne eingewiesen, berichteten einige chinesische Zeitungen. Wurde nun im Labor in der Millionenstadt Wuhan zu leichtfertig mit dem Risiko umgegangen? Konnten möglicherweise einige hochinfektiöse Fledermäuse aus dem Labor entkommen?

Professor Botao Xiao hält ein unvorhergesehenes Sicherheitsleck für recht plausibel. Mit einer Fledermaus als Wirt oder durch eine andere Kontaminierung sei das Virus ganz offensichtlich aus dem Zentrumlabor gelangt, wonach Lebensmittel, Tiere und erste Patienten angesteckt worden seien. Für einen verbindlichen Nachweis für seine Hypothese seien aber weitere Studien notwendig. Der Professor wirft auch die Frage nach neuen Vorschriften auf, solche Laboratorien an Orte zu verlegen, die weit weg vom Stadtzentrum und anderen dicht besiedelten Orten sind.

Unfall oder Vorsatz?

Neben dem Zentrumlabor für Seuchenbekämpfung und -prävention gibt es zwölf Kilometer entfernt ein weiteres Labor, das Viren von Fledermäusen untersucht, und keine 30 Kilometer entfernt liegt das WIV-Labor der höchsten Sicherheitsstufe vier. Auch wenn Professor Xiao nur Indizien und keine belastbaren Beweise für die Schuld des Zentrallabors in der Nachbarschaft des Fisch- und Wildtiergroßmarkts von Wuhan liefern konnte, wurde der von "National Natural Science Foundation of China" geförderte Beitrag nur einen Tag später wieder von der Internetseite genommen. Sogar das komplette Profil des Professors, der auch in Harvard in den USA forschte und dort in der Vergangenheit mehrfach publiziert hat, wurde einfach gelöscht. Allerdings erklärte Chinas Wissenschaftsministerium am selben Tag, dass die Sicherheit bei den mit Viren arbeitenden Laboratorien "ab sofort erhöht" werde. Dazu seien auch neue Richtlinien herausgegeben worden, was aber keine Bestätigung für den Inhalt der Veröffentlichung von Xiao sei und auch nicht bestätige, dass es in einem Labor in Wuhan tatsächlich eine Panne gegeben habe.

Im Wissenschaftsmagazin "Nature" äußerten bereits 2017 Experten Bedenken über mögliche Sicherheitslücken des chinesischen Instituts. Doch als die WIV Ende Dezember 2019 in den Focus der Öffentlichkeit rückte, weil 2019-nCoV möglicherweise im Zuge des chinesischen Biowaffenforschungsprogramms entwickelt worden sei, hat die regierungsnahe "Washington Post" diesen Verdacht als Erste abgewiesen. Angeblich seien diese Unterstellungen "haltlose, unsinnige Verschwörungstheorien" und von der Tageszeitung "entlarvt" worden. Man zog in diesem Frühstadion sogar den führenden Coronavirusforscher Trevor Bradford hinzu, der erklärte: "Wir haben Beweise dafür, dass die Mutationen vollständig mit der natürlichen Evolution übereinstimmen." Wirklich?

Schließlich widersprach auch die Sprecherin Zheng-Li Shi am WIV den Darstellungen über ein Biowaffenforschungsprogramm und teilte die Meinung der Amerikaner. Woher kam aber das schnelle, mit den Chinesen übereinstimmende Interesse der Amerikaner?

Kapitel 2

VIRENKOMPLOTT

Als die ersten Fälle des Coronavirus in den USA auftauchten und die Amerikaner nach Informationen über den Grund der Pandemie dürsteten, behandelte die Regierung legitime Fragen zur Reaktion des Landes nur als persönliche oder parteiische Angriffe. Mick Mulvaney, der damals noch amtierender Stabschef des Weißen Hauses war, beschuldigte die Medien sogar, nur deswegen über das Virus zu berichten, um Donald Trump anzugreifen. "Der Grund, warum Sie heute so viel Aufmerksamkeit auf [das Coronavirus] richten, ist, dass Sie glauben, dass dies die Sache sein wird, die den Präsidenten stürzt", sagte Mulvaney einem konservativen Konferenzpublikum. "Nur darum geht es hier", schloss er sein Statement ab.

Noch erschreckender war die von US-Präsident Donald Trump selbst verwendete Sprache, bei der er von Verschwörungstheorien sprach, um die Kritik an seinem Umgang mit dem Ausbruch und mit den Medien zu parieren. Trump behauptete allen Ernstes, das Coronavirus 2019-nCoV sei ein "neuer Scherz" der Demokraten, mit dem sie nur auf Stimmenfang gehen möchten. Wie dumm darf man eigentlich sein, um Präsident der Vereinigten Staaten von Amerika zu werden?

Wie "wirr" Donald Trump tatsächlich ist, demonstrierte er beim täglichen "Corona-Briefing" am 23. April 2020 im Weißen

Verwirrter US-Präsident
Donald Trump

Haus. Der US-Präsident empfahl nicht nur die Bestrahlung eines infizierten Körpers mit UV-Licht, sondern auch die Injektion von Desinfektionsmitteln in den erkrankten Körper. Kurz vor ihm hatte ein Experte am Rednerpult berichtet, dass das Virus auf metallischen Oberflächen durch Bleich- und Desinfektionsmittel abgetötet werden kann und dass die Lebensdauer des Erregers sich auch durch direkte Sonneneinstrahlung verringern würde. Trump, der bereits das Malaria-Medikament "Hydroxychloroquin" kurz zuvor als Heilmittel gegen 2019-nCoV angepriesen hatte, obwohl die Arzneimittelbehörde FDA davor warnte, war ganz von den klaren Äußerungen des Experten offensichtlich so fasziniert, dass er selbst zum Experten mutierte. Er sei zwar kein Doktor, aber es "wäre interessant, das zu prüfen", sagte er. Die New Yorker Gesundheitsbehörde erklärte daraufhin am Freitag, den 24. April 2020: "Auf gar keinen Fall sollten Desinfektions- oder Reinigungsmittel in den Körper gespritzt werden, um 2019-nCoV zu behandeln oder davor zu schützen." Derzeit gebe es weder einen Impfstoff noch ein Heilmittel gegen das Virus.

Herkunft bestimmt?

Mittlerweile ist es für viele Menschen kaum nachzuvollziehen, dass sich 2019-nCoV rein zufällig erst über Wildtiere von einem unbedeutenden chinesischen Markt in Wuhan ausgebreitet haben soll. Daher zweifeln viele diese Erklärung berechtigterweise seit langem schon an: Auch Trump machte im April 2020 für die Verbreitung des Virus ausschließlich China verantwortlich, so dass die kurz zuvor noch erzielte chinesische Übereinstimmung mit den Amerikanern schon wieder null und nichtig war. "War es ein Fehler, der außer Kontrolle geriet, oder wurde es absichtlich getan?", fragte Donald Trump bei seiner täglichen Pressekonferenz am 17. April 2020. In letzterem Fall "sollte es Konsequenzen geben", sagte der US-Präsident. Damit spielte Trump auf angebliche Erkenntnisse amerikanischer Geheimdienste an, wonach der Erreger aus einem chinesischen Forschungsinstitut stammen soll. Gemeint ist das WIV, von wo es ein Mitarbeiter offenbar versehentlich in die Stadt gebracht haben soll.

Der neue Generalstabschef Mark Milley unterstützte seinen Präsidenten und schloss ebenfalls nicht aus, dass das Virus aus einem chinesischen Labor stamme. Zuvor war Milley bei einer Pressekonferenz von einer Journalistin gefragt worden, ob Hinweise für die Annahme vorlägen, dass das neuartige Coronavirus aus einem chinesischen Labor stamme und versehentlich freigesetzt worden sei. "Einige unserer Geheimdienste haben sich das etwas genauer angesehen", sagte Milley. "Ich würde an dieser Stelle einfach sagen: Es ist nicht eindeutig." Das Gewicht der Beweise gehe zwar in Richtung eines natürlichen Ursprungs, "aber wir wissen es nicht genau", ergänzte der US-Verteidigungsminister Mark Esper. Deshalb hat die US-Regierung nach den Äußerungen von Donald Trump offizielle Ermittlungen in Bezug auf die Frage eingeleitet, ob die durch SARS-CoV-2 ausgelöste Krankheit 2019-nCoV tatsächlich auf Forschungen in einem Labor im chinesischen Wuhan zurückgehen kann.

Böse Chinesen?

Die US-Geheimdienste wollten nun akribisch Informationen über dieses Labor und den angeblichen Ausbruch der Epidemie

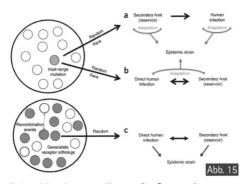

Abb. 15
Rekombinationsparadigmen für Coronaviren

sammeln. Mit den eingeleiteten Untersuchungen sollen "die einzelnen Puzzleteile richtig zusammengesetzt werden", um herauszufinden, seit wann Chinas Kommunistische Parteiführung (CCP) etwas Genaueres zu dem Virus SARS-CoV-2 gewusst hatte. Das Ergebnis und die Analyse aus den Ermittlungen soll dann der Trump-Administration übermittelt werden, um zu eruieren, auf welche Weise sich China im Angesicht der globalen Pandemie genau zur Verantwortung ziehen lässt. Auch Australiens und Großbritanniens Regierungen schlossen sich den US-amerikanischen Forderungen an. Der in Vertretung für den an 2019-nCoV erkrankten Premier Boris Johnson handelnde Vize Großbritanniens, Dominic Raab, erklärte: "Es gibt keinen Zweifel mehr daran, dass wir nicht sofort zu 'business as usual' mit China zurückkehren werden können. Nach dieser Krise werden die harten Fragen auf den Tisch kommen müssen, woher dieses Virus stammt und warum es sich nicht früher hat eindämmen lassen."

Von was genau haben die Amerikaner mit ihrer Radikaloffensive aber tatsächlich versucht, die Öffentlichkeit abzulenken?

Bereits während der SARS-Pandemie 2002/2003 gab die WHO am 16. April 2003 bekannt, dass als Verursacher ein Virus aus der Familie Coronaviridae von verschiedenen Laboren bestimmt worden war. Mit über 29,7 Kilo-Basenpaaren (kbp oder kb) ist das SARS-CoV-Genom damit eines der umfangreichsten unter den RNS-Viren und infiziert über den ACE2-

Rezeptor die Zellen von Menschen. Mitte Mai 2003 erfolgte per Tierexperiment schließlich der endgültige Beweis, dass SARS-CoV die Erkrankung auslöst. Im Februar 2020 berichtete die "New York Times", dass ein Team unter der Leitung von Professorin Zheng-Li Shi am WIV als Erstes die neuartige genetische Sequenz von 2019-nCoV schon am dritten Tag identifiziert, analysiert und in einer öffentlichen Datenbanken für alle anderen Wissenschaftler hochgeladen habe. Somit sollten auch diejenigen ohne eine aktuelle Probe an einer Problemlösung arbeiten können, um das Virus besser zu verstehen.

Unvollständige Daten?

Die chinesischen Forscher haben bei ihren Untersuchungen zwei Subtypen des neuartigen Coronavirus mit unterschiedlicher Virulenz entdeckt: Die WIV-Wissenschaftler haben dazu 103 Coronavirus-Proben untersucht und festgestellt, dass 149 Mutationen aufgetreten sind, die sich in einen L-Typ und einen S-Typ entwickelt hätten. Diese zwei Subtypen wurden in 101 Proben entdeckt, von denen 70 Prozent vom L-Typ und 30 Prozent vom S-Typ waren. Der L-Typ ist wesentlich virulenter, heißt es in der Studie. Das Coronavirus vom S-Typ ähnelt eher dem in Fledermäusen gefundenen Virus aus Guandong 2002, weshalb die chinesischen Forscher glauben, dass der S-Typ eine "alte" mutierte Version des SARS-CoV-1 ist. Im Gegensatz dazu war in den ersten Tagen des Ausbruchs in Wuhan der L-Typ weit verbreitet, aber schon nach der ersten Woche verringerte sich seine Inzidenz. Was hat das zu bedeuten? Inzwischen ist es internationaler Standard, das Erbgut von Viren und Bakterien zu manipulieren!

Eiweiße und Proteine werden von hier nach dort verpflanzt oder Teile des einen in ein anderes Virus gesetzt, nur um die

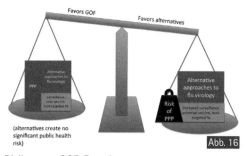

Risiken von GOF-Experimenten

Erreger dann aus einem Tier wiederholt in ein anderes zu übertragen. Die "Labor-Frankensteine" bezeichnen diese kontroversen Versuche als "Gain-of-Function"-Experimente (GOF) und wollen damit insbesondere synthetische Mutationen provozieren. Selbstverständlich werden solche GOF-Experimente auch am WIV gemacht. Bei einem dieser Experimentierte an dem Coronavirus SADS-CoV wurde 2016 eine Schweineseuche in Guangdong ausgelöst, nachdem man drei Tage alten Ferkeln immer wieder Viren entnommen und neu injiziert hat. Erst 2019 war der leitende Wissenschaftler Li Ning in diesem Zusammenhang zu 12 Jahren Gefängnis verurteilt worden, weil er lebende kontaminierte Labortiere illegal an Märkte wie den in Wuhan weiterverkaufte – als Tierfutter.

Ferner wurden 2015 HeLa, MERS und CoV-Virusteile mit dem neuen Fledermausvirus SHC014 kombiniert, aus dem dann das neue Virus SHC014-MA15 entstand. Dieses besaß jetzt auch die Übertragbarkeit auf Menschen, über die das ursprüngliche Fledermausvirus nicht verfügte. Seltsamerweise teilte Zheng-Li Shi bei ihrer Veröffentlichung von 2019-nCoV nur die Sequenz des Virus mit der Weltöffentlichkeit, nicht aber das Virus selbst. Hatte das mit der Veröffentlichung (GDL und WIV) von 2015 und SHC014-MA15 zu tun?

In dem Fall hätte man 2019-nCoV möglicherweise schnell identifiziert und es mit mehreren im GOF-Experiment gefährlicher gemachten "synthetischen" Viren aus 2015 in Verbindung bringen können. Außerdem befasste man sich am WIV auch mit seltsamen Studien, bei denen einige SARS-verwandte Viren in Kombination mit HI-Viren in menschliche Lymphozyten eindringen können. Mit derartigen GOF-Experimenten untersuchten die "Labor-Frankensteine" Jahre zuvor zum Beispiel, was eine saisonale Grippe von der Vogelgrippe H5N1 unterscheidet, die mehr als die Hälfte aller Infizierten tötet, aber im Gegensatz dazu wenig ansteckend ist. Doch wer außer den "Labor-Frankensteinen" möchte so etwas wirklich wissen?

Gefährlichere Viren?

Im Piemont (Italien) tauchte die Vogelgrippe 1878 erstmals als "Lombardische Hühnerpest" auf, aber erst nachdem 1957 das H5N1-Virus in einem westlichen Labor aus Wildenten gezielt isoliert wurde, entwickelte sich die Krankheit zu einem ernsten tiermedizinischen Problem, so dass die Ausbrüche seit 1959 zahlreicher wurden.

Nachdem 2011 zwei Arbeitsgruppen das H5N1-Virus gezielt "viel ansteckender" für Säugetiere gemacht hatten, häuften sich die Erkrankungen auf Geflügelfarmen überall auf dem Globus. Auch dieser Ausbruch wurde der Natur zugeschoben, obwohl ganz offensichtlich Laborviren dafür verantwortlich waren. Diese Forschungen wurden dann in den Laboren für ein paar Jahre gestoppt, doch das Verbot hob man 2017 unerklärlicherweise wieder auf. Wie einfach die Viren gefährlicher gemacht werden können, sah man, nachdem die neue Technik bei H5N1 vorgestellt wurde: Kaum ein Jahr später hatte eine andere Arbeitsgruppe aus Japan ein ähnliches Experiment an dem H7N1-Vogelgrippevirus wiederholt. Im ersten Schritt fügte die Arbeitsgruppe um Yoshihiro Kawaoka zufällige Mutationen in das Hämagglutinin des Virus ein, bis das Virenprotein die synthetische Mutation an Moleküle in Säugetieratemwegen band

Abb. 17

Gefährliche Virenforschung
im Wuhan-Labor

statt in Vögeln. Dieses veränderte Protein baute die ganz offensichtlich "durchgeknallte" und "nicht bei Sinnen" gewesene Forschungsgruppe dann in ein menschliches H1N1-Virus ein und infizierte damit Frettchen. Bereits nur einige Tage später hatten sich die Viren ausreichend angepasst, um "durch die Luft" übertragen zu werden. Wem sollen denn bitte solche Experimente helfen, die in der Natur gar nicht möglich sind? Sind alle gefährlichen Viren in Wahrheit somit nur von "Labor-Frankensteinen" synthetisch hergestellt?

Der pensionierte amerikanische Biologe James Lyons-Weiler hat in der Vergangenheit etliche Virenstudien begleitet und vertritt tatsächlich die Ansicht, dass das 2019-nCoV ebenfalls "ausschließlich im Labor hergestellt worden sein muss", da es, wie das manupulierte H1N1-Virus, ein "einzigartiges Genfragment" aufweist. Der Virologe Alan Cantwell schrieb ebenfalls schon vor einigen Jahren, dass "das mysteriöse SARS-Virus ein neues Virus ist, das noch nie zuvor von Virologen gesehen wurde. Es handelt sich um eine völlig neue Krankheit mit verheerenden Auswirkungen auf das Immunsystem, und "es gibt keine bekannte Behandlung". Cantwell bemerkte auch, dass die Gentechnik von Coronaviren schon seit Jahrzehnten sowohl in medizinischen als auch in militärischen Laboren stattfindet: "Ich habe schnell bestätigt, dass Wissenschaftler seit über einem Jahrzehnt tierische und menschliche Coronaviren gentechnisch verändert haben, um krankheitserzeugende mutierte und rekombinante Viren herzustellen."

Sinnlose Forschung?

Bis heute wurde von medizinischen Nachrichtenredakteuren zu keiner Zeit betont, dass Wissenschaftler seit über fünfzig Jahren mit allen möglichen Arten von tierischen und menschlichen Viren "Gattungsroulette" spielen und – für wen auch immer – verschiedene Chimärenviren (Viren, die aus Viren zweier verschiedener Spezies zusammengesetzt sind) herstellen. Hinzu kommt, dass die Labore bei ihren Experimenten nicht wirklich von Fachleuten kontrolliert werden. Es existiert auch kein internationales Abkommen oder eine ernstzunehmende Kontrollbehörde, die solche Experimente genehmigt und beaufsichtigt. "Kein Wunder, dass die Wissenschaftler der WHO das SARS/Coronavirus so schnell identifiziert haben", so Cantwell. Diese bislang unbeaufsichtigte Forschung produziert gefährliche künstlich hergestellte Viren, von denen viele ein Potenzial als Biowaffe haben. Sicherlich hat auch SARS somit die Merkmale einer Biowaffe. Sind neue biologische Kampfstoffe nicht dazu bestimmt, eine neue Krankheit mit einem neuen Infektionserreger zu erzeugen?

Nur kurze Zeit nach Einblick in die Gensequenz von 2019-nCoV deuteten mehrere russische Wissenschaftler eine Verbindung zwischen SARS und biologischer Kriegsführung an. Sergej Kolesnikow, ein Mitglied der Russischen Akademie der Medizinischen Wissenschaften, sagte, die Ausbreitung des SARS-Virus könne jederzeit durch das Austreten eines Kampfvirus verursacht worden sein, das in bakteriologischen Waffenlaboren gezüchtet wurde. Nach einer ganzen Reihe von Nachrichtenberichten behauptete Kolesnikow, dass das Virus der atypischen Lungenentzündung (SARS) eine Synthese "zweier Viren" sei, deren natürliche Verbindung in dieser vorliegenden Form unmöglich sei, weil diese Mischung in der

Natur niemals auftreten könne, und er erklärte: "Dies kann so nur in einem Labor geschehen."

Auch Nikolai Filatov (Moskauer Epidemiologische Dienste) glaubt, dass 2019-nCoV vom Menschen verursacht wurde, weil "es keinen Impfstoff gegen dieses Virus gibt und seine genaue Zusammensetzung unklar ist. Dazu war es bislang nicht sehr verbreitet und die Menschen sind nicht immun dagegen."

Haben wir es mit einem Komplott zu tun?

Falsche Batwomen?

Als die Virologin Zheng-Li Shi von ihren US-amerikanischen und australischen Kollegen den Spitznamen "Batwomen" erhielt, waren sie zuvor gemeinsam von April 2011 bis Oktober 2012 in den Höhlen von Kunming in der Provinz Yunnan im Süden Chinas unterwegs gewesen, um Fledermäuse zu jagen. Das Team bestand aus Peter Daszak, Jonathan H. Epstein, Jonna K. Mazet, Gary Crameri, Zheng-Li Shi und 15 weiteren wissenschaftlichen Mitarbeiter des WIV-Instituts. Dabei ging es ihnen allerdings weniger um die Hufeisenfledermäuse als um die Viren, die sie in sich tragen. Ihre Jagd war schließlich von Erfolg gekrönt: In 117 Speichel- und Kotproben entdeckten sie 27 bisher unbekannte Viren, die dem schon bekannten SARS-Virus ähnlich waren. 2013 berichteten sie dann in der renommierten Fachzeitschrift "Nature" (Vol: 503) vom 30. Oktober über ihre Beute und die Entdeckungen: "Obwohl angenommen wurde, dass Fledermäuse die natürlichen Reservoire beider Viren sind, waren Versuche, das Vorläufervirus von SARS-CoV aus Fledermäusen zu isolieren, erfolglos."

Es gelang den Forschern bis heute also nicht, einen Nachweis über SARS-CoV-1 in Fledermäusen zu führen, der mit

dem Pandemievirus von 2002 aus
Guandong identisch war. Alle entdeckten Viren aus den Fledermäusen (SL-
CoV) waren bis ins Jahr 2012 nur um
76 bis 92 Prozent mit SARS-CoV-1
ähnlich. Die Viren waren bis dahin für
die Infizierung von Menschen völlig
ungeeignet!

"Batwomen" Professor
Zeng-Li Shi

Dann entdeckten die Forscher in
SL-CoV zwei besondere Viren, die zwar
keine 100-prozentige, aber eine Ähnlichkeit von mindestens 95
Prozent mit SARS-CoV-1 aufwiesen. Das Besondere an WIV-1
(RsSHC014 und Rs3367) waren die Vero E6-Zellen, die eine typische Coronavirus-Morphologie und eine Sequenzidentität
von 99,9 Prozent mit Rs3367 zuließen und über ACE2 als Ein-
trittsrezeptor von Menschen verwendet werden konnten: "Unsere Ergebnisse liefern den bislang stärksten Beweis dafür, dass
chinesische Hufeisenfledermäuse natürliche Reservoire für
SARS-CoV sind und dass Zwischenwirte möglicherweise nicht
für eine direkte Infektion des Menschen durch einige Fleder-
maus-SL-CoVs erforderlich sind."

Nach der Entdeckung der Fähigkeiten von Rs3367 folgten
weitere Experimente in der Forschungsgruppe mit folgendem
Resultat: "Die Gesamtidentität der Nukleotidsequenzen dieser
beiden Genome ist weitaus enger mit SARS-CoV verwandt als
alle zuvor identifizierten Fledermaus-Coronaviren. Wir fanden
heraus, dass WIV1 ACE2 unterschiedlicher Herkunft verwendet
und in den ACE2-exprimierenden Zellen effizient replizieren
kann."

Gefährliche Tests?

Weitere Tests ergaben, dass sowohl monoklonale Antikörper- als auch Impfstoffansätze unter Verwendung des neuen Spike-Proteins nicht neutralisiert und vor einer Infektion mit Coronaviren geschützt werden konnten. "Auf der Grundlage dieser Ergebnisse haben wir ein infektiöses rekombinantes SHC014-Virus voller Länge synthetisch neu abgeleitet", schreiben die Virologen. Daraufhin wurde eine neue 15-köpfige Arbeitsgruppe um Zheng-Li Shi und den amerikanischen Virologen Ralph S. Baric gebildet, die sowohl in China als auch in den USA an weiteren synthetischen Varianten von SHC014 arbeiteten. In Folge dieser Neuentdeckungen experimentierten die Forscher munter weiter und isolierten gewisse Bausteine, die dann vermehrt wurden, um sie mit Fledermauszellen, Mäusezellen und Menschenzellen zu rekombinieren.

Dabei sollte die Anpassungsfähigkeit unter Wirtsbedingungen des synthetisierten SHC014-CoV-A, SHC014-CoV-B, SHC014-CoV-C, SHC014-CoV-D, SHC014-CoV-E und SHC-014-CoV-F, die von einzigartigen BglI-Stellen flankiert sind und eine gerichtete Assemblierung der cDNS voller Länge ermöglichten, geprüft werden. Am 9. November 2015 erschienen die Arbeitsergebnisse dann in einem Artikel in "Nature Medicine": "Nachdem wir festgestellt haben, dass der SHC014-Spike die Infektion menschlicher Zellen vermitteln und bei Mäusen Krankheiten verursachen kann, synthetisierten wir als Nächstes einen SHC014-CoV-infektiösen Klon in voller Länge, basierend auf dem für SARS-CoV verwendeten Ansatz."

Hat also erst das synthetisch im Labor mit Menschenzellen veränderte SHC014-CoV somit das 2019-nCoV ausgelöst? Ganz offensichtlich!

Die "Labor-Frankensteine" schufen ein chimäres Virus, das aus einem Oberflächenprotein von SHC014 und dem Rückgrat

eines SARS-Virus
besteht, das zuerst
"synthetisch" an die
Bedingungen ange-
passt wurde, um
nicht nur in Mäusen
zu wachsen, son-
dern auch mensch-
liche Krankheiten in

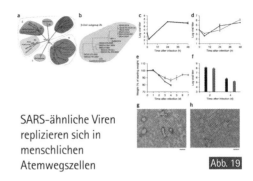

SARS-ähnliche Viren
replizieren sich in
menschlichen
Atemwegszellen

Abb. 19

Mäusen nachzuahmen. Diese in Mäuse eingesetzten Chimären
infizierten menschliche Atemwegszellen und sind der Beweis
dafür, dass das Oberflächenprotein von SHC014-CoV genau
wie 2019-nCoV die notwendige Struktur besitzt, um diese an
einen Schlüsselrezeptor auf den menschlichen Zellen zu binden
und diese zu infizieren.

Schon kurze Zeit nach Veröffentlichung dieser Arbeit stellten
einige unabhängige Virologen bereits 2015 die Frage, ob "die
aus dem Experiment gewonnenen Informationen das poten-
zielle Risiko überhaupt rechtfertigen" würden. Obwohl das
Ausmaß eines Risikos schwer einzuschätzen ist, wies der Virologe Simon Wain-Hobson vom Pasteur-Institut in Paris darauf
hin, dass die Forscher ein neuartiges Virus entwickelt hätten,
das vornehmlich in den menschlichen Zellen "bemerkenswert
gut wächst". "Wenn das Virus jedoch entkommen sollte, könnte
niemand die genaue Flugbahn vorhersagen, die es nehmen
wird", bemerkte er abschließend. Heute wissen wir zumindest,
wo das SHC014-CoV gelandet ist – mit verheerenden Folgen
für Menschen auf der ganzen Welt!

Wie viele Influenza-Virologen verwendete auch John Steel
von der Emory University in Atlanta häufig einen schwachen
Influenza-Laborstamm, um zu untersuchen, wie sich die saisonale Grippe ausbreitet. "Es ist ein böses Virus, wenn Sie eine

Maus sind", sagte der Virologe über den 80 Jahre alten Laborstamm, der als PR8 bekannt ist.

GOF-Stopp?

Es gab jedoch in den Laboren vermehrt Sicherheitslücken, wobei dutzende Mitarbeiter ohne ihr Wissen entflohenen Viren und Bakterien ausgesetzt wurden. Man entdeckte in einem seit langem vergessenen Karton sogar gefüllte "Pockenflächen", die in unmittelbarer Nähe von Washington herumlagen. Deswegen sah sich US-Präsident Barak Obama veranlasst, die GOF-Experimente mit Influenza, MERS und SARS zu stoppen. Im Oktober 2014 forderte Steel auf Anordnung der Dachorganisation "National Institutes of Health" (NIH) seine beiden Mitarbeiter, die mit PR8 arbeiteten, auf, ihre Experimente zu unterbrechen, während das NIH entscheide, ob die Arbeit unter ein vorübergehendes Risikoverbot für Virusexperimente falle.

Die Obama-Regierung hatte ab Oktober 2014 tatsächlich eine "Pause" bei der Bundesfinanzierung für GOF-Projekte und die damit verbundenen Virologiestudien angekündigt, bei denen Influenza-, MERS- und SARS-Viren genetisch so "gefährlich" optimiert werden, dass sie dadurch bei Säugetieren deutlich übertragbarer oder pathogener werden. In den 11 Briefen an Einrichtungen mit Zuschüssen hieß es allerdings, dass die Einstellung der Arbeiten "freiwillig" wäre, da die Studien bereits finanziert seien. Sobald diese Mittel jedoch aufgebraucht sind, müsse die Arbeit eingestellt werden.

Die Kontrollaufsicht darüber übernahm die von Anthony Stephen Fauci geleitete US-Behörde "National Institute of Allergy and Infectious Diseases" (NIAID). Die Ermittler hatten 90 Tage Zeit, um NIAID mitzuteilen, welche Experimente gestoppt werden und in welche Richtungen die Ersatzforschungen gehen könnten. Weil der NIH-Direktor Ausnahmen für Forschungsarbeiten genehmigen kann, die zum Beispiel dringend zum Schutz der öffentlichen Gesundheit erforderlich sind, verhandelten viele Ermittler mit der NIAID, ob denn bestimmte Forschungen wirklich der GOF-Definition der Richtlinie entsprechen oder für die öffentliche Gesundheit doch wichtig genug seien, damit

Abb. 20

Professor Ralph S. Baric

sie weiterarbeiten dürfen. Schließlich wurden die ungeduldigen "Labor-Frankensteine" von US-Präsident Donald Trump belohnt, der den GOF-Forschungsstopp ab 2017 wieder aufheben ließ. "Die potenziellen Vorteile der Vorbereitung auf Krankheiten überwiegen die Risiken", hieß es in der Begründung. Dabei wurde das Verbot 2014 nach peinlichen Sicherheitslücken und Sicherheitsverletzungen bei Bundesinstitutionen mit Anthrax und Vogelgrippe verhängt. Dennoch sagte der Vorsitzende Samuel Stanley der NIH: "Grundlagenforschung zu diesen Wirkstoffen durch Laboratorien, die gezeigt haben, dass sie diese Arbeit sicher ausführen können, ist der Schlüssel zur globalen Sicherheit."

Der Epidemiologie Marc Lipsitch an der Harvard TH Chan School entgegnete, dass GOF-Experimente "fast nichts dazu beigetragen haben, unsere Bereitschaft zu verbessern, obwohl wir dabei immer das Risiko einer versehentlichen Pandemie eingegangen sind". Was versteht man an dieser Aussage nicht?

Genehmigte GOF?

Die SHC014-CoV-Studie in Kooperation mit den Chinesen war an der University of North Carolina at Chapel Hill bereits im Gange, bevor das US-Moratorium im Oktober 2014 begann. "Die NIH erlaubte es, während der Überprüfung durch das Institut mit unseren Arbeiten fortzufahren", sagte Ralph S. Baric als Partner der WIV und Mitautor der Studie in "Nature Medicine", "da das NIH zu dem Schluss kam, dass die Arbeiten nicht so riskant waren, um unter das Moratorium zu fallen." Das ist merkwürdig: Kanta Subbarao und Matthew Frieman von der University of Maryland mussten wegen des GOF-Verbotes drei Zuschüsse und zwei Verträge, mit denen versucht wurde, einen Stamm des MERS-Coronavirus zu entwickeln, sofort zurückstellen. Dabei war zu dem Zeitpunkt ein aktueller MERS-Ausbruch im Nahen Osten gemeldet worden, so dass leitende Wissenschaftler mit "für die öffentliche Gesundheit wichtig" argumentieren konnten. Dennoch fanden sie kein Gehör und die Arbeiten an MERS-CoV wurden eingestellt. Ganz offensichtlich hatte R. S. Baric eine vorteilhaftere Beziehung zu Direktor A. S. Fauci, der sich in den 1980er Jahren einen Namen in der damals noch jungen AIDS-Forschung mit dem HI-Virus gemacht hatte.

"Ohne die Experimente", erklärt Baric weiter, "würde das SHC014-Virus immer noch nicht als Bedrohung angesehen." Zuvor hätten Wissenschaftler auf der Grundlage molekularer Modelle und anderer Studien geglaubt, dass es nicht in der Lage sei, menschliche Zellen zu infizieren. Die jüngste Arbeit zeige aber, dass das Virus bereits kritische Barrieren überwunden habe, beispielsweise die Fähigkeit, sich an menschliche Rezeptoren zu binden und menschliche Atemwegszellen effizient zu infizieren. "Ich glaube nicht, dass man das ignorieren kann."

Er plane daher weitere Studien mit dem Virus an nichtmenschlichen Primaten, die möglicherweise für den Menschen relevantere Daten liefern. Simon Wain-Hobson lehnte die Studie jedoch ab, da sie wenig Nutzen bringe und wenig über das Risiko aussage, dass das wilde SHC014-Virus in Fledermäusen für den Menschen darstellt. Andere Experimente in der Studie zeigten zudem, dass sich das SHC014-Virus eigenständig in Wildfledermäusen weiterentwickeln müsste, um eine Bedrohung für den Menschen darzustellen – "eine Veränderung, die möglicherweise nie eintreten wird, obwohl sie nicht ausgeschlossen werden kann", so Wain-Hobson. Baric und sein Team rekonstruierten das Wildvirus aus seiner Gensequenz und stellten anfangs fest, dass es in menschlichen Zellkulturen schlecht wuchs und bei Mäusen keine signifikanten Krankheiten verursachte.

Neuer Widerspruch?

"Die einzige Auswirkung dieser Arbeit ist die Schaffung eines neuen, nicht natürlichen Risikos in einem Labor", stimmt Richard Ebright dieser Ausführung zu. Sowohl Ebright als auch Wain-Hobson sind langjährige Kritiker der GOF-Projekte, die inzwischen auch wissen, dass ihre Kollegen erst durch die synthetische Rekombination mit Menschenzellen (HeLa) und die "künstliche" Sensibilisierung zu den ACE2-Rezeptoren aus SHC014 das SHC014-CoV machten und damit die Grundlage für die Pandemie 2020 schufen. Relativ unbeachtet blieben in dem Artikel vom 9. November 2015 in "Nature Medicine" die verwendeten "Zutaten" bei der Herstellung der Chimäre und SHC014-CoV, die unter der Rubrik "Methode" zusammengefasst wurden: "DBT-Zellen (Baric-Labor, Quelle unbekannt), die ACE2-Orthologe exprimieren, wurden zuvor sowohl für Menschen als auch für Zibet beschrieben; die Fledermaus-ACE2-Sequenz basierte auf der von 'Rhinolophus leschenaulti' und DBT-Zellen, die Fledermaus-ACE2 exprimierten, wurden wie zuvor beschrieben etabliert. Pseudotypisierungsexperimente

Abb. 21

Auch Dr. Peter Daszak
gehörte dem Team an.

waren ähnlich denen, die ein HIV-ba-siertes Pseudovirus verwendeten, das wie zuvor beschrieben hergestellt und an HeLa-Zellen (Wuhan Institute of Virology) untersucht wurde, die ACE2-Orthologe exprimierten. HeLa-Zellen wurden in minimalem essentiellem Medium (MEM) (Gibco, CA) gezüchtet, das mit 10 Prozent FCS (Gibco, CA) ergänzt war, wie zuvor beschrieben. Wachstumskurven in Vero E6, DBT, Calu-3 2B4 und primären menschlichen Atemwegsepithelzellen wurden wie zuvor beschrieben durchgeführt. Keiner der Vorräte an Arbeitszelllinien wurde kürzlich authentifiziert oder auf Mycoplasma getestet, obwohl die ursprünglichen Samenvorräte, die zur Herstellung der Arbeitsvorräte verwendet wurden, frei von Kontamination sind. Menschliche Lungen für HAE-Kulturen wurden nach den von der University of North Carolina im Chapel Hill Institutional Review Board genehmigten Protokollen beschafft."

Der Auszug ist zwar nicht sehr lang, enthält dafür aber die wesentlichen Bestandteile von SHC014-CoV: Gleich im ersten Satz wird die Verwendung von DBT-Zellen "ohne Herkunfts-angabe" genannt, was mehr als merkwürdig ist. DTB ist die Abkürzung für "Delayed Brain Tumor" und bedeutet auf Deutsch "Hirntumorzellen". Dazu verwendeten die Wissen-schaftler HeLa-Krebszellen sowie ein "HIV-basiertes Pseudovi-rus" und testeten die Wirkung von SHC014-CoV in mensch-lichen Lungen aus der "Organspende" mit "HAE-Kulturen" ("humane Atemwegsepithel").

Labor-Aussaat 2019-nCoV?

Tatsächlich konnte eine neue wissenschaftliche Studie an 2019-nCoV nachweisen, dass es ebenfalls HIV-ähnliche Mutationen enthält, was seine Fähigkeit, an menschliche Zellen anzudocken, um bis zu eintausend Mal effizienter macht, als dies seinerzeit bei SARS-CoV der Fall war. Professor Bishwajit Kundu von der "School of Biological Science" in Dehli hat auf der Internetseite des WIV die Erbgutsequenz mit den kodierten Bauplänen der Virusproteine des neuen Coronavirus heruntergeladen und untersucht. Als er die Baupläne und Andockstellen der Spike-Proteine etwas genauer studierte, fielen ihm vier ungewöhnliche Stellen auf, die in der Erbgutsequenz mit dem HI-Virus übereinstimmen. "Das neue Coronavirus ist ein Mix alter Coronaviren mit HIV", schlussfolgert er darauf. "Es gibt zu wenig Ähnlichkeit mit der Sequenz des HI-Virus, um auf einen signifikanten Austausch von genetischem Material schließen zu können", wendet jedoch Gaëtan Burgi von der Australian National University ein, ein Genetiker.

Tatsächlich könnten die beiden Viren nicht unterschiedlicher sein: Während HIV ein Retrovirus mit komplizierten Vermehrungszyklen in der DNS und RNS ist, hinterließen Coronaviren im menschlichen Erbgut bislang keine Spuren. Damit sich das Erbgut der beiden Virenarten aber mischen konnte, müssten sich die Gensequenzen beider Viren am selben Ort innerhalb der Zellen kopieren lassen. Das wäre allerdings ein Beweis, dass das nur in einem Labor passiert sein kann. Trotzdem sind solche Rekombinationen von Viruserbgut denkbar, sagt Lars Hangartner. Der Schweizer HIV-Spezialist hat das Phänomen 2009 schon in seinem Zürcher Labor erlebt: Ein RNS-Virus schlüpfte dabei in den Zellkern einer Menschenzelle, weil der Forscher es mit einem "Retrotransposon" zusammengebracht hatte. Retrotransposons stammen aus überstandenen Infektionen und sind mit Retroviren durchaus vergleichbar, weil sie ebenfalls gleichermaßen DNS und RNS besitzen. "Um ein so großes Virus wiederherzustellen, wäre technisches Wissen erforderlich, über das nur wenige Labore auf der Welt verfügen, und es ist unwahrscheinlich, dass Wissenschaftler ein Virus geschaffen haben könnten, das auch mit dem Rezeptor ACE2 interagiert, während dieser Mechanismus noch nie zuvor beobachtet worden ist", bemerkt der Forscher Etienne Simon-Loriere vom Institut Pasteur in Paris. Eben!

Aussaat Bestätigung?

Es gibt mittlerweile eine Vielzahl an wissenschaftlichen Studien zur Herkunft von 2019-nCoV, die der Laie kaum noch überblicken kann. Als Zwischen- oder Zweitwirt für 2019-nCoV wurde das Schuppentier (Pangolin) angenommen, da Forscher aus seinem Gewebe ein Virus (Manis-CoV, SRR10168377 und SRR10168378) isolieren konnten, das ebenfalls eine hohe genetische Übereinstimmung von 90 Prozent mit dem pandemischen 2019-nCoV besitzt. Die Ähnlichkeit betrifft vor allem die "Spikes", weshalb die Studien von Professor Roujian Lu anderen Forschern das Schuppentier als Zwischenwirt nahelegten. Eine Studie von dem HIV-Experten Xingguang Li kommt dagegen zu dem Ergebnis, das Schuppentier könne "gar nicht der Zwischenwirt gewesen sein". Und solange der Zwischenwirt nicht nachweislich gefunden ist, hat die These vom künstlichen Ursprung der Pandemie die gleiche Berechtigung wie die Zoonose-These!

Die indische Studie von Bishwajit Kundu erkannte das HI-Virus zwar nur theoretisch auf dem 2019-nCo-Virus-Bauplan, dennoch war sie aber begründet. Obwohl das Thema schnell

den Stempel einer "Verschwörungstheorie" erhielt, wurde es durch spätere
Untersuchungen von Ruan Jishou von
der Nankai University in Tianjin und
von Li Hua von der University of Science and Technology in Wuhan nochmals bestätigt. Beide Forscher legten
ebenfalls nahe, dass Teile des HIV- oder
Ebola-Virus mit dem Fledermausvirus
in einem GOF-Projekt kombiniert wor-

Professor Bishwajit
Kundu

den sein könnten und damit die hohe Ansteckungsrate in
2019-nCoV provoziert wurde. Neben dem ACE2 zielt 2019-
nCoV überraschenderweise auch auf das menschliche Enzym
Furin ab, das im menschlichen Körper deutlich häufiger vorkommt als in Tieren. Einige Proteine sind bei der ersten
Synthese inaktiv und müssen Abschnitte entfernen, um aktiv
zu werden. Furin spaltet diese Abschnitte und aktiviert dadurch
die Proteine. Dies passt zu jüngsten Erfahrungen, wonach
gegen Ebola und HIV wirksame Medikamente wie Remdesivir
auch bei 2019-nCoV gewisse Heilungserfolge bringen.

Da am WIV auch mit HIV- und Ebola-Erregern hantiert
wird, wäre dies eine These für den künstlichen Ursprung des
Erregers. Sie würde damit deutlich an Wahrscheinlichkeit und
Beweiskraft gewinnen! Hellhörig macht zudem eine Nachricht
aus Südkorea, wonach das aktuelle Coronavirus in wieder ge-
nesenen Patienten nur "schläft" und sich jederzeit reaktivieren
kann wie HIV. Zur Eindämmung einiger Verschwörungstheorien hat man allerdings bislang verhindert, dass über die beiden
Studien ausführlicher berichtet wird. Zumindest wurde eine
deutliche Zurückhaltung an den Tag gelegt bei deren Interpre-
tation durch internationale Wissenschaftler.

Nobelpreisträger bejaht?

Der französische Professor Luc Montagnier, der das HI-Virus 1981 entdeckte, bestätigte am 16. April 2020 die Ergebnisse von Bishwajit Kundu ebenfalls und meint, dass 2019-nCoV erst durch Menschen im Labor synthetisch erzeugt worden sein muss. Zu ähnlichen Erkenntnissen kamen zuvor bereits

Abb. 23

Nobelpreisträger Professor Luc Montagnier

andere Forscher wie auch Professor Fang Chi-Tai aus Taiwan. "Mit meinem Kollegen, dem Biomathematiker Jean-Claude Perez, habe ich die Genomstruktur dieser Virus-RNS sorgfältig analysiert", und er sei überzeugt, in 2019-nCoV ein genetisch manipuliertes Virus zu erkennen, das vermutlich unabsichtlich aus dem Wuhan-Institut "geleakt" wurde.

Chinesische Forscher hätten schon sehr lange Coronaviren in ihren Forschungen genutzt, um einige Impfstoffe zu entwickeln. "Diese Forschungen haben auch dem Ziel gedient, Coronaviren als Mittel der ersten Wahl zur Herstellung eines Impfstoffs gegen HIV/AIDS einzusetzen", so der Nobelpreisträger weiter. Auf die Frage, ob das nun untersuchte und analysierte Coronavirus von einem Patienten ausgegangen sein könne, der mit dem HI-Virus infiziert war, antwortet Professor Montagnier: "Nein, um eine HIV-Sequenz in dieses Genom zu injizieren, werden molekulare Instrumente benötigt, was sich einzig und allein in einem Labor durchführen lässt."

Die positiven Aspekte in der These des Professors sind "exakt diese synthetisch veränderten Sequenzen des Virus", die angesichts der rasanten Ausbreitung von 2019-nCoV bei Behandlungen als Erstes eliminiert werden können. "Die Natur akzeptiert keine molekulare Flickschusterei, weshalb diese unnatürlichen Veränderungen über die Zeit eliminiert werden. Und selbst wenn nichts getan würde, werden sich die Dinge bessern, doch unglücklicherweise erst dann, wenn viele Menschen gestorben sind", so der Professor.

Der angeblich unabhängige Journalist William Audureau von der Pariser Tageszeitung "Le Monde" gibt sich in einem Artikel vom 17. April 2020 alle Mühe, Professor Montagnier zu diskreditieren. Dazu zitiert er sogar aus einem Buch aus dem Jahr 2007 des Wissenschaftshistorikers Alexandre Moatti: "Wir können eine lange Liste von Nobelpreisträgern in der Wissenschaft aufstellen, die entweder in der Ideologie (wie die Nobelpreisträger in Physik, die zu Nazis wurden, Lenard, Stark) oder in der falschen Wissenschaft aus der Spur geraten sind."

Außerdem erklärt Audureau, dass Professor Montagnier kontroverse Thesen von Jacques Benveniste über die "Erinnerung von Wasser" unterstützen würde und vorgeschlagen habe, die Parkinson-Krankheit des Papstes mit Baummelonensaft (Carica Papaya) zu heilen. Der Schweizer Chemiker Louis Rey hatte vor 20 Jahren mit den Untersuchungen des Wassers angefangen, die jetzt in Österreich von Bernd Kröplin fortgesetzt werden. "Was wir machen, ist eine naturwissenschaftliche Versuchsreihe, die jederzeit wiederholbar ist", sagt Kröplin. Tatsächlich wurden die Versuchsreihen tausendfach mit dem gleichen Ergebnis wiederholt.

Carica Papaya?

Was die Carica Papaya betrifft, existieren davon nicht nur mehrere Arten, sondern auch über 600 wissenschaftliche Studien darüber. Neben einem hohen Vitamin-C-Anteil, besitzt die Frucht überdurchschnittlich viele andere Vitamine wie A,

Abb. 24

Carica Papaya

E, B1 bis B6 und sogar Folsäure. Dazu liefert die Frucht an Mineralstoffen insbesondere Kalium, Kalzium, Magnesium, Mangan, Eisen, Kupfer, Zink und ist mit nur 32 kcal auf 100 g sehr diättauglich.

Eine weitere positive Wirkung sind die Enzyme, wie Papain. In Fruchtfleisch und Samen sind zudem Chymopapain A und B, in den Blättern auch Saponine, Alkaloide und Glukosinolate enthalten.

Papain ist dem Pepsin sehr ähnlich, einem der wichtigsten Enzyme im menschlichen Magen. Dieses Enzym ist in der Lage, Eiweiß aufzuspalten, was die Verdauung unterstützt und die Wirkung als Zartmacher von Fleisch erklärt. Auch beim Thema Krebstherapie kann die Baummelone punkten. Ihre Enzyme zeigten in Versuchsreihen eine tumorverkleinernde oder sogar tumorauflösende Wirkung. Sogar bei Denguefieber, einer weitverbreiteten Tropenkrankheit, sorgen die Enzyme der Carica Papaya für Besserung oder sogar Heilung.

Weniger bekannt ist, dass die Carica Papaya seit 2008 zu den ersten Pflanzen zählte, deren Genom komplett entschlüsselt wurde. Grund dafür war das "Papaya Ringspot Virus" (PRV), das in den 1990er Jahren zu beträchtlichen Ernteausfällen auf Hawaii führte. Da Züchtungen auf Virus-Resistenz zu viel Zeit in Anspruch genommen hätten, wurden die Carica Papayas einfach genetisch verändert (GV) und damit resistent gemacht. Dadurch stellen die GV-Papayas mittlerweile beinahe die gesamte Ernte auf Hawaii. Sie sind in den USA, China, Kanada und Japan als Lebensmittel sowie zum Anbau zugelassen (zum Anbau nicht in Kanada und Japan). Trotz guter

Kontrollen im EU-Raum und Deutschland tauchen leider immer wieder GV-Papayas auf, die durch die Genveränderungen leider niemandem empfohlen werden können. – Es ist also kein "esoterischer Hokuspokus", worüber der Nobelpreisträger Luc Montagnier berichtet, sondern Wissenschaft!

William Audureau selbst, der Journalist von "Le Monde", durfte bis Anfang Februar 2020 nur über Spielekonsolen und Ähnliches berichten. Mit der Absage der Spielemesse in Wuhan für 2020 durfte Audureau am 8. Februar 2020 dann einen Artikel über die Absage schreiben und diskreditiert inzwischen als "Möchtegern-Experte" für 2019-nCoV vollkommen unqualifiziert sogar Nobelpreisträger. "Wie auch immer die Dinge ausgehen werden, die Wahrheit kommt stets ans Licht", beschließt Professor Montagnier und vertritt weiterhin unbeirrt seine Meinung zu 2019-nCoV. Er ist überzeugt, dass das Virus erst synthetisch im Labor erschaffen wurde!

Tatsächlich haben meine bisherigen Recherchen ergeben, dass BSL-Labore der Sicherheitsstufe 3 in Wuhan schon seit 2008 mit den US-Amerikanern gemeinsame Studien mit dem HI-Virus und SARS-CoV durchgeführt haben. Insbesondere arbeiteten die Forscher immer wieder an der Modifikation des Spike-Proteins von Fledermaus-Coronaviren und daran, wie man sie dazu bringt, auch menschliche Zellen über den ACE2-Rezeptor zu infizieren.

HIV und 2019-nCoV?

Dazu vollbrachten die Virologen das Kunststück, aus einem leicht veränderten HIV-Genom ein synthetisches HIV-Pseudo-beziehungsweise HIV-Pro-Virus zu erzeugen, das als pHIV-Luc gekennzeichnet wird. Dazu werden die RNS bei HIV verändert, indem man das env-Gen entfernt und daraufhin das nef-Gen

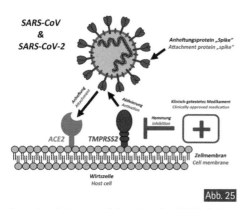

SARS-CoV
&
SARS-CoV-2

Anheftungsprotein „Spike"
Attachment protein „spike"

Anheftung
Attachment

Aktivierung
Activation

Klinisch-getestetes Medikament
Clinically-approved medication

Hemmung
inhibition

ACE2 TMPRSS2

Zellmembran
Cell membrane

Wirtszelle
Host cell

Abb. 25

Andockverhalten der Spike-Proteine SARS-CoV

inaktiviert. Als Ersatz bauten die Forscher an die zu behandelnden Stellen Luciferase ein, wonach dieser Eingriff das synthetische HIV-Pseudovirus (pLai3ΔenvLuc2) mit seinen infizierten Zellen zum Leuchten bringen kann. Das geschieht durch eine chemische Reaktion, wobei das Luciferase-Enzym in Oxyluciferin umgewandelt wird. Insbesondere diente diese Methode zur Überprüfung der infizierten SARS-CoV-Zellen und ihrer Spike-Proteine. Man wollte mit dem Experiment jederzeit überprüfbar erkennen, in welcher Dichte die Spike-Proteine nach Eingriffen neu gebildet werden. Angeblich dienten diese Forschungen ausschließlich zur Vorbeugung für den Fall, das dieses Ereignis auf natürliche Weise eintritt.

Im Übrigen kam 2012 erst nach diesen Experimenten zum ersten Mal MERS-CoV in Jordanien und später in Saudi-Arabien mit infizierten Menschen vor, dessen Ursprung ebenfalls mit den Experimenten in Zusammenhang stehen könnte. Wenn wir uns das vollständige Genom von 2019-nCoV (SARS-CoV-2) unter der Referenzsequenz NC_045512.2 des Nationalen Zentrums für Informationen zur Biotechnologie (NCBI) in Wuhan anschauen, beginnt sein genetischer Code:

attaaaggtt tataccttcc caggtaacaa accaaccaac
tttcgatctc gggaacccac...

Die Referenzsequenz NC_001802.1 wiederum, enthält das vollständige Genom der RNS des HI-Virus, bei dem der genetische Code wie folgt beginnt:

ggtctctctg gttagaccag atctgagcct gggagctctc
tggctaacta cccttgggtg...

Als Nicht-Virologe befindet man sich hier in "Böhmischen Dörfern", und auch die Buchstaben des Genoms zeigen auf den ersten Blick keinerlei Ähnlichkeiten zwischen den Fragmenten in den Sequenzabfolgen. Wenn wir innerhalb der ersteren Sequenz keine Fragmente der letzteren Sequenz finden, könnten wir eigentlich rückschließen, dass in 2019-nCoV kein Teil von HIV vorhanden ist. Daher sollte man das vollständige Genom der RNS-Version von HIV (NCBI) betrachten und dort nach Ähnlichkeiten suchen. Dabei müssen wir uns selbstverständlich auch Sequenzen ansehen, die für Proteine kodieren. Tatsächlich hat HIV 39 offene Leserahmen (ORF), die mit einem "Startcodon" beginnen und an einem "Stoppcodon" enden. Genau diese Betrachtung des NCBI und ORF brauche man wohl nicht mehr zu machen, weil diese Arbeit im Auftrage der NIH mit dem "Basic Local Alignment Search Toll" (BLAST) für uns bereits erledigt wurde. Vertrauen sollten wir auf die Richtigkeit der NIH-Ergebnisse als US-Regierungseinrichtung dann aber schon (?).

BLAST bestätigt HIV?

In der Bioinformatik ist BLAST ein Algorithmus und ein Programm zum Vergleichen von primären biologischen Sequenzinformationen, wie beispielsweise Aminosäuresequenzen von Proteinen oder Nukleotiden von DNS- oder RNS-Sequenzen. Dabei wird sogar für jede Ähnlichkeit dokumentiert,

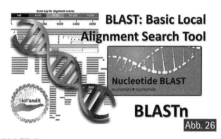

BLAST-Programm

welches Protein sie an dieser Stelle codiert hat. BLAST findet also Regionen mit Ähnlichkeit zwischen biologischen Sequenzen und berechnet die statistische Signifikanz. Was hat die Analyse von 2019-nCoV nun ergeben? Gibt es HIV-Sequenzen in 2019-nCoV, die das Kriterium einer Ähnlichkeit erfüllen?

Die Antwort lautet "ja" (!), da beide Viren eine "Glykoproteinhülle" besitzen, obwohl sie zu zwei völlig unterschiedlichen Virusfamilien gehören. HIV ist ein Lentivirus, während SARS ein Coronavirus ist, und eigentlich dürften beide Viren nichts gemeinsam haben. Dennoch codieren der Teil des HIV-Genoms und der Teil des 2019-nCoV-Genoms, in beiden (unterschiedliche) Glykoproteinhüllen, zu über 90 Prozent ähnlich. (Siehe auch 2019-nCoV und HIV-Isolat-XJ16-6-Glykoproteinhülle). Professor Montagnier hat also Recht: Während in 2019-nCoV keine Proteinsequenz von HIV vorhanden ist, ähnelt ein winziger Teil des 2019-nCoV-Genoms tatsächlich zu 90 Prozent einem Teil des HIV-Genoms. Beweist dies nicht Montagniers Standpunkt?

Die aktuelle "Virologen-Bande" der "Nature"-Theorie sagt immer noch "nein"! Angeblich würde die genetische Sequenz von 2019-nCoV, die für seine Lipidhülle kodiert, zwar "ein bisschen wie die von HIV aussehen", aber auch Teile vieler anderer Viren würden das angeblich tun. Sie verweisen insbesondere auf das humane Coronavirus 229E, das die Erkältung verursacht, oder auf das humane Coronavirus OC4, das ebenfalls eine Variante der Erkältung auslöst, und erklären in beiden Viren das

Vorhandensein einer ähnlichen "natürlichen" HIV-Sequenz. Diese Genotypen vom humanen Coronavirus würden bereits in die 1950er Jahre zurückgehen, und "auf keinen Fall hätte jemand in einem Wuhan-Labor im Jahr 2019 den RNS-Code eines Virus aus Mitte der 1950er Jahre beeinflussen können!"

HIV synthetisch?

Was viele Leute heute kaum zur Kenntnis nehmen, ist die Tatsache, dass HIV in Wahrheit ebenso ein synthetisches Virus ist, der aus modernen Laboren des Westens stammt. Im Auftrag der Rockefeller-Stiftung haben die Virologen John Franklin Enders (1897-1985) und Jonas Edward Salk (1914-1995) 1954 Polioviruskulturen verschiedener Gewebstypen zur Bekämpfung der Kinderlähmung erstmals "synthetisch" wachsen lassen, die sie dann in Belgisch-Kongo einsetzten. Diese Polioviren wurden in Afrika bis 1959 schließlich in Schimpansennieren entwickelt zur Vermehrung des Polio-Impfstoffes und danach hunderttausenden Menschen durch eine Schluckimpfung eingeführt, wodurch aus den Affennieren der "Simiane Immundefizienz Virus" (SIV) erst auf den Menschen übertragen wurde und zu HIV mutiert ist. Warum wurden die Schuldigen aber zu keiner Zeit haftbar gemacht? Das humane Coronavirus 229E stammt auch nicht aus den 1950ern, sondern erst aus den 1980er Jahren!

Als 1979 insbesondere unter Homosexuellen in den USA die neuartige tödliche Immunkrankheit AIDS ausbricht, war das bereits der HIV-1-Typ, eine schon veränderte Form des mutierten HIV-Konogo-Virus. Professor Jakob Segal (1911-1995) lieferte in seinem Buch „AIDS – die Spur führt ins Pentagon" erdrückende Indizien, dass die Spur des neuartigen Virus HIV-1 in das US-Sicherheitslabor in Fort Detrick/Maryland führt. Der Erreger sei erst durch Manipulation des tödlichen

Schafsvirus Visna zustande gekommen und eine missglückte Biowaffe gewesen. Eine Veröffentlichung seines Buches in der Deutschen Demokratischen Republik (DDR) gestaltete sich schwierig, und weil der in Frankfurt am Main arbeitende amerikanisierte ehemalige DDR-Psychiater Volkmar Sigusch die Veröffentlichung Segals auch für die Bundesrepublik Deutschland (BRD) ablehnte, wurde es lange Zeit nicht verlegt. Erst 1990 erschien es dann doch noch in einem kleinen Verlag, ohne jedoch die verdiente Aufmerksamkeit zu bekommen. Schließlich landete es schnell in der Verschwörungsliteraturtonne!

Erklärungsnot "Nature"?

Wegen der zwei zitierten Artikel über die synthetischen Virenmanipulationen und Schöpfungen chimärer Viren sah sich die Fachzeitschrift "Nature" gedrängt, am 30. März 2020 unbedingt eine Online-Anmerkung zu verfassen: "Wir sind uns bewusst, dass dieser Artikel als Grundlage für unbestätigte Theorien verwendet wird, dass das neuartige Coronavirus, das 2019-nCoV verursacht, entwickelt wurde. Es gibt keine Beweise dafür, dass dies wahr ist; Wissenschaftler glauben, dass ein Tier die wahrscheinlichste Quelle des Coronavirus ist."

Die Beweise zur synthetischen Herstellung von SHC014-CoV und seinen vielen Variationen sind eindeutig! Genau daraus resultierte erst das 2019-nCo-Virus, das eindeutig im Labor hergestellt worden ist. Nur weil die Zahl der "Verschwörungstheorien" nicht gerade abnahm, veröffentlichte die "Nature"-Redaktion zudem zusätzlich Neues über die wichtigen genomischen Merkmale des 2019-nCoV-Genoms und seine Unterschiede zu anderen bekannten Coronaviren. Tatsächlich ist einer der bemerkenswertesten Unterschiede zu anderen

Viren die Rezeptorbindungsdomäne (RBD) im Spike-Protein, mit der es sich an den ACE2-Rezeptor menschlicher Zellen bindet. Dieser Teil ist nicht nur das variabelste Genom der Coronaviren, sondern erklärt auch seine Wirksamkeit bei Menschen, Frettchen, Katzen und anderen Arten mit einer hohen ACE2-Homologie.

Wie die Autoren von "Nature" selbst bemerken, "ist es unwahrscheinlich, dass 2019-nCoV durch Labormanipulation eines verwandten SARS-CoV-ähnlichen Coronavirus entstanden ist". Wie erwähnt, ist aber die RBD von 2019-nCoV für die Bindung an menschliches ACE2 mit einer effizienten Lösung optimiert, die sich von den anderen Coronaviren vollkommen unterscheidet. Die Redaktion schreibt: "Wenn eine genetische Manipulation durchgeführt wurde, wäre wahrscheinlich eines der verschiedenen, für Betacoronaviren verfügbaren reversgenetischen Systeme verwendet worden. Die genetischen Daten zeigen jedoch unwiderlegbar, dass 2019-nCoV nicht von einem zuvor verwendeten Virusrückgrat stammt."

Abb. 27

"South China Morning Post"-Bericht über 2019-nCoV

Doch genau das stimmt eben nicht! Die "South China Morning Post" berichtete nach der "Nature"-Anmerkung, dass nach aktuellen Untersuchungen von Fachexperten aus Shanghai und New York die Befürchtung fundamentiert wurde, dass es gewisse Parallelen zwischen 2019-nCoV und HIV bei T-Lymphozyten gebe. "Der Einfluss von Covid-19 auf den menschlichen Körper ist wie eine Kombination aus SARS und AIDS", sagt Peng Zhiong. Die "Helferzellen" im menschlichen Organismus sind mit der Aufgabe betraut, eindringende Erreger zu erkennen und zu eliminieren. Laboruntersuchungen mit aktiven Coronaviren und

Lymphozyten lösten jedoch Verwunderung aus: Die Untersuchungen im Labor zeigten, dass die Lymphozyten nicht wie sonst üblich viröse Partikel angriffen und unschädlich machten, sondern vielmehr selbst zur "Beute" wurden. Eine dem Coronavirus eigene Proteinstruktur hätte diese Reaktion ermöglicht, lautete die Schlussfolgerung des Forscherteams im Fachmagazin "Cellular & Molecular Immonology".

Abwehr geschwächt?

In der Praxis sei zudem bereits festgestellt worden, dass 2019-nCoV-Patienten dramatisch niedrige Lymphozytenzahlen aufwiesen und somit "ein akut geschwächtes Abwehrsystem" hätten. Und je schwächer das Immunsystem wird, desto mehr steigt das Todesrisiko. Daher werde in Fachkreisen die verheerende Wirkung von 2019-nCoV auf den menschlichen Körper bereits mit den Folgen, die "eine SARS-Infektion in Kombination mit HIV hätte", beschrieben. In vergleichenden Tests stellte sich heraus, dass das mit dem Coronavirus verwandte SARS-Virus nicht in der Lage war, die menschliche Immunabwehr auszuschalten, wie es bei 2019-nCoV der Fall zu sein scheint.

Der Spanier Santiago Moreno, Leiter der Abteilung für Infektionskrankheiten im Krankenhaus Ramon y Cajal in Madrid, konnte eine mit HIV-Mitteln behandelte Person vor 2019-nCoV retten. Er erklärt: "Die Protease von 2019-nCoV ist der von HIV sehr ähnlich. Dieses Enzym ist für die Replikation des Virus von grundlegender Bedeutung. Die Kombination von Lopinavir und Ritonavir hemmt und blockiert HIV. Die Ergebnisse, die wir bisher mit dem Coronavirus erzielt haben, sind ermutigend."

Nun läge die Vermutung nahe, dass 2019-nCoV in der Lage sei, sich ähnlich aggressiv wie das HI-Virus zu verhalten, das bekanntlich die Immunschwächekrankheit AIDS auslöst, für die es keine Heilung gibt. In einem Punkt unterscheide sich das Coronavirus jedoch von HIV: "Während das HI-Virus in der Lage ist, T-Lymphozyten umzuprogrammieren und sich so im ganzen Körper auszubreiten, ist 2019-nCoV dazu nicht fähig."

Dafür besitzt 2019-nCoV aber noch eine andere Fähigkeit, die bisher wenig beachtet wurde: Die Empfänglichkeit scheint auch von der Blutgruppe des Menschen abzuhängen. Nach einer Studie von Professor Wang Xinghuan (Wuhan University) wurde festgestellt, dass Blutgruppe A- und 0-Patienten eine höhere Empfänglichkeit für 2019-nCoV besitzen, bei ihnen besteht zudem eine Todesrate in verschiedenen Alters- und Geschlechtsgruppen. "Es könnte hilfreich sein, die AB0-Blutgruppe sowohl bei Patienten als auch bei medizinischem Personal als Routineteil bei der Behandlung von Patienten mit 2019-nCoV-Krankheit einzuführen", empfiehlt Xinghuan.

Falsche Blutsorte?

Die Blutgruppe wird von den Eltern an ihre Kinder vererbt. Jedes Kind erhält ein Blutgruppenmerkmal vom Vater und eines von der Mutter. Genau genommen lassen sich die Blutgruppen noch weiter einteilen. In Deutschland besteht die Bevölkerung aus folgenden Blutgruppen: A 43%, B

Abb. 28
Blutgruppe und 2019-nCoV

11%, AB 5%, 0 41%, die sich dann noch einmal in positiv und negativ einteilen. Blutgruppen können durch ein spezifisches Antigen identifiziert werden, das sich auf den roten Blutkörperchen befindet und eine spezifische Immunantwort auslöst.

"Menschen der Blutgruppe A benötigen möglicherweise einen besonders verstärkten persönlichen Schutz, um das Infektionsrisiko zu verringern", sagt Xinghuan.

Neben dem Blutgruppensystem "AB0" gibt es noch weitere, darunter das "Rhesussystem". Die Erythrozyten Rhesus-positiver Menschen tragen auf ihrer Oberfläche ein "D-Antigen" (Rhesusfaktor "D"). Rhesus-negative Menschen haben dieses Antigen nicht. Mediziner kennzeichnen eine Rhesus-positive Blutgruppe mit "+" und eine Rhesus-negative Blutgruppe mit "-". So bedeutet zum Beispiel die Bezeichnung "Blutgruppe 0+", dass es sich um die "Blutgruppe 0, Rhesusfaktor positiv" handelt. Das "Cold Spring Harbor Laboratory" (CSH) hat in einer unveröffentlichten Studie unter der Leitung von Jiao Zhao, Yan Yang, Hanping Huang und Dong Li die Untersuchungen von Wang Xinghuan etwas unterteilt und optimiert. Sie erkennen zwar in A und 0 ebenfalls ein höheres Erwerbsrisiko für 2019-nCoV, sehen danach aber nur einen leichten Verlauf der Infektion. Die schweren Verläufe haben sie für A und 0 Rhesus-negative sowie AB und B festgestellt. Nur diese Gruppen sind in allen Alters- und Geschlechtergruppen zu 60 Prozent mit einem schweren Verlauf oder Todesfolge betroffen! Ist das nicht ein weiterer Beweis dafür, dass 2019-nCoV synthetisch ist? Ich meine schon!

Die Chinesen dementieren nach wie vor vehement, dass das Virus aus einem ihrer Labore stammt. "Es ist unmöglich, dass das Virus von uns kam", erklärte der stellvertretende WIV-Direktor Zhiming Yuan im Staatsfernsehen des Landes. "Wir haben ein strenges Regime an Regeln und einen klaren Verhaltenskodex, deshalb sind wir diesbezüglich sehr zuversichtlich."

Sie habe unmittelbar, nachdem sie in der Nacht vom 30. Dezember 2019 von dem Ausbruch in Wuhan erfahren habe, mit der Analyse des Erbguts (Genom) von 2019-nCoV begonnen und dieses mit den in ihrem Labor untersuchten Viren verglichen, berichtete Zheng-Li Shi, Laborchefin des WIV, im Scientific American. Weiter prüfte sie auch, ob es bei den Experimenten Fehler gab. Eine Übereinstimmung mit den bei Patienten gefundenen Erregern und den Viren aus ihren Petrischalen fand sie nicht. "Mir fiel eine Last von den Schultern", gestand sie, "und ich habe nächtelang nicht geschlafen."

Kuriose Verbindungen?

Wie wir aber gesehen haben, wurden alle Cornonavirusableger in Kombination mit SHCO-14, das zuerst 2019-nCoV verursachte, hergestellt. Zudem fand das von Anfang an in Zusammenarbeit mit chinesischen, amerikanischen und australischen Forschern im Labor statt. Daher ist davon auszugehen, dass diese rekombinierten Chimärenviren neben China auch den US-Amerikanern und Australiern ausgehändigt wurden, damit jederzeit daran weitergearbeitet werden konnte. Die US-Regierung war an diesen Arbeiten über ihre Behörde USAID ("US-Agency for International Development") nachweislich beteiligt, die die Forschungen sogar in großen Teilen mit finanziert hat. Zuvor wurde dafür von der USAID extra das Programm "Emerging Pandemic Threats" (EPT) eingerichtet, dass sich wiederum in vier Projekte unterteilte: PREDICT (Vorhersagen), RESPOND (Antworten), IDENTIFY (Identifizieren) und PREVENT (Verhindern). Peter Daszak als Präsident der "EcoHealth Alliance" sowie sein Vize Jonathan Epstein waren für die privaten Finanzierungsgelder verantwortlich, um für PREDICT Viren von Tieren und Menschen in Hotspots auf der ganzen Welt zu sammeln, in denen neue Krankheiten auftreten. Dabei wurden sie vornehmlich von Scott F. Dowell von der "Bill und Melinda Gates Stiftung" unterstützt, der seit

2014 für die Impfstoffentwicklung und Impfüberwachung zuständig ist. Interessanterweise hatte er davor 21 Jahre für die US-amerikanische Behörde CDC (Centers for Disease Control and Prevention) gearbeitet. Auch bezüglich der im "Nature"-Artikel angegebenen Finanzierung durch die US-Regierung veröffentlichte die Fachzeitschrift noch am 20. November 2015 eine Gegendarstellung: "In der ursprünglich online veröffentlichten Version dieses Artikels haben die Autoren die Angabe einer Finanzierungsquelle angegeben, USAID-EPT-PREDICT-Finanzierung durch die EcoHealth Alliance, an Z.-L.S. Der Fehler wurde für die Druck-, PDF- und HTML-Versionen dieses Artikels behoben."

Daszak hingegen verteidigte die riskante Genmanipulation an den Coronaviren gegenüber der "New York Times", weil man dadurch nun wisse, dass "dieses Virus" von einer potenziellen zu einer "klaren und aktuellen Gefahr" für den Menschen werden könne. Niemand kann mit Gewissheit sagen, ob die seit Jahrtausenden in abgelegenen chinesischen Höhlen in Fledermäusen lebenden Viren jemals in die weite Welt vorgedrungen wären, wenn man nicht damit herumexperimentiert hätte – sie mit Gebärmutterhalskrebs-Zellen (HeLa), HIV-Genen, Ebola-RNS zusammengebracht hätte, um angeblich nur zu zeigen, dass sie für Menschen ansteckend werden könnten.

Ausbruchszeit unbekannt?

Stefano Menzo, Leiter der Virologie am Universitätsklinikum Ancona, erklärte am 24. März 2020 zu den Ergebnissen in Italien: "Bei anderen Viren hätten wir nach so vielen Patienten-Infektionszyklen Dutzende von neuen Mutationen erwartet. Unsere ersten Daten zeigen aber, dass es sich um ein sehr stabiles Virus mit nur fünf neuartigen Varianten handelt."

Menzo erklärt weiter, dass Viren, die über kurze Zeiträume schnell mutieren, es für die Forschung schwierig machen, Impfstoffe zu entwickeln. Doch: "Die geringe Anzahl von Varianten, die in den Proben zwei Mo-

Abb. 29

Italienische Särge stapelten sich.

nate nach der ersten Sequenzierung des Virus in China entdeckt wurden, lässt vermuten, dass es sich um einen relativ langsam mutierenden Erreger handelt", heißt es weiter.

Darüber hinaus vermeldeten die Italiener, dass "Lungenentzündungen in Norditalien im November und Dezember 2019, für die zuvor keine Ursache gefunden worden war, vermutlich 2019-nCoV-Erkrankungen waren. Darüber hinaus konnten die Italiener 2019-nCoV bereits am 18. Dezember 2019 im städtischen Abwasser nachweisen. Diese Ergebnisse gab in einem Interview der Mediziner Giuseppe Remuzz, der Leiter des "Mario Negri Instituts für Pharmakologie" in Mailand, im US-amerikanischen Radiosender "National Public Radio" (NPR) bekannt. Remuzz habe zuletzt weitere Nachrichten von Allgemeinmedizinern erhalten, die sich daran erinnert hätten, seltsame und schwere Lungenentzündungen, insbesondere bei Senioren, im Dezember und sogar im November vorgefunden zu haben. Daraus geht hervor, dass sich 2019-nCoV in der Lombardei offensichtlich bereits verbreitet hatte, "bevor die Epidemie in China ausbrach". Dies sei auch eine mögliche Erklärung, warum die Pandemie gerade in Italien so stark wütete. Wann trat 2019-nCoV tatsächlich zum ersten Mal auf? Und vor allem: Woher kommt es tatsächlich?

Kapitel 3

MADE IN USA?

Für Donald Trump war die Sache bereits am 20. März 2020 ganz klar, bei 2019-nCoV handle es sich um ein "ausländisches", einen "China-Virus". Das sei "nicht rassistisch", sagte der US-Präsident, "keineswegs. Es kommt aus China, das ist der Grund. Ich möchte nur genau sein." Diese Äußerungen zu kommentieren, erspare ich mir an dieser Stelle, denn bereits am 27. April 2020 war sich der US-Präsident mit seiner Anschuldigung zu 100 Prozent sicher und hat zum ersten Mal mögliche Entschädigungsansprüche von China für die Corona-Pandemie zur Sprache gebracht und mit erneuten Strafzöllen gedroht. Seine Regierung prüfe derzeit, wie Peking für die Verbreitung des Coronavirus "zur Rechenschaft gezogen" werden könne, sagte Trump. Er äußerte sich zwar nicht dazu, welche Entschädigungssumme seine Regierung verlangen könnte. Es handle sich aber um eine "sehr substanzielle" Summe, sagte der US-amerikanische Präsident.

China hat mit drastischen Worten auf die Entschädigungsforderungen der USA reagiert. US-Politiker würden "unverschämte Lügen" über die Pandemie verbreiten, sagte am 28. April 2020 der chinesische Außenamtssprecher Geng Shuang in Peking. Damit wollten sie sich lediglich "vor der Verantwortung für ihre eigenen schlechten Maßnahmen zur Vorbeugung

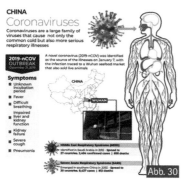

Erläuterung der Pandemie

und Kontrolle der Epidemie drücken und die öffentliche Aufmerksamkeit von sich ablenken."

Solche Äußerungen prallen an einem Donald Trump aber ganz offensichtlich einfach ab. Während es bei diesen Auseinandersetzungen noch um mögliche Versäumnisse der Chinesen bei der Ausbreitung von 2019-nCoV "aus Wuhan" in die weite Welt ging, behauptete der US-Präsident am 1. Mai 2020, nun sogar zu wissen, dass das Virus erwiesenermaßen aus "dem Labor in Wuhan" stamme.

Echte Schuldzuweisungen?

Auch die "Washington Post" verwies in diesem Zusammenhang noch einmal auf einen älteren Bericht. Als zwischen Januar und März 2018 eine US-Delegationen das WIV besuchte, nahmen auch der "Generalkonsul Jamison Fouss von Wuhan" sowie sein wissenschaftlicher Berater Rick Switzer daran teil und mussten angeblich schnell feststellen, dass in dem chinesischen Institut die Standards nicht ausreichend eingehalten wurden. Was sie dort erblickten, beunruhigte sie so sehr, dass sie in Washington die "Alarmglocken" läuteten: Managementschwächen, Sicherheitslücken und dazu eine hochriskante Forschungsarbeit an Coronaviren sowie dem ACE2-Rezeptor fielen ihnen besonders auf. "Es fehlt jedoch an entsprechend ausgebildeten Technikern und Forschern, um einem BSL4-Sicherheitsstandard tatsächlich zu entsprechen", merkten die Besucher an. Die Gefahr einer SARS-CoV-ähnlichen Pandemie wie im Jahr 2003 würde drohen, wenn die USA der chinesischen Einrichtung nicht helfe. Seltsamerweise wurde eine solche Hilfestellung jedoch nicht gegeben! Warum reagierte keiner auf die Berichte des Konsuls?

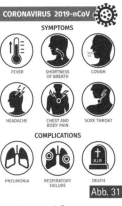

Abb. 31

Verhalten und Symptome

Tatsächlich hatte das WIV 2018 selbst in einer Studie vor dieser Gefahr gewarnt. Diese Studie zeigte auf, dass ein neuer, ACE2-kompatibler und gefährlicher CoV-Erreger RaTG13 von einer Fledermauskolonie in Yunnan stammte. Dieser könne in Zellen der menschlichen Atemwege eindringen, schrieben die Autoren – diesen Weg nutzt heute auch 2019-nCoV! Zudem stimmt der bereits 2018 angesprochene, angeblich aus Fledermauskot isolierte CoV-Erreger RaTG13 zu 96,2 Prozent mit dem derzeit pandemischen 2019-nCov überein. Allerdings sind die 3,8 Prozent Unterschied von RaTG13 zu 2019-nCov dennoch so groß, dass die meisten Forscher heute davon ausgehen, dass sich hier das Erbgut zweier Viren aus der Natur "gemischt" haben muss. Wie das allerdings passiert sein soll, wissen die Forscher nicht. Sie verweisen lediglich auf weitere "verwandte" Fledermausviren, die nach einer Studie das SL-CoV-ZC45 (87,99%) und das SL-CoV-ZXC21 (87,23%) sind. Aus diesem Grund erklärte die Laborchefin des WIV, Zheng-Li Shi, nach dem Besuch der US-Delegation, dass es sei wichtig sei, "diese Erreger zu überwachen, um eine neue Pandemie zu verhindern".

Neue Hinweise?

Erstaunlich bleibt bei all diesen Hinweisen, dass gerade die 2019-nCoV-Stämme genetisch weniger Ähnlichkeit zu SARS-CoV (etwa 79%) und MERS-CoV (etwa 50%) aufweisen. Auf die Frage eines Journalisten an den US-Präsidenten am 1. Mai, ob er denn nachhaltige Beweise dafür habe, dass 2019-nCoV aus einem der Labore aus dem Wuhan Institut für Virology (WIV) stamme, antwortete Donald Trump: "Ja, das habe ich". Und er wiederholte seine "Bejahung" sogar. Es sei ihm aus Sicherheitsgründen aber nicht erlaubt, darüber zu sprechen, so Trump. Danach resultiert die aktuelle 2019-nCoV-Pandemie ganz offensichtlich also doch nicht aus einer natürlichen Selektion, sondern ist gemäß den Schuldzuweisungen des US-Präsidenten "made in China"! Das Virus sei das synthetische Ergebnis aus chinesischen Laborexperimenten, was die US-Amerikaner angeblich beweisen könnten! "Ich schwöre bei meinem Leben, 2019-nCoV hat nichts mit unseren Laboren in Wuhan zu tun", antwortete Professorin Zheng-Li Shi auf die erneuten Vorwürfe des US-Präsidenten.

"Die Zusammenarbeit bringt beiden Seiten Vorteile, der Kampf tut beiden weh", sagte Xi Jinping und forderte sein Gegenüber auf, die Beziehungen zwischen den USA und China nicht zu belasten. Xi Jinping sprach von einer Beziehung "ohne Konflikte und Konfrontationen", die aber auf "gegenseitigem Respekt und vorteilhafter Zusammenarbeit für beide Seiten" beruhen müsse. "Kooperation ist die einzige Wahl", sagte der Generalsekretär der Kommunistischen Partei Chinas. Alles also nur ein weiterer Ablenkungsversuch von Donald Trump?

Ganz offensichtlich redete Trump auch auf dieser Pressekonferenz am 1. Mai 2020 mit seinem "Halbwissen" wieder einmal nur "wirres" und "dummes" Zeugs, oder die USA sollen damit nur aus der Schusslinie genommen werden, um letztendlich nicht selbst als "Verdächtiger" am Pranger zu stehen. Ein Medien-Man hatte dem US-Präsidenten einst das Motto beigebracht, dass selbst eine "haltlose Behauptung", wenn man sie denn nur oft genug wiederholt, nach unzähligen Wiederholungen auch irgendwann geglaubt wird.

Richtig getäuscht?

Wie US-amerikanische Präsidenten solche Unwahrheiten der Öffentlichkeit übermitteln, konnte man jüngst bei George W. Bush sehen. Nach den für die damalige US-amerikanische Regierung wichtigsten "Gesetzesänderungsprojekten" vor dem 11. September 2001 waren ein Programm zur massiven Senkung der Steuern und die Reform des Bildungswesens favorisiert worden. Beide nahm der US-Kongress durch Mehrheitsbeschluss an. Obwohl dieser Schritt im In- und Ausland auf scharfe Kritik stieß, wurde im März 2001 in "America-First-Manier" auch der endgültige Ausstieg der USA aus dem Kyoto-Abkommen zur Reduzierung der Treibhausgase verkündet.

In Folge des 11. September 2001 drängten vor allem Dick Cheney und Paul Wolfowitz den Präsidenten dazu, Saddam Hussein (1937-2006) mit "gefälschten" Geheimdienstberichten zu biologischen und Chemiewaffen im Irak

Abb. 32

Nine-Eleven-Tragödie, New York

endgültig auszuschalten. Ab dem 29. Januar 2002 log Bush in seinen Reden bis zum März des Folgejahres 164 Mal öffentlich zum Irak und setzte ihn auf eine "Achse des Bösen" mit Iran und Nordkorea. In diesen "Lügen-Reden" warf der US-Präsident Saddam Hussein stets vor zu versuchen, Massenvernichtungswaffen zu erlangen, Terrorismus aktiv zu unterstützen, die eigene Bevölkerung mit Giftgasangriffen zu unterdrücken und die Region insgesamt zu destabilisieren.

Die US-amerikanische Regierung täuschte vorsätzlich Verbündete und insbesondere den britischen Premier Tony Blair, der von Beginn an die Pläne von US-Präsident Bush zu einem möglichen Angriff auf den Irak unterstützte.

Am 25. November 2002 gründete Bush das "Department of Homeland Security" (DHS), um schnell wieder die alten Forschungseinheiten zu biologischen Kampfstoffen zu beleben, in dem heute 240.000 Menschen arbeiten. Ein Jahr zuvor, hatte es einen Monat nach dem 11. September 2001 auch einen Anschlag über den Postweg mit inhalierbarem Anthrax gegeben. Dieser wurde an die Büros der US-Senatoren Tom Dashle und Patrick Leahy geschickt sowie an die Büros von ABC-News, CBS-News, der New York Post und dem National Equirer. Die Briefe waren mehr schlecht als recht, zusätzlich schriftlich mit "Tod nach Amerika ... Tod nach Israel ... Allah ist großartig" versehen worden. Letztendlich starben bei den Anschlägen keine Prominenten, sondern lediglich fünf unschuldige Postangestellte in Form eines "Kollateralschadens". Das reichte der US-Regierung unter dem Banner der Terrorismusbekämpfung aus, um ein neues Biowaffen-Forschungsprogramm in Höhe von 100 Milliarden Dollar aufzulegen, aus dem nun ganz offensichtlich auch das aktuelle Pandemie-Virus 2019-nCoV resultiert. Als Kinder sagten wir nach der Wahrnehmung eines "Furzes" in einer Gruppe immer: "Wer zuerst gerochen, dem (ist es) aus dem Arsch gekrochen". Zumindest meine Recherchen zu den Äußerungen von Donald Trump zum Ursprung von 2019-nCoV, brachten das Ergebnis "made in USA" hervor und übermitteln uns somit auch in diesem Fall eine vollkommen andere Realität. Was stimmt nun wirklich?

Erster Verdacht?

Am 10. März 2020 wurde auf der Website des Weißen Hauses eine Petition gestartet, in der die US-Regierung aufgefordert wird, den wahren Grund für die Schließung von Fort Detrick im Juli 2019, einem bekannten militärischen Virenlabor, zu veröffentlichen und zu klären, ob das 2019-nCoV nach einem Laborunfall aus dieser Forschungseinrichtung entkommen sei. In der Petition wurde auch festgestellt, dass eine große Anzahl englischer Nachrichten über die Schließung von Fort Detrick im März 2020 "gelöscht" wurden und die Seiten mit dem Vermerk "404 nicht gefunden" angezeigt werden. Was war der Grund für diese Ungereimtheiten?

Petition Fort Detrick

Diese Einrichtung in Fredrick (Maryland) ist das bestgehütete Hochsicherheitslabor der US-Army und war tatsächlich bis 1969 ein Biowaffenlabor der USA, bevor es zum Verteidigungs-Center gegen Biowaffen umbenannt wurde. Das erinnert mich an das Jahr 1990, als in Deutschland alle Krankenkassen zu Gesundheitskassen umbenannt wurden, nur um positiver wahrgenommen zu werden. Tatsächlich weist die Forschungsagenda von Fort Detrick die Modifizierung tödlicher und genetisch veränderter Organismen sowie hochinfektiöser Virenmaterialien auf, wie MERS, SARS-CoV, Anthrax, Ebola, Pest, Pocken und das Gift Ricin. Darin sehen viele skeptische

Beobachter unverkennbare Merkmale eines offensiven biologischen Waffenprogramms. Sie meinen, dass dort "im Wesentlichen neue Bedrohungen geschaffen werden, gegen die wir uns verteidigen müssen". Die unauffälligsten Bedrohungen seien durch Unfälle, den Diebstahl von Organismen und Stimulus einer Bioarms-Rasse zu erwarten.

Im Juli 2019 wurden die BSL4-Sicherheitslabore der Walter Reed-Army in Fort Detrick jedoch abrupt und urplötzlich geschlossen. Kurz zuvor traten bei einigen Mitarbeitern vermehrt "Lungenentzündungen unbestimmten Ursprungs" auf, die durchaus mit 2019-nCoV in Zusammenhang gebracht werden können. Die Lungenbeschwerden führten Verantwortliche wie die Army-Sekretär Ryan McCarthy jedoch auf den vermehrten Genuss von elektronischen Zigaretten zurück. Der von Präsident Donald Trump am 26. März 2018 als Direktor des Gesundheitsministeriums CDC (Centers for Disease Control and Prevention) ernannte Robert Ray Redfield Jr. kündigte eine Untersuchung an und veranlasste aufgrund von Mängeln die Schließung des US-Militärstützpunkts. Damit habe die CDC verhindern wollen, dass dem Labor experimentelle Krankheitserreger verlustig gehen könnten. Anscheinend zu Recht, denn ganz offensichtlich stammt das aktuelle Pandemie-Virus von dort! Ist 2019-nCoV ein Laborvirus aus den USA?

Neue Bedrohungen?

Bereits am 5. August 2019 meldete die amerikanische Presse, dass wegen im Einzelnen nicht beschriebener Probleme bei der Entsorgung "gefährlicher Materialien" das medizinische Forschungsinstitut der US-Army für Infektionskrankheiten in Fort Detrick geschlossen wurde und "alle Forschungen derzeit unterbrochen sind".

"Die Abschaltung wird voraussichtlich Monate dauern", sagte die Pressesprecherin Caree Vander Linden am 2.
August 2019. In der Erklärung hieß es,
dass sie die Zentren der USAMRIID
im vergangenen Monat geschlossen
hätten, weil eine "Unterlassungsverfü-
gung" der CDC-Behörde die For-

Abb. 34

Kuriose Vorkommnisse in
Fort Detrick

schungsabteilung aufforderte, jegliche Laborarbeiten in Fort
Detrick einzustellen, da das Zentrum aktuell nicht die Anforderungen der höchsten Sicherheitsstufe erfülle und über keine
"ausreichenden Systeme zur Dekontamination des Abwassers"
für seine Laborabfälle verfüge.

Angeblich gab es jedoch keine Bedrohung für die öffentliche
Gesundheit, keine Verletzungen der Mitarbeiter und keine Le-
ckagen von gefährlichem Material außerhalb des Labors, sagte
Frau Vander Linden. In der Begründung des CDC für die
Nichtveröffentlichung von Informationen über seine Entschei-
dung wurden lediglich "Nationale Sicherheitsgründe" angeführt.

Das Forschungsinstitut Walter Reed-Army ist ein Biodefen-
se-Zentrum, das offiziell Krankheitsausbrüche, aber auch Keime
und Toxine untersucht, die zur Bedrohung des Militärs oder
der öffentlichen Gesundheit eingesetzt werden könnten. Es
führt Forschungsprojekte für Regierungsbehörden, Universitäten und Pharmaunternehmen durch, die für die Arbeit bezahlen,
und hat rund 900 Mitarbeiter.

Einer dieser Mitarbeiter ist kein Geringerer als Professor
Ralph S. Baric, der nicht nur aktiv "als Partner" an den Forschungen der WIV an Chimären-Coronaviren mitgearbeitet
hatte, sondern auch Mitautor der Studie in "Nature Medicine"
vom 9. November 2015 ist. Zwar gibt Baric in dem Artikel für
die Quelle seiner Ergebnisse aus den Laborarbeiten "Baric-Labor,

Quelle unbekannt" an, es lässt sich allerdings nachweisen, dass er seit 2006 für und mit USAMRIID zusammenarbeitet. Baric war auch derjenige, der über die Vanderbilt Universität das erste "synthetisch" hergestellte Coronavirus 2008 patentieren ließ und USAMRIID informierte und involvierte. Deshalb betrifft die Abschaltung einen erheblichen Teil der dort normalerweise durchgeführten Forschungen, sagte Vander Linden. Die suspendierte Forschung umfasst besondere, ausgewählte virale Wirkstoffe, von denen die Regierung festgestellt hat, dass sie "eine ernsthafte Bedrohung für die Gesundheit von Menschen, Tieren oder Pflanzen beziehungsweise für tierische oder pflanzliche Produkte darstellen können". Dabei handelt es sich insgesamt um 67 tödliche und pandemiewirksame Wirkstoffe.

Verseuchte Terroristen?

Theoretisch könnten Terroristen mit derartigen Wirkstoffen ausgestattete Attentäter als Waffen einsetzen. Daher verlangt die Regierung von jeder Organisation, die mit ihnen umgehen möchte, dass sie eine "Hintergrundwissensprüfung" besteht, sich registriert, Sicherheitsverfahren und Inspektionen in einem vorgegebenen Rahmen befolgt, der vom Gesundheitsministerium CDC und dem Landwirtschaftsministerium der Vereinigten Staaten festgelegt wird. Das Institut in Fort Detrick war Teil des Select-Agent-Programms, für das sich bis 2017 genau 263 Laboratorien - staatliche, akademische, kommerzielle oder private - angemeldet hatten.

Angeblich gehen die Probleme in Fort Detrick auf den Mai 2018 zurück, als vermehrt herrschende Stürme in der Region eine jahrzehntealte Dampfsterilisationsanlage überfluteten und zerstörten, mit der das Institut das Abwasser aus seinen Labors

behandelt hatte, sagte Frau Vander Linden. Der Schaden stoppte
die Forschung für Monate, bis
das Institut ein neues Dekontaminationssystem unter Verwendung von Chemikalien entwickel-

USAMRIID erforscht Biowaffen

te. Das neue System erforderte Änderungen bei bestimmten
heiklen Verfahren in den Laboratorien.

Während einer Inspektion im Juni 2019 hatte die CDC festgestellt, dass die neuen Verfahren nicht konsequent genug den
Vorgaben entsprachen. Die Inspektoren stellten auch mecha-
nische Probleme mit dem Dekontaminationssystem auf che-
mischer Basis sowie Lecks fest, sagte Frau Vander Linden. "Die
Lecks befanden sich ausschließlich innerhalb des Labors und
gingen nicht nach außen", fügte sie schnell hinzu. "Eine Kombination von mehreren Ereignissen" führte dann zur Unterlas-
sungsverfügung der CDC und zum Verlust der Registrierung,
sagte die Pressesprecherin.

Erste Einschätzungen?

Der Molekularbiologe und Biowaffenexperte Richard H.
Ebright von der Rutgers University sagte in diesem Zusammenhang, dass Probleme mit dem defekten chemischen De-
kontaminationsverfahren des Instituts bedeuten könnten, dass
es auf ein neues, wärmebasiertes System zurückgreifen muss.
Dieses erfordert den Bau einer neuen Dampfsterilisationsanlage, was zu sehr langen Verzögerungen und sehr hohen
Kosten führen kann.

Es war allerdings kein Zufall, dass das Walter-Reed-Army-
Institut in Fort Detrick von der CDC geschlossen wurde: Bereits 2009 hatte man die Einrichtung schon einmal geschlossen,

Abb. 36

Kuriose Ereignisse um
Bruce E. Ivins

weil dort in den Beständen ominöse "Krankheitserreger" gelagert wurden, die in der Datenbank gar nicht aufgeführt waren. Wie die "Washington Post" 2009 aufdeckte, fehlten zudem auch mehr als 9.000 Fläschchen potenziell tödlicher Krankheitserreger, deren Verlust bis heute niemand aufklären konnte. Der US-Rechnungshof "Gouvernement Accountability Office" (GAO) stellte bei der Anhörung unter Nancy Kingsbury später fest, dass die Erweiterung der Biowaffenlabore "derart unkoordiniert war, dass keine Bundesbehörde wusste, wie viele es gibt". Sie fügte hinzu, dass die Bundesbehörden auch keinen Überblick darüber haben, wie viele überhaupt benötigt werden, über welche Betriebssicherheiten sie verfügen und welche Risiken sie tatsächlich für die Öffentlichkeit darstellen. Überdies beschäftigte Fort Detrick bis 2008 auch den kuriosen Mikrobiologen Bruce Edward Ivins (1946-2008), der als Attentäter und Hauptverdächtiger der Anthrax-Briefsendungen vom Oktober 2001 galt, obwohl er dafür nie angeklagt wurde!

Bereits sieben Monate nach den Anschlägen hat man 2002 eine Untersuchung infolge eines Vorfalls in Fort Detrick durchgeführt, bei dem kurioserweise Anthraxsporen aus sorgfältig bewachten Räumen in die ungeschützten Bereiche des Gebäudes entkommen waren. Der Vorfall stellte die Fähigkeit von USAMRIID in Frage, seine tödlichen Wirkstoffe bereits sieben Monate nach den Anthrax-Briefsendungen innerhalb der Laborwände halten zu können. Berichten zufolge erzählte angeblich eine Mitarbeiterin Ivins, dass sie sehr besorgt sei, selbst Anthrax ausgesetzt zu sein, wenn sie mit den Briefproben umgehe. Ivins testete daraufhin im Dezember 2002 den Schreibtischbereich der Mitarbeiterin und fand tatsächlich Sporen mit Merkmalen, die Anthrax aufwiesen. Er dekontaminierte ihren Schreibtisch und den Computer, benachrichtigte aber keinen seiner Vorgesetzten.

Selbst Mord?

Nachdem die Sicherheitsbehörde FBI (Federal Bureau of Investigation) zweimal das Haus von Ivin durchsuchen ließ, wurde am 19. März 2008 die Polizei zu seinem Haus gerufen, wo sie ihn bewusstlos fand und ins Krankenhaus verlegte. Im Juni 2008 wurde Ivins dann unfreiwillig in eine psychiatrische Klinik eingeliefert. Das FBI sagte, dass Ivins während einer Gruppentherapiesitzung am 5. Juni ein Gespräch mit einem Zeugen geführt habe, in dem er eine Reihe von Aussagen zu den Anthrax-Briefsendungen von 2001 gemacht habe. Auf die Frage nach den Anthrax-Angriffen und ob er etwas damit zu tun habe, gab das FBI zu, dass Ivins zurzeit unter Gedächtnisverlust leide und etwas verwirrt erscheine. Im gleichen Atemzug veröffentlichte Ivins' Anwalt eine Erklärung, in der er bekanntgab, Ivins habe während der 6-jährigen Untersuchung des FBI stets mit der Behörde zusammengearbeitet und in der Zeit immer seine Unschuld beteuert. Dennoch informierten die Ermittler Bruce E. Ivins Ende Juli 2008 über seine bevorstehende Strafverfolgung wegen angeblicher Beteiligung an den Anthrax-Angriffen von 2001. Warum sie Ivins am 24. Juli 2008 dann doch aus seiner Haft entlassen haben, bleibt das Geheimnis der FBI. Bei der Entlassung sagte man dem Mikrobiologen, dass bei einer Verurteilung für ihn die Todesstrafe beantragt werde und trieb ihn so wohl in die Enge und in den Selbstmord. Am Anfang sagte man, dass sich Dr. B. E. Ivins bei einer Verfolgung durch FBI-Beamte am 29. Juli 2008 das Leben genommen habe – später hieß es "Selbstmord durch eine Überdosis Paracetamol". – Das ist kein Thriller von Michael Crichton (1942–2008), sondern Realität!

Am 6. August 2008 gaben die Beamten des FBI und des DOJ (Department of Justice) dann offiziell bekannt, dass die Regierung zu dem Schluss gekommen sei, dass Ivins wahrscheinlich allein für den Tod von fünf Personen und die Verletzungen von Dutzenden anderen verantwortlich sei. Das FBI veröffentlichte letztendlich am 19. Februar 2010 eine 92-seitige Zusammenfassung der Beweise gegen Ivins und gab bekannt, dass es seine Untersuchung abgeschlossen habe. Die Schlussfolgerungen des FBI wurden allerdings von vielen angezweifelt, darunter auch hochrangige Mikrobiologen sowie die Witwe eines der Opfer und mehrere prominente US-Politiker. Alle argumentierten, dass Ivins nicht allein für die Angriffe verantwortlich sein könne.

W. Russell Byrne, ein Kollege Ivins, der in der Abteilung für Bakteriologie in Fort Detrick arbeitete, sagte, FBI-Agenten hätten den Verdächtigen permanent "verfolgt", wonach der Mikrobiologe Anfang des Monats wegen Depressionen ins Krankenhaus eingeliefert worden sei. Laut Byrne und der örtlichen Polizei war Ivins aus Angst, er könnte sich selbst oder anderen Schaden zufügen, von seinem Arbeitsplatz entfernt worden. "Ich denke, er war von dem ganzen Prozess nur psychisch erschöpft", sagte Byrne. "Es gibt Leute, von denen Sie wissen, dass sie wie Bomben ticken", sagte Byrne. "Er war keiner von ihnen."

"Meiner Meinung nach gibt es im ganzen Land vielleicht vier oder fünf Leute, die dieses Zeug herstellen können, und ich bin einer von ihnen", sagte Richard Oscar Spertzel (1933-2016), ehemaliger stellvertretender Kommandeur von USAMRIID. "Aber selbst mit einem guten Labor und Personal, das mir beim Betrieb hilft, könnte es ein Jahr dauern, bis ich ein so gutes Produkt entwickelt hätte." Die Sporen im Daschle-Brief hatten einen Durchmesser von 1,5 bis 3 Mikrometern und waren um ein Vielfaches kleiner als die feinste bekannte Anthrax-Sorte, die entweder vom

Daschle-Brief

US-amerikanischen oder vom sowjetischen Biowaffenprogramm hergestellt wurde. Werden auch die Vorfälle von 2019 in Fort Detrick von den US-Behörden unter den Teppich gekehrt? Was brachte nun die Untersuchungskommission ans Licht, um die Ereignisse von 2019 in Fort Detrick zu erhellen?

Laborjunkies?

In jedem Jahr werden weltweit über 100.000 Affen und Menschenaffen für die biomedizinische Forschung eingesetzt. Ihre genetische Ähnlichkeit zum Menschen macht sie besonders geeignet zur Prüfung der Unbedenklichkeit neuer Medikamente und zur Erforschung von Gehirn und Infektionskrankheiten. Mehrere der von der CDC im Jahr 2019 festgestellten Laborverstöße betrafen insbesondere "nichtmenschliche Primaten", die mit einem "ausgewählten Wirkstoff" infiziert waren, dessen Identität jedoch unbekannt ist, weil er in allen erhaltenen Dokumenten redigiert wurde. Nachdem der CDC am 12. Juli 2019 an USAMRIID ein besorgniserregendes Schreiben versandte, erfolgte nur drei Tage später (15. Juli 2019) die Suspendierung mit dem Unterlassungsschreiben. Doch die Offenlegung der Identität oder des Standorts des Wirkstoffs würde angeblich die öffentliche Gesundheit und die Nationale Sicherheit gefährden, sagt der CDC.

Ganz offensichtlich wurde mit MERS, SARS-CoV, Anthrax, Ebola, Pest, Pocken und dem Gift Ricin gearbeitet, wie die

Abb. 38

Laborkomplex Fort Detrick

USAMRIID-Pressesprecherin Caree Vander Linden bezüglich der defekten Dekontaminationsanlage in Fort Detrick schon bestätigte. In ihrem Untersuchungsbericht werden die ausgewählten Wirkstoffe von der CDC als "biologische Wirkstoffe und Toxine" beschrieben sowie als "eine ernsthafte Bedrohung für die öffentliche Gesundheit" von Menschen, Tieren und Pflanzen definiert. Der CDC stellte in seinen Inspektionsergebnissen sechs Abweichungen von den Bundesvorschriften für den Umgang mit ausgewählten Wirkstoffen und Toxinen fest und deklarierte als siebten "mittleren" Verstoß, das unzureichende Dekontaminationssystem. Auffällig ist, dass der Bericht einen großen Abschnitt enthält, der zum Schutz vor der Veröffentlichung von internen Geheimnissen redigiert wurde.

Die Inspektionsergebnisse ergaben zudem, dass USAMRIID keine vollständige und genaue Bestandsaufnahme seiner ausgewählten Wirkstoffe vorgelegt hatte und dass alle Textbereiche mit SARS-CoV, MERS-CoV und SADS-CoV geschwärzt wurden, sie sind nur an einigen Stellen durch den Kontext noch erkennbar. Ist das nicht verdächtig?

Seltsame Beobachtungen?

BEOBACHTUNG 1

Schweregrad: ernst

Die CDC berichtet, dass Personen einen Raum mehrmals ohne den erforderlichen Atemschutz betraten, während andere

Personen in diesem Raum mehrere Eingriffe an einem nicht-menschlichen Primaten auf einem Autopsietisch durchführten. "Diese Abweichung von den Verfahren führte zu einer Exposition der Atemwege gegenüber ausgewählten Wirkstoffaerosolen", schreibt der CDC. [...] "In einem Fall öffnete das Personal absichtlich die Tür zum Autoklavenraum, während Mitarbeiter gesundheitsgefährdende Abfälle entfernten." [...] "Diese Abweichung erhöht das Risiko, dass kontaminierte Luft aus dem Raum [redigiert] entweicht und in den Autoklavenraum gesaugt wird [...] in dem Personen keinen Atemschutz tragen", heißt es in dem Bericht. [...] [redigiert] "verletzen sich Personen und werden Träger von Wirkstoffen."

"Verletzen" sei ein "zu hoch gegriffenes Wort", kommentierte Oberst E. Darrin Cox, Kommandeur von USAMRIID, das Ganze etwas kryptisch.

BEOBACHTUNG 2

Schweregrad: ernst

Die CDC berichtet, dass das Labor nicht sicherstellte, dass die Schulung der Mitarbeiter in Bezug auf Toxine und ausgewählte Wirkstoffe ordnungsgemäß überprüft wurde. "Diese Fehler wurden durch eine Überprüfung von Video-aufzeichnungen der Arbeit von Laboranten in BSL3- und ABSL3-Laboren festgestellt", heißt es in dem Bericht. [...] "[Diese] weisen auf die Mittel des [Labors] hin, mit denen überprüft wird, ob das Personal verstanden hat, dass die Schulung nicht effektiv war, was zu einem erhöhten Risiko beruflicher Exposition führt." Die CDC führt weiter aus, dass ein Laborant, der keinen angemessenen Atemschutz trug, erneut mehrmals einen Raum "teilweise betrat", [...] "in dem nichtmenschliche Primaten, die mit [redigiert] infiziert waren", [...] "in offenen Käfigen untergebracht" waren. Sie beobachteten auch einen Laboranten, der scheinbar biologisch gefährliche Abfälle ohne Handschuhe in einem Abfallbehälter entsorgte.

Um dies zu beheben, forderte die CDC von USAMRIID sicherzustellen, dass das Personal neu geschult werde. Während der Unterlassungsanordnungsfrist überprüft USAMRIID sein Schulungsprogramm, um sicherzustellen, dass es funktioniert. "USAMRIID schult seine Mitarbeiter und validiert ihre Unterrichtsfächer", sagte Cox. Es werde weiterhin alles überwacht, um sicherzustellen, dass das Training fortgesetzt wird.

Gefährliche Vorfälle?

BEOBACHTUNG 3

Schweregrad: mittel

Bei diesem Verstoß ging die CDC detaillierter auf den Vorfall ein, bei dem der Laborant bei der Entsorgung von biologisch gefährlichen Abfällen keine Handschuhe trug. Die empfohlene Korrekturmaßnahme bestand darin zu fordern, dass das betreffende Personal zum Tragen von Handschuhen angehalten werden solle, um die Exposition gegenüber gefährlichen Materialien zu verhindern.

BEOBACHTUNG 4

Schweregrad: ernst

In dieser Beobachtung stellte die CDC fest, dass das medizinische Forschungsinstitut für Infektionskrankheiten der US-Armee es "systematisch versäumt hat, die Umsetzung von Verfahren zur biologischen Sicherheit und Eindämmung mit Wirkstoffen [redigiert] sicherzustellen, die den mit der Arbeit von ausgewählten Wirkstoffen und Toxinen verbundenen Risiken angemessen sind".

Der speziell beobachtete Verstoß betraf das [redigiert] Öffnen von [redigiert], während [...] "große Mengen biologisch gefährlicher Abfälle" aus einem angrenzenden Raum entfernt wurden, "was das Risiko erhöht, dass kontaminierte Luft aus [redigiert] entweicht [redigiert]", [...] "wo die arbeitenden Menschen" [...] "normalerweise keinen Atemschutz tragen".

BEOBACHTUNG 5

Schweregrad: mittel

Die CDC berichtete, dass das Labor keinen Schutz gegen unbefugten Zugriff bot. Sie schrieben, dass Schutzausrüstung, die beim Dekontaminieren von Gegenständen getragen wurde, in offenen Biogefährdungsbeuteln in einem Bereich der Einrichtung aufbewahrt wurde, zu dem auch Personen Zugang hatten, die keine Genehmigung dafür hatten. "Durch die Lagerung der Abfälle in diesem Bereich hat das Unternehmen den Zugang nicht auf Personen mit Zugangsgenehmigung beschränkt", schreibt CDC.

BEOBACHTUNG 6

Schweregrad: mittel

Die CDC berichtet, dass ein Mitarbeiter im Labor keine genau definierte oder aktuelle Inventarliste für ein Toxin geführt habe.

Ein weiteres Problem war das Dekontaminationssystem für Abwasserabfälle von USAMRIID. Laut früheren Berichten war das Labor zur chemischen Behandlung übergegangen, nachdem sein vorheriges System beschädigt worden war. Es wurde eine Abkehr von der chemischen Behandlung und eine Rückkehr zum ursprünglichen System gefordert.

BEOBACHTUNG 7

Schweregrad: niedrig

Die CDC berichtet, dass ein Gebäude im Fort-Detrick-Labor keine "versiegelte Oberfläche zur Erleichterung der Reinigung und Dekontamination" hatte. Diese Oberfläche hatte Risse um einen Rohrkasten herum, Risse in der Decke und einen Riss in der Naht über einem Sicherheitsschrank.

Schlechte Führung?

Die Registrierung für das Federal Select Agent Program wurde teilweise aufgehoben, und USAMRIID muss dann in der Lage sein, an fünf Studien mit ausgewählten Agenten erfolgreich teilzunehmen, um seinen vollen Betriebsstatus im Laboratory Response Network wiederzuerlangen. Das Laboratory Response Network besteht aus drei Laboren – dazu gehört eines von der Navy, das USAMRIID und der CDC. Diese drei sind für die Bestimmung von unbekanntem Material verantwortlich.

Der Direktor Robert Ray Redfield Jr. der CDC musste dann im März 2020 vor dem Repräsentantenhaus einen Abschlussbericht vorlegen. Unter anderem ging es um 10.000 Grippetote aus der jungen Vergangenheit. R. R. Redfield Jr. konnte nicht ausschließen, dass die Grippetoten möglicherweise in Wahrheit vielleicht Opfer von SARS-Cov-2 (2019-nCoV) oder eines anderen Coronavirus' gewesen waren, da man nur auf Influenza getestet hatte. Spezielle 2019-nCoV-Infizierte in Fort Detrick hingegen wurden verneint. Aber war das wirklich die Wahrheit?

Am 3. Mai 2020 tauchte ein Bekenntnis der USA, Großbritanniens, Australiens, Kanadas und Neuseelands zu einer Geheimdienstallianz auf, in dem sie in einem 15-seitigen Dokument mit dem Titel "Five Eyes" Vorwürfe und Verdächtigungen ge-

genüber China zusammengestellt haben. Das Dossier dokumentiert die Vertuschung chinesischer Behörden bezüglich ris-
kanter Forschungsarbeiten in einem Labor in der chinesischen
Stadt Wuhan, wo das neue Coronavirus im Dezember erstmals
aufgetaucht ist. Das Dokument erwähnt nach Angaben der
australischen Zeitung "Saturday Telegraph" aber auch einige
Differenzen der Geheimdienste untereinander, dabei geht es
um den Verdacht, dass das Virus aus dem Institut für Virologie
in Wuhan stammen könnte.

Sie wiesen angeblich auch bereits nach, dass das Virus nicht
künstlich erzeugt worden ist, sondern natürlichen Ursprungs.
Diese Einschätzung (nicht künstlich) bestätigten zeitgleich
auch die US-Geheimdienste. Weil Chinas Behörden frühzeitige
Warnungen seiner Mediziner unterdrückte, das wahre Ausmaß
des Ausbruchs herunterspielte und Informationen zensierte,
was auch in Medienberichten bereits mehrfach dargestellt worden ist, trage China die Verantwortung für die Folgen. Die Vor-
gehensweise Chinas wird in dem Dossier als "Anschlag auf die
internationale Transparenz" beschrieben.

Falsche Behauptungen?

Daraufhin telefonierte der chinesische Außenminister Wang
Yi mit Großbritanniens Außenminister Dominic Raab, "weil
einige Leute alarmierenderweise versuchen, die Epidemie zu
politisieren" und damit "China zu stigmatisieren", sagte Yi.
Zuvor hatte die englische "Mail on Sunday" berichtet, die
2019-nCo-Viren seien angeblich bei einem Unfall in einem chinesischen Forschungslabor bei Wuhan freigesetzt worden. Im
Verlauf der weiteren Forschungsarbeiten seien Ferkel im Labor
zu Testzwecken mit dem bei den Fledermäusen isolierten Virus
infiziert gewesen, mit denen es einen Unfall gegeben hat. Dabei

Dr Tedros Adhanom Ghebreyesus
WHO DIRECTOR-GENERAL   Abb. 39

Erklärung der WHO

kamen Forscher dann mit infiziertem Blut in Kontakt und verursachten die Ausbreitung von 2019-nCoV. Besonders beklagt wird im Bericht der "Five Eyes", dass China noch bis zum 20. Januar 2020 bestritten hatte, dass sich das Virus von Mensch zu Mensch übertrage.

Dafür habe es schon seit Anfang Dezember 2019 Hinweise gegeben, heißt es in dem Papier. "Die ganze Welt hat ein Interesse daran, dass der genaue Ursprung des Virus geklärt wird", sagte Außenminister Heiko Maas den Zeitungen der Funke Mediengruppe. Fundierte Antworten darauf müsse die Wissenschaft geben, nicht die Politik. "China kann hier unter Beweis stellen, wie transparent es tatsächlich mit dem Virus umgehen will", so Maas.

Die Weltgesundheitsorganisation WHO hatte bereits erklärt, sie wolle sich an den Ermittlungen zum Ursprung des Coronavirus in China beteiligen. Dann will ich ebenfalls gerne helfen und meinen Beitrag bei der Aufklärung leisten, auch wenn den mit 2019-nCoV-infizierten Menschen der Ursprung egal sein dürfte, weil sie Hilfe brauchen und vor allem Lösungen suchen.

Am 28. Januar 2020 besuchte ein 60-jähriger Japaner aus der Präfektur Aichi gemeinsam mit seiner Frau die Stadt Honolulu (Khon) in dem US-pazifischen Inselstaat Hawaii; er bereiste auch die Insel Maui sowie Oʻahu. Nach 10 Tagen wieder zurück in Japan, machte der Mann eine schwere 2019-nCoV-Erkrankung durch, überlebte die Infektion aber. Basierend auf dem, was man über die Krankheit 2019-nCoV-weiß, war es sehr unwahrscheinlich, dass der Patient auf Maui ansteckend war, da er sich bei der Ankunft noch in einem asymptomatischen Zustand befand. Bis dahin kannte man auf Hawaii noch gar keine 2019-nCoV-Erkrankten, und für die USA waren landesweit gerade einmal 15 Fälle registriert. Auf einer Pressekonferenz in Honolulu sprach der Gouverneur David Ige gemeinsam mit hochrangigen Mitarbeitern der Gesundheitsbehörden über den Fall in der Öffentlichkeit. Sie schienen dabei etwas ratlos. Der Sprecher des chinesischen Außenministeriums Zhao Lijian fragte im März 2020 die US-Regierung in diesem Zusammenhang über "Twitter": "Wann begann die 'Stunde Null' des Patienten in den USA? Wie viele Menschen sind infiziert? Wie heißen die Krankenhäuser? Es könnte auch die US-Army gewesen sein, die die Epidemie erst nach Wuhan gebracht hat. Seien Sie transparent! Machen Sie Ihre Daten öffentlich! Die USA schulden uns eine Erklärung!"

Alles vertuscht?

Dazu gab es einen weiteren Hinweis von Zhao Lijian über vier japanische Infizierte vom 18. September 2019 auf Hawaii, worüber angeblich in den "Khon2 News" (Regionalnachrichten) berichtet wurde: "Es gab auch die infizierten japanischen Staatsbürger im September 2019 auf Hawaii, Menschen, die noch nie in China gewesen waren. Diese Infektionen fanden ausschließlich auf amerikanischem Boden und lange vor dem Ausbruch in Wuhan, aber nur kurze Zeit nach der Schließung von Fort Detrick statt."

Bis zum 12. Mai 2020 wurden für Hawaii 634 Erkrankte, 561 Genesene und 17 Todesfälle gemeldet. Somit gibt es aktuell nur die geringe Zahl von 56 an 2019-nCoV-Infizierte bei etwa 1,5 Millionen Einwohnern und etwa 1,5 Millionen Touristen. Den Originalartikel in "Khon2 News" konnte ich zwar nicht

WUHAN 2019
7th CISM Military World Games

Abb. 40

Military Worldgames in Wuhan

finden, dafür aber einen anderen Fachartikel in "The Lancet" vom 24. Januar 2020 mit dem Titel "Klinische Merkmale von Patienten, die mit dem neuartigen Coronavirus 2019 in Wuhan, China, infiziert sind". Der Spezialist für Infektionskrankheiten an der Universität Georgetown bei Washington, Daniel R. Lucey, schreibt dort: "Die Infektion muss im November 2019 für den frühesten gemeldeten Patienten mit Symptomen am 1. Dezember aufgetreten sein. (Die Inkubation ist unbekannt, wird jedoch aufgrund der Extrapolation aus SARS (~ 1-10 Tage) und MERS (1 bis 1 Tage) auf 1 bis 14 Tage geschätzt (~ 2-14 Tage), Coronavirus-Inkubationszeiten). Unabhängig davon, ob dieser Patient im November direkt oder durch Fomiten von einem Tier oder einer anderen Person infiziert wurde, trat seine Infektion an einem anderen Ort als dem Huanan Fisch- und Wildgroßtiermarkt auf."

Welche Auswirkungen hätte aber diese These?

Expertenmeinungen?

"Wenn die anfängliche und möglicherweise wiederholte Übertragung von einem Tier auf eine Person, gefolgt von der anschließenden Übertragung von Person zu Person, bereits von Oktober bis November oder früher im Jahr 2019 begonnen hatte, dann könnten die Patienten mit dem neuartigen Coronavirus (2019-nCoV) ihre Lungenentzündung aufgrund einer neuen Infektion bekommen haben, die sich in Wuhan auszubreiten begann und von dort mit infizierten Reisenden weiterreiste, die Wuhan wieder verlassen haben", schreibt Lucey. Das würde darauf hindeuten, so Professor Lucy, dass das Virus nicht in Wuhan, sondern anderswo entstanden sei und sich dann erst auf dem Fisch- und Wildgroßtiermarkt in Huanan ausgebreitet habe. "Eine Gruppe hat den Ausbruch bereits am 18. September 2019 gemeldet." In Hawaii?

Kristian G. Andersen, ein Evolutionsbiologe am "Scripps Research Institute", der Sequenzen von 2019-nCoV analysiert hat, um seinen Ursprung zu klären, sagt in "The Lancet" ebenfalls, dass der Zeitpunkt des ersten bestätigten Falls am 1. Dezember 2019 "ein interessanter Leckerbissen" sei. "Das Szenario, dass jemand außerhalb des Marktes infiziert und später auf den Markt gebracht wird, ist eines der drei Szenarien, die wir in Betracht gezogen haben und die immer noch mit den Daten übereinstimmen", sagt er. "Angesichts unserer aktuellen Daten und Kenntnisse ist dies durchaus plausibel." Die anderen beiden Szenarien sind, dass der Ursprung eine Gruppe infizierter Tiere oder ein einzelnes Tier war, das auf diesen Markt kam.

Andersen veröffentlichte am 25. Januar seine Analyse von 27 Genomen von 2019-nCoV auf einer Website für Virologieforschung. Es deutet darauf hin, dass sie bereits am 1. Oktober 2019 einen "jüngsten gemeinsamen Vorfahren" hatten – was eine gemeinsame Quelle bedeutet. Der Lungenspezialist Professor Bin Cao von der Capital Medical University, der auch Co-Autor des Artikels ist, schrieb in einer E-Mail an "Science Insider", dass er und seine Mit-Autoren die Kritik von Lucey "schätzen". "Jetzt scheint es klar zu sein, dass der Fischmarkt nicht der einzige Ursprung des Virus ist", schrieb er. "Aber um ehrlich zu sein, wissen wir immer noch nicht, woher das Virus stammt."

Neue Erkenntnisse?

Auf die Frage, warum Patienten mit dieser 2019-nCoV-Pneumonie im Oktober-November (oder früher) nicht erkannt wurden, erklärt Professor Lucy: "Wegen der gleichzeitigen Prävalenz von Atemwegserkrankungen wie Lungenentzündung." Und wie erklärt die Hypothese den starken Anstieg der gemeldeten Fälle seit 2020: "Chinesische Forscher begannen schnell, viele Patienten mit Lungenentzündung in Wuhan und darüber hinaus mit dem neuen diagnostischen Schnelltest zu testen, der erst Mitte Januar verfügbar wurde. Der neue diagnostische Schnelltest war eine hervorragende Maßnahme zur Bekämpfung dieser Epidemie", Lucy weiter. Als die Fallzahlen in Wuhan in die Höhe schossen, kamen kritische Stimmen auf, die meinten, dass die vielen diagnostischen Tests dafür verantwortlich wären. Wie lange grassierte das Virus überhaupt?

Parade der US-Army in Wuhan

"Wenn sich das Virus tatsächlich mehrere Monate vor seiner Entdeckung Anfang Januar 2020 unerkannt und parallel zu klassischen Lungenentzündungen in Wuhan ausbreitete, war es bereits in Teilen von Wuhan und anderen Orten in der Provinz Hube vorhanden, vermutlich sogar in anderen Teilen Chinas und, zumindest in kleiner Zahl, in einigen anderen Ländern. Daher hätte China keine früheren Kontrollmaßnahmen gegen ein unentdecktes Virus einleiten können", sagt Professor Lucy.

Dennoch ging am 11. Mai 2020 der Handelsberater des US-Präsidenten Peter Navarro einen Schritt weiter und forderte von China Schadensersatz: "Ich bin der festen Überzeugung – und ich denke, das amerikanische Volk ist der festen Überzeugung –, dass China diesem Land Billionen Dollar an Schaden zugefügt hat und dass es irgendeine Form von Entschädigungszahlungen geben sollte."

Gewollte Konfrontation?

Als am nächsten Morgen beim täglichen Briefing über die Lage der Nation eine Reporterin scheinbar asiatischer Herkunft Donald Trump fragte, warum der Präsident stets die Zahlen der getesteten Personen im Ausland vergleiche und ob er darin eine Art Wettbewerb sehe, antwortete der US-Präsident: "Vielleicht sollten Sie die Frage China fragen", und brach die Pressekonferenz ab! Muss man tatsächlich die Chinesen fragen oder doch eher die US-Amerikaner?

Der Atemwegsspezialist und Präsident der "Chinese Medical Association", Zhong Nanshan, erklärte bereits im Februar 2020, dass "das 2019-nCov zwar erstmals in China entdeckt wurde, aber das bedeutet nicht gleichzeitig, dass es tatsächlich aus China stammt", und man seine Herkunft doch etwas genauer prüfen sollte.

Von chinesischer Seite wird geäußert, dass das 2019-nCo-Virus auch von US-Militärs ausgegangen sein könnte, die sich 14 Tage vor dem Ausbruch in der Stadt Wuhan aufgehalten hatten. Vom 18.-27. Oktober 2019 fanden dort die 7. Militärweltspiele (Military World Games) des Internationalen Weltsport Verbandes (International Military Sports Council/CISM) statt, an denen auch 300 US-Amerikaner teilgenommen hatten. Ein idealer Ort also, um entweder vorsätzlich oder durch unwissentlich infizierte US-Soldaten aus Fort Detrick die ganze Welt zu verseuchen! Dazu passt auch, dass die US-Regierung wenige Monate vor dem Ausbruch der neuartigen Krankheit die Vertreterin der US-Seuchenschutzbehörde CDC aus China zurückbeorderte und die weitere Zusammenarbeit mit China ohne ersichtlichen Grund eingestellt hat. Den Pandemiestab seines Beraterteams hatte US-Präsident Donald Trump sogar bereits kurz nach seiner ersten Amtseinführung aufgelöst – aus "Verachtung für exakte Wissenschaft" wie die "Neue Westfälische" berichtete.

Verdächtige Befunde?

Keines der chinesischen Servicemitglieder, das an der Veranstaltung teilgenommen hat und die Militärs betreute, ist nach später erfolgten Tests positiv auf das 2019-nCo-Virus getestet worden. Eine auffällige Situation ergab sich allerdings während der Militärspiele, als fünf ausländische Athleten wegen einer unbestimmten Infektion und auch Atembeschwerden ins Krankenhaus eingeliefert werden mussten. Eine von ihnen war die amerikanische Rennradfahrerin Maatje Benassi, die als Reservistin und Sicherheitsbeamtin in Fort George G. Meade (Maryland) arbeitet, das etwa 40 Kilometer von Washington entfernt liegt. Daran sind direkt die "National Security Agency" (NSA) und die "Defense Information Agency" (DISA) angegliedert, beides Organisationseinheiten des Verteidigungsministeriums der USA. In diesem Zusammenhang ist es auch interessant, dass die NSA bereits im November 2019 einen "Sachlagenbericht" von einem ihrer Beobachtungssatelliten meldete sowie "vermehrte Aktivitäten" "an" und "in" Krankenhäusern der Millionenmetropole Wuhan feststellte. Die NSA warnte den medizinischen Geheimdienst NCMI (National Center for Medical Intelligence) zu diesem Zeitpunkt sogar schon vor einer drohenden Pandemie. Aus welchem Grund hatte die NSA jedoch Aktivitäten an Krankenhäusern beobachtet? Und wie konnte man auf den Bildern schon so früh die Bedrohung durch eine Pandemie erkennen?

Maatje Benassi nahm am 18. Oktober 2019 an den "Military World Games" in Wuhan am Radrennen teil und erlitt in der letzten Runde einen Unfall, bei dem sie sich Rippenprellungen und eine Gehirnerschütterung zuzog. Trotz des Sturzes beendete Benassi das Rennen und wurde anschließend erst ins Krankenhaus in Wuhan gebracht. Ihr Ehemann Matthew Benassi, der ein pensionierter Luftwaffenoffizier ist und immer noch als Zivilangestellter der Luftwaffe im Pentagon arbeitet, begleitete sie ins Krankenhaus. "Für mich war die Sportveranstaltung eine große Gelegenheit, und 'Matt' hat mich die ganze Zeit liebevoll unterstützt und dabei begleitet", sagte Maatje Benassi. Im Internet kursiert nun das "Gerücht", dass die Eheleute für die 2019-nCoV-Seuche verantwortlich seien, nachdem sie im Auftrag des Pentagons das Virus in Wuhan freigesetzt hätten. Danach hätten sie das Virus Mitte Oktober im Krankenhaus und an anderen Orten ausgesetzt, so dass es sich ohne Weiteres ungehindert ausbreiten konnte. Danach seien sie mit ihrer Delegation wieder abgereist!

Enttarnte Akteure?

US-Verteidigungsminister Mark Esper sagte, es sei "völlig lächerlich und unverantwortlich", wenn jemand eine solche Behauptung aufstelle. Die Eheleute Benassi selbst fühlen sich als Opfer einer Desinformationskampagne!

Die Behauptungen wurden von "staatlich geförderten chinesischen Medien in einer sogenannten offensichtlichen Desinformationskampagne wiederholt, um die globale Kritik an der Coronaviruspandemie von China in Richtung USA

Abb. 42

Professor Daniel R. Lucey nennt einen anderen Ursprung für 2019-nCoV.

abzulenken", heißt es aus dem US-Verteidigungsministerium. Die "Volkszeitung" Chinas schreibt unterdessen, "Rassismus und Verschwörung" wurden geboren, als Donald Trump das Coronavirus als "chinesisches Virus" bezeichnete.

Die chinesische Zeitung "Global Times" behauptete im März 2020, dass Maatje Benassi zudem 2019-nCoV-positv getestet wurde, obwohl sie selbst und auch ihr Ehemann diesen Verdacht nicht bestätigten und von sich wiesen. Dennoch fordert Professor Li Haidong, der für US-Studien an der China Foreign Affairs University in Peking tätig ist, dass die US-Regierung die relevanten Informationen zu ihrem Gesundheitszustand und ihrer Infektionsbilanz veröffentlicht, um bei der wissenschaftlichen Untersuchung über die Herkunft des Virus öffentliche Zweifel auszuräumen. Auch Professor Daniel R. Lucey empfahl für 2019-nCoV die "Überprüfung von gelagerten menschlichen und tierischen Proben von 2018 bis 2019 – sowohl auf das Virus selbst als auch auf Antikörper gegen das Virus, sobald im Jahr 2020 empfindliche und spezifische Antikörpertests schon verfügbar sind." Weiter führt Professor Lucey aus: "Meine Hypothese ist, dass das erste Auftreten von 2019-nCoV nicht auf dem Huanan-Fischmarkt war. Die Ausbreitung des Virus erfolgte bereits von Oktober bis November (oder früher) von Person zu Person und nahm allmählich bis in den Dezember hinein zu." War die Freisetzung von 2019-nCoV in Wuhan möglicherweise doch vorsätzlich?

Verdächtige Vorkommnisse?

Die "Global Times" bekräftigt diesen Verdacht mit einem Zitat aus einer Veröffentlichung der "Volkszeitung" der Kommunistischen Partei, wonach angeblich "alle Mitglieder der US-Delegation in Wuhan im vergangenen Oktober nach ihrer Rückkehr in die USA auf 2019-nCoV getestet wurden", das zu diesem Zeitpunkt aber noch gar kein Thema war! In dem Artikel wird auch noch einmal die Behauptung des chinesischen Diplomaten Zhao Lijian hervorgehoben, dass "vermutlich erst US-Militärangehörige, die an den 'Military World Games' teilnahmen, das Virus nach Wuhan gebracht haben". Trotz des Mangels an Beweisen könnte die Tatsache, dass ein Regierungsbeamter diese Behauptungen scheinbar unkontrolliert macht, größere Konsequenzen haben, sagt Victor Shih, Associate Professor an der University of California in San Diego. "Wenn die [chinesische] Führung wirklich an die Schuld der US-Regierung glaubt", sagt Shih, "kann sie sich so verhalten, dass sich die bilateralen Beziehungen dramatisch verschlechtern."

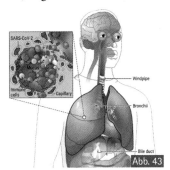

Abb. 43

Beispiel in »Science«: Tatsächlich starben in den USA überwiegend Farbige.

Ein weiterer Artikel über die Herkunft von 2019-nCoV weist auf die Wuhan-Version des SARS-Co-Virus selbst hin: Danach würde eine Komponente im Genom von 2019-nCoV Aminosäuren enthalten und einen "Strang" besitzen, der sich ohne die "Stamm-RNS" in dieser Form gar nicht zusammenführen und rekombinieren lassen würde, weil es eine Funktion wie eine Art "Samen" besitze. Zudem besteht das 2019-nCo-Virus aus fünf Sequenzabteilungen, über die das WIV gar nicht verfügt. Daher müsse es eine neue

Sorte gewesen sein, die erst aus dem ursprünglichen "Stamm" hervorgegangen ist. Und dieser Stamm existiere in China gar nicht, sondern ausschließlich in den USA. Wie kann ein Baustein aus den USA stammen, wenn alle SARS-Co-Viren erst aus Fledermaushöhlen in Yunnan entnommen wurden? Die Mehrzahl der Virologen wie Kristian G. Andersen schließen anhand der Eigenschaften des 2019-nCo-Virus aus, dass das Virus natürlich entstanden ist.

Seltsame Hinweise?

Schon Anfang 2019 veröffentlichte Zheng-Li Shi alle Fledermausviren, die sie in 28 verschiedenen Provinzen Chinas in Höhlen entnahm. Keines der 1.500 Viren ist mit 2019-nCoV identisch und kann auch "nicht aus ihnen mutiert sein". Auch Peter Daszak sagte, dass die Behauptung, dass "das Virus aus dem Labor in Wuhan entwichen ist, reiner Unsinn" sei, da er selbst an der Sammlung der Fledermausproben teilgenommen habe. Daszak meinte aber auch, "in dem Labor der WIV sind keine 2019-nCo-Viren aufbewahrt worden", und dass es sich um eine "unglückliche Politisierung des Ursprungs der Pandemie" handele. Bedeutet das gleichzeitig, dass das 2019-nCoV zuvor anderswo aufbewahrt wurde? In einem anderen Labor?

Demnach wird eine Identifizierung von "Patient 0" in diesem Fall nicht zu ermitteln sein, wie es auch nicht gelingen kann, das Virus in irgendeiner Fledermaus oder einem anderen Tier nachzuweisen, da es ganz offensichtlich "synthetisch" in einem Labor hergestellt worden ist. Man müsste allerdings die nicht geschwärzten Laborunterlagen sowohl bei den Chinesen als auch bei den US-Amerikanern einsehen dürfen, um sich hier eine objektive Meinung bilden zu können. Was aber bleibt, ist ein "unbewiesener Verdacht" und ein sehr fader Beigeschmack!

Während der US-Präsi-
dent twitterte: "Die Vereinigten Staaten werden die
Branchen wie Airlines und
andere, die besonders vom
chinesischen Virus betroffen sind, nachdrücklich unterstützen. Wir werden stär-

Abb. 44

Es geht stets gesittet zu bei den Treffen.

ker sein als je zuvor (!)", antwortet ihm Xi Jinpings Sprecher
Geng Shuang über Twitter, dass die Weitergabe von Desinformation "von allen abgelehnt" werden sollte. Er sagte, dass
China seit dem Ausbruch von 2019-nCoV eigentlich "Applaus
von der internationalen Gemeinschaft für seine Verantwortung
und seinen Beitrag verdient" habe. Auch Generalsekretär Xi
Jinping sagte, er hoffe, dass die USA "wirksame Maßnahmen"
ergreifen würden, um das Leben der chinesischen Bürger in
den USA zu schützen, und beschrieb die Pandemie als den "gemeinsamen Feind der Menschheit".

Trumps Verschwörung?

Doch Donald Trump verwies nur darauf, dass Chinas Umgang mit dem neuartigen Coronavirus ein Beweis dafür sei,
dass Peking "alles tun wird", damit er die US-Präsidentschafts-
wahlen 2020 verliere. Das kam nicht von ungefähr: Wahl-
kampfbeamte haben Trump aufgefordert, eine härtere Linie
gegen China zu verfolgen, da Umfragen in mehreren Swing-
Staaten zeigen, dass er seinem demokratischen Rivalen Joe
Biden hinterherhinkt. In einer Erklärung antwortete das chinesische Außenministerium, dass das Land "kein Interesse"
daran habe, sich in interne US-Angelegenheiten einzumischen.
"Seit einiger Zeit haben einige US-Politiker unter Missachtung

der Fakten versucht, ihre eigene Verantwortung für den schlechten Umgang mit der Epidemie auf andere zu verlagern", fügte Geng Shuang allerdings noch hinzu. Doch der US-Präsident meint nur, dass der Handelskrieg, den er mit Zöllen entfachte, China dazu gebracht habe, seinen demokratischen Herausforderer Joe Biden im Weißen Haus sehen zu wollen. "Sie nutzen ständig die Öffentlichkeitsarbeit, um es so darzustellen, als wären sie die unschuldige Partei", sagte Trump. Laut staatlichen Medien teilte Xi Jinping in einem Telefonanruf Donald Trump mit, dass die Beziehungen zwischen den USA und China einen "wichtigen Punkt" erreicht hätte.

"Die Verschwörungstheorien sind eine neue, niedrige Front in dem, was Sie eindeutig als globalen Wettbewerb um die Erzählung dieser Krise wahrnehmen", sagt Julian Gewirtz vom Weatherhead Center for International Affairs der Harvard University. "Seine Behauptung löste viele hässliche Kommentare voller Rassismus und Verschwörungstheorien aus, aber auch eine Lawine von Kritik von Amerikanern und Menschen aus der ganzen Welt, die sich einig waren, dass es falsch ist, wenn der US-Präsident eine Gruppe von Menschen mit einem Virus in Verbindung bringt", das eine Bedrohung für alle Menschen darstellt, unabhängig von ihrer Nationalität.

Am 11. Mai 2020 erhob auch Noam Chomsky schwere Vorwürfe gegen US-Präsident Donald Trump: Der 91-jährige US-Intellektuelle gibt der Coronapolitik des Präsidenten die Schuld am Tod von Landsleuten. Trump habe seine Pflichten vernachlässigt, indem er die Gouverneure einzelner US-Bundesstaaten dazu gezwungen habe, die Verantwortung für die Bekämpfung des Virus zu übernehmen, sagte Chomsky. Weiter merkte er - offensichtlich ironisch gemeint - an: "Das ist eine großartige Strategie, um viele Menschen zu töten und seine Wahlkampfpolitik zu verbessern."

Auf die Nachfrage, ob Chomsky Trump für den Tod von US-Amerikanern verantwortlich sehe, antwortete der Sprachwissenschaftler: "Ja, aber es ist viel schlimmer als das, denn international gilt dasselbe. Um seine kriminellen Angriffe auf das amerikanische Volk zu vertuschen, die sich die ganze Zeit über abgespielt haben, schlägt er

Abb. 45

Die Welt ist neu zu ordnen, das steht auf jedem 1-Dollar-Schein.

wild um sich und versucht, Sündenböcke zu finden." Chomsky ist der Meinung, dass Trumps Entscheidung, die Zahlungen an die Weltgesundheitsorganisation WHO einzufrieren, zu Todesfällen im Jemen und in Afrika führen.

Interessant ist im Zusammenhang mit der Kritik an Trump, dass die deutsche Regierung in mancher Hinsicht ähnlich handelt im Umgang mit der Coronapandemie. So wurde auch bei den Bund-Länder-Beratungen beschlossen, den Ländern weitgehende Befugnisse bei der Aufhebung von Coronabeschränkungen einzuräumen. Nach den ersten Lockerungen dauert die Coronakrise in Deutschland weiter an.

Fort Detrick arbeitet?

Seit dem 10. April 2020 ist das BSL-4-Labor für USAMRIID wieder in Betrieb genommen worden. An den Eingängen steht: "Alle Sponsoren und Mitarbeiter des Fort Detrick Commissary und des PX 'müssen' Gesichtsbedeckungen aus Stoff tragen, um Zutritt zu erhalten." Darüber hinaus müssen in öffentlichen Bereichen oder am Arbeitsplatz 6 Fuß soziale Distanz aufrechterhalten werden. "Dies schließt alle Soldaten, DA-Zivilisten, Familienmitglieder, DA-Auftragnehmer und alle anderen Personen auf Fort Detrick ein", heißt es.

"Wir haben nicht viel Zeit, weil wir in diesem Kampf sind, sterben Menschen", sagte Armysekretär Ryan McCarthy, nachdem die führenden Politiker der Militärabteilung die Einrichtungen von USAMRIID besichtigt hatten. "Dies ist die Frontlinie des Kampfes gegen das Coronavirus", erklärt der Stabschef der Army, James McConville. "Und ich würde sagen, dass einige der Leute hier die Helden sein werden, die uns helfen, es zu besiegen."

McCarthy und McConville betonten während ihres Besuchs, dass die Arbeit der Wissenschaftler der Army im Labor der Schlüssel zu den nationalen Bemühungen um die Entwicklung eines Impfstoffs ist. McConville sagte, der Weg, die Krankheit zu verhindern, sei eine Impfung. "Es ist ein langer Weg", räumte Dr. John Dye ein, Chef der viralen Immunologie bei USAMRIID. "Sie müssen diesen Impfstoff nicht nur entwickeln, sondern ihn an Versuchen am Menschen testen, um zu zeigen, dass dieser Impfstoff sicher ist."

Der US-Präsident hingegen dachte nur noch an die Wahlen am 3. November 2020 und daran, wer von den Kandidaten (Donald Trump oder Joe Biden) ab dem 20. Januar 2021 im Weißen Haus sitzen wird. Am 18. Mai 2020 erklärte er den amerikanischen Wählerinnen und Wählern, dass er eine Reihe von Optionen an Vergeltungsmaßnahmen gegen China erwäge, weil Xi Jingping nicht früher gehandelt habe, um die Welt vor dem Virus zu warnen, und bemerkte abschließend: "Es gibt viele Dinge, die ich tun kann."

Kapitel 4

UGLY SAM

Obwohl der Einsatz von biologischen oder chemischen Waffen durch das Genfer Protokoll seit 1925 völkerrechtlich verboten ist und solche Waffen während des Zweiten Weltkrieges nur durch die japanische Armee zum Einsatz kamen, wurden die Bestimmungen des ältesten internationalen Abkommens von den Vereinten Nationen (UN) als unzureichend angesehen. Viele Staaten hatten das alte völkerrechtliche Verbot zudem historisch als "beleidigend" empfunden und deshalb falsch interpretiert, so dass zum 16. Dezember 1971 eine zeitgemäße neue Version mit modernem Gesetzestext bereitgestellt wurde. Seit dem 10. April 1972 unterzeichneten 182 Staaten als Vertragsparteien dieses Abkommen, worunter sich auch die USA befinden. Doch mit den Änderungen des US-amerikanischen Gesetzes über biologische Waffen in § 817 des USA PATRIOT Act. während der Bush-Administration hat sich die US-Regierung seit 2002 eine gewisse "Immunität im Umgang mit Biowaffen" verliehen und kann die Verbote umgehen. Denn sobald die Aufträge für Biowaffenforschung zur Verteidigung und im Interesse der Nationalen Sicherheit stehen, darf daran unbegrenzt geforscht werden.

Jeder Auftrag der US-Regierung an ein Labor setzt somit die am 26. März 1975 in Kraft getretene UN-Konvention für die USA intern aus, so dass kein US-Politiker diesbezüglich für Fehltritte zur Verantwortung gezogen werden kann. Was hat die UN-Konvention dann noch für einen Sinn?

Todeslabor?

Das 2011 in Georgien feierlich eröffnete Lugar Center ist nach dem ehemaligen US-Senator Richard Lugar (1932-2019) benannt und ist dort offiziell dem Nationalen Zentrum für Seuchenschutzkontrolle und Gesundheitswesen (NCDC) untergeordnet. Zur Aufgabe des Lugar Centers gehören, nach

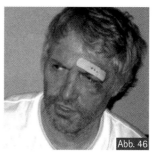

Darstellung der georgischen Behörde, die Ausbildung und Forschung in Biosicherheit (Schutz vor gefährlichen biologischen Agenzien und Schutz vor kriminellem oder terroristischem Einsatz von biologischen Waffen) und Labormanagement.

Vom Geheimdienst verprügelter Jeffrey K. Silverman

Bereits im Mai 2013 gab der amerikanische Journalist Jeffrey K. Silverman eine sensationelle Erklärung zu der Einrichtung ab. Ihm zufolge entwickele das Lugar Center gefährliche Experimente mit Anthrax, Masern, Schwarzpest, Schweinegrippe und H1N1. "Es ist möglich, dass eine künstliche Ausbreitung dieser Viren wie Masern unter der Bevölkerung stattfindet, was heute ein ernstes Problem für dieses Land darstellt." Das Interview von Silverman wurde in der lokalen Zeitung "Kvela Siakhle" veröffentlicht und anschließend von allen wichtigen georgischen Fernsehsendern ausgestrahlt.

Darin behauptet der Amerikaner weiter, dass vom Pentagon Anstrengungen unternommen werden, um das Programm zu erweitern und spezielle erfahrene Waffenagenten einzusetzen, die in der Biokriegsführung bewandert seien. "Im Notfall wird Georgien einfach vom Erdboden gewischt", Silverman weiter. Schon vorher wurden in einem Artikel von Joni Simonishvili aus dem Jahr 2011 mit dem Titel "Bio Weapons oder Bio Health Reference Lab in Tiflis, Georgia?" viele Bedenken hinsichtlich dieses Labors geäußert. Was ist wirklich dran an diesen Behauptungen?

Kuriose Enthüllungen?

Am 11. September 2018 verkündete der ehemalige Sicherheitsminister Georgiens, Igor Giorgadze, dass sich in seinem Land US-Spezialisten befinden würden und aktuell dabei wären, im "Richard Lugar Public Health Research Center" biologische Waffen zu entwickeln. Ferner könnten sie dort sogar in junger Vergangenheit zu noch unbekannten Zwecken viele Versuche auch an der Bevölkerung durchgeführt haben, bei denen es sogar Tote gab. Ihm würden umfangreiche vertrauliche Unterlagen zu den geheimen Forschungen vorliegen, die sich damit auch alle belegen ließen. Dazu würden insbesondere Daten und Statistiken zu Krankheitsfällen in der georgischen Bevölkerung vor und nach Eröffnung des Laboratoriums gehören.

Der US-Botschafter von 2012 bis 2015 in Tiflis, Richard B. Norland, reagierte am 12. September 2018 auf die Vorwürfe: "Den Vorwurf, es handle sich in Alexeyevka um eine geheime US-Einrichtung, muss ich entschieden zurückweisen." Er bekleidet seit August 2019 das Amt des Konsuls in Lybien und wurde dafür von Präsident Trump am 2. April 2019 nominiert. Überdies ist der Konsul gegenwärtig außenpolitischer Berater des Generalstabs der US Army. "Es handelt sich bei dem Institut um eine georgische Forschungseinrichtung, und es findet

Abb. 47
Ugly Sam

dort definitiv keine Forschung für ein biologisches Waffenprogramm der USA statt", betont Norland.

Dennoch untersucht das Verteidigungsministerium der Russischen Föderation (MORF) seit dem 14. September 2018 ebenfalls die über 100.000 Dokumente zum "geheimen biologischen Waffenprogramm der Vereinigten Staaten in Georgien". Derweil hat das MORF anhand der Giorgadze zugespielten und von ihm vorgelegten Papiere eine eigene Ermittlung in diesem Fall aufgenommen, um einen möglichen Verstoß der USA in Georgien gegen die Biowaffenkonvention von 1972 zu untersuchen. "Aktuell werden alle Unterlagen über das Richard Lugar Public Health Research Center in der Nähe des internationalen Flughafens von Tiflis, das im Rahmen eines Programms der US-Regierung 2011 in Alekseyevka eröffnet wurde, von unseren Spezialisten durchgesehen und ausgewertet."

Biologische Bedrohungen?

Das Lugar-Zentrum erforscht angeblich vornehmlich biologische Bedrohungen, die sich durch Terrorismus nachhaltig auf die Bevölkerung Georgiens auswirken könnten. Inzwischen ist aus den Dokumenten von Igor Giorgadze allerdings bekannt geworden, dass die in den Laboren des Instituts entwickelten Toxine und Wirkstoffe seit über 15 Jahren ganz offensichtlich auch an der Bevölkerung ausprobiert wurden und es dabei bis jetzt mindestens 73 Tote gegeben hat. Nach eigenen Angaben erforscht das gregorianische "US-Labor" auch mehrere neue Viren. "Die Leute, die dort wohnten, klagten über häufige Kopfschmerzen, Übelkeit und einen seltsamen Geruch", erzählt der Ex-Minister. Der Beginn der Arbeit im Labor sei seltsamerweise mit einer Zunahme einiger Krankheiten auf georgischem Terri-

Lugar Center Tiflis

torium einhergegangen, fügt er hinzu. Die Unterlagen würden auch belegen, dass in den Laboruntersuchungen erschütternde Praktiken angewendet wurden, die auch Experimente an Menschen beinhalten, die manchmal mit dem Tod von Testpersonen endeten.

Die geleakten Unterlagen des Lugal Centers enthalten zudem mehrere finanzielle Zuschüsse der US-Regierung zur Erforschung des Krim-Kongo Hämorrhagischen Fiebers in dieser Einrichtung. Man kann das ja nicht als Zufall abtun, dass der erste Ausbruch des Krim-Kongo Hämorrhagischen Fiebers in Georgien in den Jahren 2009 bis 2012 stattfand. Es gibt eine verdächtige zeitliche Übereinstimmung mit dem Auftreten der Krankheit und dem Verlauf der Forschungen. Auch eine tödliche Belastung mit dem Orthopoxvirus sei erstmals im Jahr 2013 in Georgien aufgezeichnet worden. Daneben seien die Patente sehr verdächtig, die in den Dokumenten und auf den älteren Internetseiten des Lugar-Centers angeführt werden. "Diese Patente gehören eindeutig dem Bereich der biologischen Kriegsführung an", sagt Giorgadze.

Nicht US-konform?

Doch endgültige Schlüsse, betont Giorgadze, können daraus noch nicht gezogen werden. Ihm lägen zunächst nur Daten vor, die erst richtig ausgewertet werden müssen. Nicht ausgeschlossen

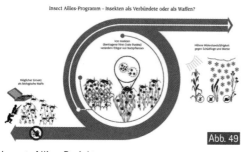

Insect-Allies-Projekt

sei auch das Zu-spielen der brisan-ten Dokumente im Rahmen ir-gendeiner politi-schen Intrige. Und die Jahre als Mit-arbeiter und spä-ter als Leiter eines Geheimdienstes haben den Exil-Georgier gelehrt, zur korrekten Auswertung von Spezialdaten stets Experten heranzuziehen. "Ich sehe das hier als humanitäre Aufgabe an", sagt der Ex-Mi-nister. Gleichzeitig bereite man, so Igor Giorgadze, auch an den jetzigen US-Präsidenten Donald Trump sowie an den US-Kongress einen Aufruf vor, die früheren wie die aktuellen Vor-gänge im Lugar-Center daraufhin zu prüfen, ob sie internatio-nalem Recht und den gültigen Abkommen zur Nichtverbreitung von Massenvernichtungswaffen – sowie nicht zuletzt auch dem US-Recht – entsprächen. Schließlich sei es schon vorgekommen, dass sich Teile einer US-Regierung der Experimente an US-Bür-gern schuldig machten, was erst Jahrzehnte später an die Öf-fentlichkeit kam – und dann musste sich die jeweilige amtierende Regierung bei den Betroffenen für die Taten einer alten Regie-rung entschuldigen. Vorgekommen sei es auch, dass Aktivitäten, die auf US-Boden gesetzlich geahndet werden, aus eben diesem Grund gezielt ins Ausland verlagert wurden.

Er wolle keine Politik machen; der wahrscheinlich schlimmste Fall sei ohnehin, dass das, was US-Spezialisten (gegebenenfalls) auf georgischem Boden getan haben, am ehesten mit der US-Innenpolitik zu tun habe. Doch er wolle auch nicht, dass sich Jahrzehnte später einmal eine US-Regierung bei georgischen Bürgern für die möglichen Taten der Obama-Regierung entschuldigen müsse – und dass für die möglichen Opfer diese ohnehin unnützen Entschuldigungen viel zu spät kommen. "Ich sehe das hier als humanitäre Aufgabe an", erklärte der Geheimdienstler.

Welche Fehltritte belegen die Unterlagen?

Unerlaubte Experimente?

Das Lugar-Zentrum forschte an hochinfektiösen Pestviren in Kombination mit Brucellen, einer Bakterienart, die beim Menschen Lungenkrankheiten verursachen können. Es ist schon seit langem bekannt, dass die US-Regierung Brucellen im Zusammenhang mit biologischen Waffen untersucht. Das sind Erreger der Brucellose mit einer Inkubationszeit von 1 bis 4 Wochen nach Befall der Darmschleimhaut. Bei den Patienten treten dadurch schubweise Fieberanfälle auf, die auch mit Schüttelfrost einhergehen können. Der schubweise Verlauf der Symptome ist durch die Freisetzung der sich vermehrenden Bakterien aus den befallenen Organen in die Blutbahn und die dortige Stimulation von Zytokinen bedingt.

Normalerweise stammen diese Bakterien aus dem Harn- und Geschlechtsorganen von Kühen, Schafen und Schweinen und können bei Übertragung auf den Menschen sehr selten eine generalisierte Infektion auslösen. Es sei denn, Labore "optimieren" sie!

Die Geheimdokumente des Lugar Centers belegen des Weiteren Arbeiten mit Milzbranderregern, mit Hanta-Viren aus der Welt von Nagetieren, die chronische Infektionskrankheit Hepatitis C und dem durch Zecken übertragbaren Krim-Kongo-Fieber-Virus, bei dem es zu einer erhöhten Blutungsneigung kommen kann. Tatsächlich wurden bei diesen Experimenten 340 Menschenversuche gemacht, bei denen 24 Menschen starben.

Zudem traten zeitgleich immer wieder Epidemien bei der georgischen Bevölkerung auf, wenn aktuell an einem der Viren geforscht wurde.

Darüber hinaus belegen die Unterlagen ein von der "Defense Advanced Research Projects Agency" (DARPA) mit 27 Millionen Dollar finanziertes Forschungsprogramm der US-Regierung, das "Insect Allies" genannt wird, was in etwa "alliierte/verbündete Insekten" bedeutet.

Biologische Kriegsführung?

Insbesondere wurde mit Asiatischen Tigermücken, tödliche Infektionskrankheiten übertragenden Sandmücken, Zecken und Braunwanzen gearbeitet, die zudem genetisch verändert wurden. Angeblich sollten die Insekten als Transportmittel für Pflanzenviren dienen und diese dann auf landwirtschaftliche Nutzpflanzen übertragen. Die übertragenen Viren können das Erbgut der betroffenen Pflanzen mittels sogenannter Genomeditierung verändern. Auf diese Weise ließen sich, so die Forschungsbehörde DARPA, bereits auf den Feldern wachsende Pflanzen wie Mais oder Tomaten schnell und in großem Stil genetisch verändern. Ende 2016 hat die Behörde des US-Verteidigungsministeriums ein auf vier Jahre angelegtes neues Forschungsprogramm dazu öffentlich ausgeschrieben, untersucht und freigesetzt werden sollen genetisch veränderte Viren, die das Erbgut von Nutzpflanzen im Freiland verändern können. Mitte 2017 gab das erste von drei Konsortien mehrerer amerikanischer Forschungseinrichtungen dann seine Teilnahme an dem DARPA-Programm bekannt. Tatsächlich gab das britische Biotechnologie-Unternehmen Oxitec im Juni 2020 die Freisetzung von 750 Millionen genetisch veränderter Mücken bekannt, mit denen die natürliche Mückenpopulation im US-Bundesstaat Florida reduziert werden soll. Diese neuen Mücken wurden mit Gelbfieber-Viren verändert, und weil ihnen ein bestimmtes Protein fehle, würden

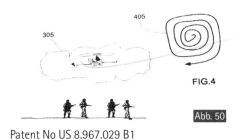

Patent No US 8.967.029 B1

sie angeblich alle weiblichen Mücken deutlich reduzieren.

Interessanterweise enthalten auch die Igor Giorgadze vorliegenden Geheimdokumente bereits Erkenntnisse über den Einsatz von ferngesteuerten Drohnen zur Verbreitung kontaminierter Insekten, die längst stattgefunden haben. Das US-Patent No: US 8.967.029 B1 vom 3. März 2015 zeichnet sogar die dabei eingesetzte Drohne aus. In einem wissenschaftlichen Artikel vom Oktober 2018 in "Science" kritisiert Guy Reeves vom Max-Planck-Institut für Evolutionsbiologie das Forschungsprogramm der DARPA und formuliert die Befürchtung, dass die Forschungen durchaus auch zur biologischen Kriegsführung missbraucht werden könnten. Gemeinsam mit Kollegen von den Universitäten Freiburg und Montpellier weisen sie im Fachmagazin "Science" darauf hin, dass ein solches System relativ leicht manipuliert und als biologische Waffe eingesetzt werden kann.

Genetisch verändert?

Daher wäre diesbezüglich "eine breite gesellschaftliche, wissenschaftliche und rechtliche Debatte dringend erforderlich", sagen die Wissenschaftler. Ihrer Meinung nach gibt es keine plausiblen Gründe, Insekten zur Verbreitung von Genmaterial einzusetzen. Die Forscher sehen den Einsatz von Insekten zur

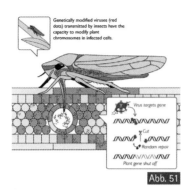

Abb. 51

Genetisch veränderte Insekten als Biowaffe

Verbreitung von Genmaterial sogar kritisch, denn die Erkenntnisse aus dem "Insect Allies-Programm" können relativ leicht abgewandelt und so auf die biologische Kriegsführung angepasst werden. "So könnten Gene beispielsweise funktionsuntüchtig gemacht werden – was in der Regel leichter ist als ihre Optimierung. Das Verfahren muss also nicht einmal weiterentwickelt werden, es reicht aus, es zu vereinfachen, um es als Waffe einsetzen zu können", so Reeves. Angesichts dieser Einwände könnte einem bei dem DARPA-Programm der Verdacht kommen, dass es keine friedlichen Zwecke, wie von der B-Waffenkonvention gefordert, zum Ziel hat. Dies könnte wiederum zur Folge haben, dass andere Länder selbst eigene Waffen auf diesem Gebiet entwickeln.

Das Datenmaterial des Ex-Ministers Giorgadze sei sehr umfangreich, und er habe sogar eine spezielle Website eingerichtet, auf der er nach und nach alle Geheimdokumente veröffentlichen will, um sie jedem zugänglich zu machen. Aber das eine Prozent des bisher veröffentlichten Materials gebe bereits einen ungefähren Einblick in die "bösartigen Aktivitäten im Labor". Mit dem US-Patent No: US 8.967.029 B1 für die Entwicklung einer ferngesteuerten "Vorrichtung zur Freisetzung von Moskitos aus der Luft", die darauf abziele, ein "Toxin zu verbreiten, das durch Mückenstich übertragen wird", ist ein friedlicher Nutzen schwer nachzuvollziehen. Die Drohne kann tödliche und nicht tödliche Krankheiten übertragen und "über den Speichel alle Mittel, die von einer Mücke getragen und übertragen werden können", heißt es in den Unterlagen.

Ein anderes, nicht weniger beunruhigendes US-Patent, das sich unter den Dokumenten befindet, beschreibt eine Kapsel, die wie die Patrone einer Handfeuerwaffe aussieht. Sie wurde "entwickelt, um ein toxisches Mittel freizugeben, wenn sie vom Schlagbolzen getroffen wird" – offenbar um die Truppen eines potenziellen Feindes anzugreifen.

Neue Biowaffen?

Ein anderes Dokument enthält eine Beschreibung von Hohlnadel-Nutzlast-Kapseln, die mit chemischen oder biologischen Inhalten als Waffe gefüllt werden können. Nach der ersten Auswertung der Dokumente durch den russischen Geheimdienst hat Russland noch im Oktober 2018 massive Vorwürfe gegen die USA erhoben. In dem an das Pentagon angegliederten "Richard Lugar Center for Public Health Research" würde die "Defense Threat Reduction Agency" (DTRA), für das US-Verteidigungsministerium "Department of Defense" (DoD) "Biowaffen entwickeln und verwalten", sagte Igor Kirillow. Es bestehe auch der Verdacht, dass die Schweinepestepidemie, die sich 2007 von Georgien aus in Südrussland ausbreitete, mit Arbeiten dieser Einrichtung zu tun haben könnte. Kirillow findet es insbesondere auffällig, dass die Forschung an Pathogenen in der Nähe der russischen Grenze erfolge: "Das muss man berücksichtigen, wenn man die Situation mit Blick auf die nationale Sicherheit analysiert", sagt der Kommandeur der Abc-Abwehrtruppen Russlands.

Pentagonsprecher Eric Pahon wies die Behauptungen Russlands jedoch zurück. Das sei "eine Erfindung" und ein "offensichtlicher Versuch, die Aufmerksamkeit vom schlechten Verhalten Russlands an vielen Fronten" abzulenken. Auch Georgien hat die Vorwürfe als russische Propaganda bezeichnet, die nur darauf ausgerichtet seien, das Verhältnis zwischen Georgien und den USA zu beeinträchtigen. "Die georgische Seite stellt unmissverständlich fest, dass das Zentrum von Richard Lugar keine Studien über Hepatitis C durchgeführt hat oder durchführt, insbesondere keine von amerikanischen Experten", sagte Dr. Amiran Gamkrelidze zu den Vorwürfen.

Der Sprecher des russischen Verteidigungsministeriums wies weiter darauf hin, dass in dem Center bei angeblichen Medikamententests im Dezember 2015 24 Personen gestorben seien, bei weiteren Versuchsreihen weitere 49 Menschen. Dass so viele Menschen "gleichzeitig" an einem Medikament sterben, das nach den klinischen Tests zur Zulassung in Russland kein einziges Todesopfer forderte, sei verdächtig. Auch sei eine so hohe Zahl an Toten sonst nach dem Ausbruch von Epidemien in Kliniken nicht beobachtet worden.

Russen besorgt?

Die Dokumente, die Giorgadze vorliegen, seien lediglich Überwachungsdokumente für Patienten, die ganz normal im Institut behandelt wurden. Dabei würde es auch nichts zu verbergen geben, sagt Gamkrelidze. "Manche Menschen, die aufgrund ihrer Krankheit und nicht wegen einer Behandlung in das Programm aufgenommen werden, sterben leider auch. Wenn sie erst sehr spät ins Krankenhaus kommen, hilft ihnen dieses Medikament möglicherweise nicht mehr. Daher starben natürlich einige der Menschen, die an dem Behandlungsprogramm beteiligt waren", kommentierte Dr. Gamkrelidze die Vorwürfe.

Ein Grund für die russischen Sorgen ist nicht zuletzt die Tatsache, dass das Pentagon 2017 Genmaterial von kaukasischen Russen sammeln wollte (s. Kapitel 1). "Das Sammeln und die Ausfuhr von Genproben russischer Bürger zu ungeklärten Zwecken stellt eine Gefahr für die Sicherheit Russlands dar", sagte Kirillow. Überdies hätten US-Firmen "Genmaterial der Stammvölker im Nordkaukasus, im Fernen Osten Russlands und in der Ural-Region gesammelt". Kirillow fragt, "zu welchen Zwecken die US-Airforce (Luftwaffe) diese Aktivitäten geplant habe".

Bereits 2007 hatte Wladimir Putin die Ausfuhr aller menschlichen Organproben verboten. Er reagierte damit auf einen Geheimdienstbericht, wonach westliche Geningenieure an Biowaffen arbeiteten, die sie gegen Russland und sein Erbgut einsetzen könnten. Kremlsprecher Dmitri Peskow sagte zu den aktuellen Ereignissen, tatsächlich seien "gewisse Emissäre", darunter auch Nichtregierungsorganisationen, mit dem Beschaffen von Bioproben in Russland beschäftigt. Der Senator Franz Klinzewitsch schloss nicht aus, dass das Material dem Westen dienen könnte, um eine effektive Biowaffe gegen Russland herzustellen. Und der Parlamentarier Gennadi Onischtschenko kündigte einen Gesetzesentwurf zum biologischen Schutz der Bürger an. Schließlich beschwerte sich Präsident Putin, dass in ganz Russland "gezielt" und "professionell" biologisches Material verschiedener Ethnien des Landes gesammelt werde. "Man interessiert sich sehr für uns", so Putin. Aber zur Angst bestehe kein Anlass. "Mögen sie tun, was sie wollen, wir aber müssen tun, was wir tun müssen", sagte der russische Präsident.

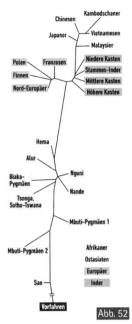

Abb. 52

Stammbaumforschung für Biowaffen

Weitere Beweise?

"Ich betone nochmals, dass diese Vorwürfe nur das Programm (...) diskreditieren und nur Aufsehen erregen sollen", unterstützt Dr. Amiran Gamkrelidze die US-Amerikaner. Doch Kirillow trägt auch vor: "Heutzutage sind weltweit mehr als 30 von den USA kontrollierte BSL-4-Labore tätig, und sie werden ständig modernisiert, was von offiziellen UN-Daten untermauert wird." Diese betrieben meistens Forschungen an Erregern gefährlicher Infektionskrankheiten. Kirillow findet es zudem sehr verdächtig, dass sich die Labore um Russland und China befinden: "Die Wahl der Orte, wo diese Labore eingerichtet werden, ist aus unserer Sicht auch kein Zufall – viele von ihnen liegen auf den Territorien, die an Russland und China angrenzen und stellen damit eine dauernde biologische Gefahr für unsere Staaten dar."

Die bulgarische Journalistin Dilyana Gaythandshieva recherchierte knapp ein Jahr in öffentlich zugänglichen Dokumenten einiger Behörden aus den USA und Georgiens, die mit den Laboreinrichtungen in Zusammenhang stehen. Im September 2019 enthüllte sie dann, dass über den Weg der "Diplomatenpost" "menschliche Blutproben" sowie "Virenkolonien" in das Lugar Center gebracht wurden, was sie selbst beobachtet hat. "Das Biolabor des Pentagon ist stark bewacht", berichtet sie. "Alle Passanten im Umkreis von 100 Metern werden gefilmt, obwohl sich das Militärbiolabor in einem Wohngebiet befindet." Die Sicherheitsleute warnen sie, sich dort nicht aufzuhalten, und wenn sie nicht augenblicklich ihren Pass vorzeige und diesen Ort verlasse, werde sie verhaftet. Zuvor hatte Gaythandshieva ein offizielles Interview mit Begehung der Laboreinrichtung angefragt, was jedoch abgelehnt wurden. Sie geht allerdings noch in derselben Nacht zurück und muss feststellen, dass in den Laborbereichen noch gearbeitet wird. "Die Luft in der stillen, klaren Nacht ist geschwängert vom Geruch nach Chemikalien", schreibt sie. "Es gibt auch Rauchschwaden, die sich schwarz, rot, orange und grün verfärben, ebenfalls nur nachts", schreibt Gaythandshieva. Der vom Lugar Center stammende Geruch wird tatsächlich in die Wohngebiete getragen. Auch wenn sich die Anwohner darüber bereits mehrfach beschwert haben, ist nichts passiert. Einheimische wie Eteri Gogitidze be-

Abb. 53

Korrespondenz zur Bioforschung

klagten sich zudem über ständige Kopfschmerzen, über Übelkeit, Bluthochdruck und Schwindel, nachdem Chemikalien in den Nächten im Labor verbrannt wurden. "Es riecht nach faulen Eiern und verwesendem Heu", sagt Gogitidze.

Schmugglerdiplomaten?

Anwohner beklagen nicht nur, dass gefährliche Chemikalien nachts heimlich verbrannt werden, sondern auch dass gefährliche Abfälle durch die Rohre des Labors in den nahe liegenden Fluss Kura abgeleitet werden. Diese Rohre aus dem "Todeslabor" sind unterirdisch verlegt und an die städtische Kanalisation angeschlossen. Ein Unding! Normal wäre eine eigenständige interne Kläranlage, die dem Laborbetrieb angehört und internationalen Umweltgesetzen entspricht. Das Pentagon hat immerhin mindestens 161 Millionen US-Dollar für das Lugar Center in Tiflis ausgegeben und sollte solche Bauauflagen daher erfüllen.

Abb. 54

Feldübungen Biowaffenprogramm

Neben den Aktivitäten zwischen drei und vier Uhr am Morgen entdeckte die Journalistin auf dem Gelände auch Diplomatenfahrzeuge der US-Botschaft in Tiflis. "US-Diplomaten betätigen sich dort auch als Schmuggler von verschiedenen Bakterien und Erregern", sagt die Journalistin. Tatsächlich war Oberstleutnant Mark Hartell als stellvertretender Kommandeur des medizinischen Forschungsinstituts USAMRD-G der US-Army für chemische Verteidigung von September 2014 bis Juni 2017 Kommandeur und dann Direktor in Tiflis und für die Arbeitsabläufe im Lugar Center verantwortlich. Die USAMRD-G ist eine untergeordnete Einheit des WRAIR (Walter Reed Army Institute of Research) in Fort Detrick.

Hartell erhielt vom georgischen Verteidigungsministerium die "General Giorgi Kvinitadze Medaille" für außergewöhnlich herausragende Verdienste um das Land Georgien. Er hatte eine erfolgreiche Diagnose zur Behandlung von drei georgischen Soldaten erstellt, die angeblich während des Einsatzes in der Zentralafrikanischen Republik an ungewöhnlichen Erregern erkrankt waren. Tatsächlich war es das Ziel von Hartell, die Überwachung und Erkennung verschiedener Arten "von militärisch relevanten Krankheiten, die in der Region häufig vorkommen" zu verbessern, wie akute Atemwegserkrankungen und antimikrobiell resistente Krankheiten. Das Programm umfasste auch die Überwachung von krankheitsübertragenden Zecken, Flöhen und Mücken, womit sich auch der Kreis zum "Insect-Allies-Programm" schließt.

Insbesondere erleichterte Hartell die Konsultation zwischen dem medizinischen Personal des georgischen Gori-Militärkrankenhauses, dem Chirurgen des United States European Command und dem Medical Research and Materiel Command der US-Army. Hartell ging auch Partnerschaften mit dem Gori Military Hospital ein, um die militärische Bereitschaft durch Überwachung und Behandlung von Krankheiten zu verbessern. Die Partnerschaft förderte die Zusammenarbeit zwischen georgischen Ärzten und Wissenschaftlern sowie Fachexperten beim WRAIR.

Echte Vertuschungen?

Gemäß dem Regierungsdekret Nr. 422 vom 7. Mai 2013 wurde das gesamte Vermögen des Lugar-Zentrums an das "Georgian National Center for Disease Control" übergeben. Es scheint jedoch, dass die USA weiterhin an dem Labor beteiligt sind. Denn nur einige Stunden später kündigte die georgische Regierung überraschenderweise ohne Grund und vorherige Erklärungen die offizielle Liquidation des Lugar-Zentrums an. Damit war die US-Regierung juristisch aus der Haftung genommen worden. Für die Durchführung des Liquidationsverfahrens wurde eine Kommission aus Vertretern von Regierungsstellen besetzt und eingerichtet. Die CDC erzählte jedoch eine andere Geschichte. Auf eine zeitnahe Presseanfrage antwortete sie CDC, dass "das Labor vom Verteidigungsministerium verwaltet wird" und schlug den Medienvertretern vor, sich an USAMRIID in Fort Detrick direkt zu wenden. Die Verträge amerikanischer Mitarbeiter im Lugar-Labor wurden in der Tat verlängert. Laut der "Georgian Times", einer wöchentlichen, englischsprachigen Zeitung, wurde das Dekret vom 7. Mai 2013 auf der offiziellen Webseite der georgischen Regierung

Abb. 55

Vladimir Putin ist besorgt über die US-Biowaffen.

vom Leiter der NCDC Amiran Gamkrelidze veröffentlicht – die Veränderungen drehten sich nur um den rechtlichen Status des Zentrums. Das Forschungszentrum war eine juristische Person des Privatrechts, und das NCDC ist eine juristische Person des öffentlichen Rechts. "Wir mussten seinen rechtlichen Status ändern, um es zum NCDC-Eigentum zu machen", sagte Gamkrelidze. Dies bedeutet nicht, dass das Labor verkauft oder sein Profil geändert wird.

Tatsächlich gab es in Georgien von März bis Juli 2013 Ausbrüche von Anthrax und Masern, die die Beamten des öffentlichen Gesundheitswesens als "fragwürdig" einstuften. Familien bekamen in der Zeit Anrufe, um sie alle "umsonst" zu impfen, sobald diese Krankheiten auftauchten. Sie wären dann immun fürs Leben – es sei denn, jemand experimentiert mit neuen Stämmen, um seinen Impfstoff mit mehr Inhaltsoffen zu testen. Dies ist durchaus zu vermuten, da das US-Verteidigungsministerium den Impfstoff an Georgien gespendet hat. Russlands oberster Sanitärinspektor Gennady Onishchenko beschuldigte 2013 die USA, in Georgien biologische Waffen hergestellt zu haben.

Begründeter Verdacht?

In einem Artikel vom 30. Oktober 1985 in der sowjetischen "Literaturnaya Gazeta" wurde von Professor Jakob Segal behauptet, dass der seit 1979 in den USA aktive HIV-Erreger aus Fort Detrick stamme und von USAMRIID im Rahmen der Biowaffenforschung erst im Labor entwickelt wurde. Das Erbmaterial des AIDS-Erregers sei von Geningenieuren in Fort Detrick konstruiert und zu Testzwecken freigesetzt worden. Bereits ein Jahr zuvor, gab der amerikanische Arzt Robert Gallo mit seiner Kollegin Margarete Heckler am 23. April 1984 die Entdeckung eines neuen Erregers verschiedener neuer Krankheiten bekannt, den sie HTLV 3 nannten. Sie erklärten, dass sie dieses für den Menschen meistens tödlich verlaufenden "Immundefektsyndrom" unter dem Begriff AIDS zusammengefasst hätten. Doch dank eines Testverfahrens, auf das Robert Gallo noch am selben Tag seiner Bekanntmachung ein Patent (US-Patent No. 4.520.113) angemeldet hatte, ließ sich feststellen, dass diese Krankheit nur eine Randgruppe der Gesellschaft betraf: nämlich Farbige, Homosexuelle und Prostituierte. Interessanterweise ist das exakt dieselbe Gruppe, die man noch in den 1950er Jahren für den Krebs verantwortlich machte!

Bereits kurze Zeit später kristallisierte sich jedoch heraus, dass Gallo seine in allen US-Medien hochgelobte Entdeckung von seinem französischen Forscherkollegen Luc Montaigner abgekupfert hatte, der die Symptome um AIDS bereits 1981 als "Lymphadenopathie-assoziiertes Virus" (LAV) veröffentlichte. Der Nobelpreisträger Kary Mullis und der Molekularbiologe Peter Duesberg kritisierten beinahe im gleichen Atemzug: "Die AIDS-HIV-These ist so voller Widersprüche, dass sich die Befürworter schon durch ihre eigenen Publikationen ad absurdum führen."

Robert Gallo behauptete in einem Schreiben vom 27. September 1983 an Friedrich W. Deinhardt (1926-1992) vom Paul-Ehrlich-Institut, dass er das Virus von Montaigner "noch nie gesehen" habe, musste im April 1986 dann aber eingestehen, dass er zwei Jahre zuvor (1984) in einer "Science"-Veröffentlichung sogar die Bilder von Professor Luc Montaigner ohne Genehmigung verwendet hatte. Gallo muss die Arbeit von Montaigner von 1981 nachweislich schon vorher gekannt haben!

In demselben Brief an Deinhardt schrieb Gallo auch, dass es sich beim HI-Virus um "ein Gemisch zweier Viren" handeln könnte. Das bedeutet, dass auch HIV-2 offenbar erst im Labor aus dem Vorgängervirus rekombiniert wurde. In seinem Buch "Inventing the AIDS-Virus" führt Professor Duesberg eine Vielzahl von Fällen auf, in denen Personen an AIDS oder AIDS-ähnlichen Symptomen gestorben sind, ohne dass man überhaupt eine Spur von HIV bei ihnen gefunden hätte. Damit trug er dazu bei, die Sache kompliziert werden zu lassen, indem Duesberg mit einiger Plausibilität erklärt, dass beispielsweise das afrikanische AIDS eine andere Seuche sei als das amerikanische AIDS und keine von ihnen durch HIV verursacht werde: Die afrikanische Variante rühre von der Unterernährung her, während die amerikanische Linie hingegen vom zu häufigen Gebrauch von stimulierenden Drogen beeinflusst werde.

AIDS-Presse?

In der Erstveröffentlichung zum HI-Virus 1959 wurde seltsamerweise zu keiner Zeit angegeben, woher die Serumprobe tatsächlich stammte, so dass die Herkunft der Probe nie sicher geklärt wurde. Nachdem Professor Sega auf der 8. Konferenz der blockfreien Staaten in Harare (Zimbabwe) im September 1986 einen Artikel mit dem Titel "Aids: USA Home-made Evil, Not Made in Africa" veröffentlichte, ging die Nachricht wie ein Lauffeuer um. Am 11. März 1987 erklärte der SED-Funktionär Professor Karl Seidel, dass die CIA an ihn herangetreten sei und sehr daran interessiert war, dass die USA von den Vorwürfen der HIV-Konstruktion reingewaschen werde. Warum dieses Interesse?

Tatsächlich existieren in der deutschen Presse Unternehmensgrundsätze wie beim Axel Springer Verlag: "Das Herbeiführen einer Aussöhnung zwischen Juden und Deutschen, hierzu gehört auch die Unterstützung der Lebensrechte des israelischen Volkes" und "die Unterstützung des transatlantischen Bündnisses und die Solidarität in der freiheitlichen Wertegemeinschaft mit den Vereinigten Staa-

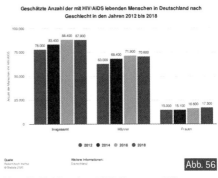

Aktuelle Zahlen des AIDS-Erregers, RKI

ten von Amerika", verbieten den Journalisten "negative Berichterstattungen" selbst dann, wenn sie stimmten. Im Klartext bedeutet das, dass es der Presse generell "verboten" ist, Nachrichten zu verbreiten, die den USA oder Israel schaden könnten. Als nach solch einem negativen Bericht gegen Segal am 18. Dezember 1990 auch in der "Frankfurter Allgemeinen Zeitung" behauptet wurde, bei dem Vorwurf AIDS & US-Regierung habe es sich um eine Kampagne im "Dienst A" und um "Desinformation" der Ersten Hauptverwaltung der sowjetischen KGB gehandelt, hat sich keiner mehr mit dem Thema beschäftigt. Professor Jakob Segal, ehemals Direktor des Instituts für Allgemeine Biologie an der Humboldt-Universität, wehrte sich verhalten: "In keiner Phase unserer Arbeit haben sowjetische Autoren oder Behörden zur Entwicklung unserer Theorie vom Ursprung von AIDS einen Beitrag geleistet", sagte er und vertrat hartnäckig die gleiche These bis zu seinem Tod. Der Axel Springer Verlag kündigte im April 2017 zwar eine Reform in seinen Unternehmensgrundsätzen an, doch mit "Wir zeigen unsere Solidarität in der freiheitlichen Wertegemeinschaft mit den Vereinigten Staaten von Amerika" und "Wir unterstützen das jüdische Volk und das Existenzrecht des Staates Israel" hat sich in der Presselandschaft eigentlich nichts geändert. Ganz im Gegenteil!

Virenmix?

Auf die Frage, ob es denn nicht möglich sei, zwei Viren zu kreuzen und daraus ein gefährliches drittes Virus zu erzeugen, antwortete Professor Meinrad Koch, ehemaliger Leiter der Abteilung Virologie beim Robert Koch Institut: "Das ist ein alter Streit über die Risiken der Gentechnologie. Man hat das meines Wissens nur mit Grippeviren gemacht. Das war sogar schon ohne Gentechnologie möglich, weil die Viren so leicht miteinander kombinieren." (Spanische Grippe)

Doch angeblich könnte die Pathogenität der Urviren sich nicht übertreffen, denn das, was man künstlich erschaffen würde, habe keinen Bestand in der Natur. Aber warum machen es die Laborfrankensteine dann? Die Gentechnologie ist in Wahrheit nur eine Nachahmung der Natur. "Das HIV ist doch ein instabiles Virus", sagt Professor Koch. "Sobald es das Milieu der menschlichen Zellen bei 37 Grad Celsius verliert, ist es kaputt. Das Virus ist hervorragend an den Menschen adaptiert. Das als Produkt gentechnologischer Experimente hinzustellen, ist hirnrissig."

Überdies würde HIV eine Krankheit erst nach langer Inkubationszeit auslösen. "Und dieses Virus bringt ja den Infizierten erst um, wenn er selbst für Nachkommen gesorgt hat. Ein solches Virus als Kampfmittel zu benutzen, scheint mir absurd", so der Professor. Ist das wirklich absurd?

Das Ebolavirus wurde seit seiner Entdeckung 1976 Zaire-Virus genannt, so dass sein wahrer Ursprung heute in Vergessenheit geraten ist, wenn es unter dem Namen Ebola Schrecken verbreitet. Seitdem sorgte dieser überwiegend in den zentralafrikanischen Ländern identifizierte Virus für mehrere Epidemien. Die Inkubationszeit liegt zwischen 2 bis 21 Tagen, wobei sehr plötzlich Symptome wie Fieber, Kopfschmerzen, Muskel- und Gelenkschmerzen auftreten (die Anfangsphase verläuft ähnlich wie ein grippaler Infekt). Später sind Durchfall, Appetitlosigkeit,

Erbrechen, Atembeschwerden, Husten, Schmerzen im Brustraum und ein spezieller Ausschlag mit Blutergüssen typische Zeichen für eine Ebolainfektion. Dennoch kann der eindeutige Nachweis nur durch eine Blutuntersuchung erbracht werden. Auf dem Höhepunkt der Krankheit entwickelt es seinen Horror, weil es häufig zu Blutungen am ganzen Körper kommt: Blut im Auswurf, im Stuhl, Bluten aus Nase, Zahnfleisch, der Bindehaut des Auges, aus Einstichstellen in Venen, aus Hautverletzungen etc. Ein massiver Flüssigkeitsverlust, Sekundärinfektionen, multiples Organversagen, Schock und Koma führen schließlich zum Tod des Infizierten. Das Immunsystem wird von den Viren so stark befallen, das es völlig zusammenbricht. Dabei werden im Körper massenhaft entzündungsfördernde Botenstoffe (Zytokine) aus-geschüttet, doch das Fehlen anderer Immunmodulatoren wie etwa der Interferone, eine gestörte Antikörperproduktion und der Verlust wichtiger T-Lymphozyten zerstören das Immunsystem. Durch Obduktionen lassen sich zwar Schädigungen (Nekrosen) an verschiedenen Organsystemen nachweisen, ohne diese pathologischen Veränderungen jedoch als Todesursache bestimmen zu können. Doch trotz dieser grauenvollen Symptome galt das Ebolavirus (bis 2014) nicht als große oder globale Bedrohung. Warum eigentlich nicht?

Labor Kongo?

In erster Linie lag das daran, weil von Ebola bislang nur sehr wenige Menschen betroffen waren: Von 1976 bis 2014 gab es ge-rade mal 2.400 infizierte Personen, überwiegend in Zentralafrika, von denen 1.500 verstorben sind. Bei jedem Ausbruch waren bislang nicht mehr als 500 Personen betroffen, weil der Erreger nur von bereits erkrankten Menschen durch Körperflüssigkeiten und angeblich über Tiere (Buschfleischverzehr) übertragen werden

Ursprung des Ebola-Virus

kann. Doch woher stammt das Ebolavirus tatsächlich?

"Der Ausbruch der Krankheit wurde durch engen persönlichen Kontakt und durch die Verwendung von kontaminierten Nadeln und Spritzen in Krankenhäusern und Kliniken hervorgerufen", weiß das "Bulletin of the World Health Organization" (Band 56, Nummer 2, 1978, S. 271-293) in seinem Abschlussbericht an die internationale Beobachtungskommission 1978 zu berichten. Seit Jahrzehnten nutzen westliche Virologen unter dem Mantel der Entwicklungshilfe das Land Kongo als Experimentierfeld, um ihre chemischen Präparate an Menschen auszuprobieren. Die damals erst 19-jährige Laborangestellte Marga Söhnlein fand durch ihre Erkrankung am 21. August 1967 ein neues Virus, an dem bis zum 25. August 1967 mehrere Personen in Marburg starben, wodurch die Stadt in eine Art Ausnahmezustand versetzt wurde. Sie arbeitete in dem 1904 von Emil Adolf Behring (1874-1917) begründeten Pharmaunternehmen Behring-Werk oHG. Bereits am 8. August 1967 erkrankte ein Mann, zu dessen Aufgaben es gehört hatte, die Schädel der Grünen Meerkatzen zu öffnen. Am 15. August 1967 blieben schon drei Tierpfleger der Arbeit fern, und zwei Tage später fehlten bereits sieben. Am 22. August 1967 wurde das Robert-Koch-Institut in Berlin mit einbezogen und dazu acht weitere Institute in aller Welt, darunter in den USA, in Paris und Amsterdam, die nach dem mysteriösen Erregern suchten. Inzwischen waren auch Fälle aus Frankfurt und Belgrad bekannt geworden.

Marburg-Virus Ebola?

Marga Söhnlein erinnert sich an einen Mann im Krankenhaus, "der die wunderbarsten blauen Augen" hatte. Er beugte sich über sie und drückte ihr auf den Leib. Sie erbrach sich erneut, was ihr unangenehm war. Der Mann war Professor George Dick (1881-1967), ein aus England angereister Experte für Tropenkrankheiten. Denn die Ärzte am Marburger Universitätsklinikum ahnten längst, dass sie es hier keineswegs mit etwas Alltäglichem zu tun hatten. Etwa 600 Affen der Art "Chlorocebus aethiops" wurden als Überträger des Virus verdächtigt und getötet, ohne einen Nachweis für diese Hypothese zu haben. So behauptete die damalige DDR-Staatszeitung "Neues Deutschland", "afrikanische Affen seien nur ein Sündenbock, um Geheimversuche bei der Entwicklung von Chemiewaffen zu vertuschen".

Der Erreger wurde von den westlichen Forschungseinrichtungen als Marburg-Virus (MARV) bestimmt, das, wie das Ebolavirus, zu den Filoviren gehört. Das Marburg-Virus wurde auch vom US-amerikanischen CDC als potenzieller biologischer Kampfstoff der höchsten Gefahrenklasse eingestuft. Militärisch wurden die Möglichkeiten als biologischer Kampfstoff vom sowjetischen Kampfstoffprogramm Biopreparat erforscht, das 1967 Proben des Virus während des initialen Ausbruchs erlangte. Soweit bekannt, wurden in Bezug auf das Marburg-Virus insbesondere die Verteilung (Distribution) als Aerosol und die Stabilität gefriergetrockneter Viruspartikel erforscht. Ab 1997 wurden die Behringwerke wie die gesamte Hoechst AG in verschiedene Einzelfirmen aufgeteilt und neu firmiert. Hinter der unscheinbaren Fassade in Marburg verbirgt sich heute ein BSL-4 Labor. In dem Abschlussbericht der "Bulletin of the World Health Organization" steht weiter über die Entstehung von Ebola: "Dieses Syndrom wurde durch ein Virus verursacht, das dem Marburg-Virus morphologisch ähnlich, aber immunologisch verschieden ist. Es wurde Ebolavirus genannt."

Ebola Bat?

Im Januar 2019 werteten Forscher um Simon Anthony von der Columbia University in New York (John Hopkins) insgesamt 4.000 Proben aus, die sie vorher in Liberia von Fledertieren (auch Flughunde) entnommen hatten. Nach Untersuchungen der DNS und im Genomaufbau der Tiere zeigte ein "einzelnes Tier" große Übereinstimmungen mit dem Ebolavirus. "Bislang wussten wir gar nicht, wie es überhaupt zu der 'Westafrika-Epidemie' gekommen ist", sagte Anthony. Bisher hatten Forscher nur Antikörper gegen das Virus in Fledertieren gefunden. Weil in einem von 4.000 Fledertieren dieses "wage" Ergebnis erzielt worden ist, möchte die Wissenschaft nun auch Ebola gerne auf Fledermäuse zurückführen, nur um die Krankheit über Tiere auf den Menschen übertragbar erscheinen zu lassen, was jedoch Unsinn ist!

Tatsächlich existieren inzwischen fünf Varianten von Ebola mit einem vollkommen neuen Gesicht, von denen vier tödlich verlaufen: Bei der angesprochenen Westafrika-Epidemie 2014, beginnend mit einem Ausbruch in Guinea, tötete das "modifizierte Ebola" mehr als 11.000 Menschen. Bald darauf gab es die ersten Fälle auch in Liberia und Ende Mai 2014 auch im Osten von Sierra Leone. Die Krankheit wurde schließlich auch nach Nigeria und Senegal "importiert". Auffällig war, dass trotz der rasanten Ausbreitung in Afrika weder in Europa noch in den USA die Behörden sonderlich besorgt darüber waren. Die "Panikmache" ging erst richtig los, als die Direktorin der WHO, Dr. Margret Chan, im September 2014 die Krankheit als "außer Kontrolle" bezeichnete und somit quasi den Notstand erklärte. Es gäbe "bereits 4.800 Infizierte, von denen die Hälfte gestorben" sei, hieß es. Damit nicht genug, breite sich die Krankheit auch rasant unter dem Pflegepersonal aus, meinte sie. Mehr als 40 Prozent von 300 Pflegern seien als Folge der Behandlung von Ebolapatienten gestorben. Das Pentagon stellte für die afrikanische Region "zwei komplett ausgestattete Diagnoselabore zur Verfügung", wie in einer

Abb. 58

Ebola-Virus angeblich in Fledermäusen

Presseerklärung verlautbart wurde. Die "Washington Post" berichtete, dass Liberia am stärksten von dem Ebolavirus betroffen sei, da mehr als die Hälfte der Todesfälle angeblich Liberianer gewesen seien. Doch dann hieß es in der WHO-Erklärung, dass nur 31 Prozent der "Ebolafälle" überhaupt "durch Bluttests nachgewiesen" wurden. Weitere 47 Prozent der Todesfälle wurden plötzlich nur noch als "wahrscheinliche" Ebolapatienten eingestuft. Soll das Wissenschaft sein? Immerhin schickte Präsident Barak Obama 3.000 bis 4.700 US-Soldaten nach Liberia. Aber wozu diente dieser Einsatz tatsächlich?

Das Interessante dabei ist, das es dieselbe Margret Chan war, die bereits 2009 die "Schweinegrippe" zur globalen Bedrohung erklärte. Dies war nur möglich, nachdem von der WHO die Richtlinien für eine "Pandemie" geändert wurden. Die Profiteure solcher Panikmache sind immer nur die Pharmakonzerne, die ihre "Impfampullen" für solche angeblich bedrohlichen Seuchen wie "sauer Bier" anbieten dürfen. Was steckt wirklich hinter all dem? Sterben wirklich so viele Menschen an Ebola? Die Bewertung solcher veröffentlichten Zahlen über die Verläufe der Seuchen hängt immer von zwei Faktoren ab: Sind alle Tests tatsächlich zuverlässig? Und vom wem wurden sie durchgeführt? Gibt es dazu auch unabhängige Quellen, die die Zahlen bestätigen?

Wer profitiert davon und hätte ein Interesse daran, wenn die Zahlen aufgebauscht werden?

Interessengemeinschaften?

Neben der WHO kommen die Zahlen solcher Diagnosetests praktisch alle aus den USA (JHU, CDC, NIH, AMRIID etc.). Angesichts der Tatsache, dass das Virus angeblich enorm schnell mutiert, ist ihre Aussagekraft in den meisten Fällen zweifelhaft. Als die Angst vor Ebola überall auf der Welt endlich umherging, waren davon vor allem die USA betroffen, wo durch unzureichende Sicherheitsmaßnahmen auch Ärzte und Krankenschwestern an der Virusinfektion erkrankt sind. Deshalb erlaubte die FDA auf Antrag des Pentagon und des Verteidigungsministeriums DoD schon im August 2014 die Zulassung eines neuen Diagnosetestverfahrens zur Feststellung einer Ebolainfektion. Im Oktober 2014 wurde diese Zulassung bereits als "Notstandsmaßnahme" verlängert und sogar um einige Punkte erweitert: Das Testmaterial konnte damit auch nicht vorbehandeltes Vollblut und Plasma sein, das immer noch infektiös ist. Sehr gerne wird das neue "Ebolafieber" als eine von Tieren stammende Zoonose angegeben und verläuft je nach Virusart in etwa 25 bis 90 Prozent aller Fälle tödlich. Tatsächlich ist das natürliche Reservoir des Virus bislang unbekannt und nicht nachgewiesen, so dass es ganz offensichtlich ebenfalls aus dem Labor stammt!

Pharmaunternehmen, die an einem Impfstoff gegen Ebola oder anderen Therapiemöglichkeiten forschten, bekamen nicht nur Lobbyistengenehmigungen für ihre noch vollkommen unzureichend getesteten Produkte, sondern durften damit auch an den betroffenen Patienten herumexperimentieren. Doch spätestens seit der Hysterie sowohl über die Vogelgrippe als auch über die Schweinegrippe sollten wir mehr als vorsichtig sein, wenn es um die Beurteilung der aktuellen Situation geht. Auch damals begleitete die Angst jeden vor Ansteckung und drohender Gefahr, bis schließlich

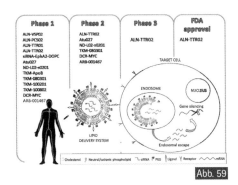

Abb. 59

Angebliches Ebola-Mittel war nur eine Luftnummer

die Schweinegrippe-Impfungen mehr Menschenleben forderten als die Schweine-Grippe selbst.

Das Leiden der Erkrankten steht auf der einen Seite – doch auf der anderen Seite geht es nur um Macht und den Profit der Pharmaunternehmen. Überdies ist es inzwischen eine erwiesene Tatsache, dass weite Teile der Forschungsvorhaben an Viren selbstverständlich auch für militärisch-politische Zwecke genutzt werden wie biologische Waffen, was das Thema noch viel gefährlicher macht.

Ebola besiegt?

Als den amerikanischen Gesundheitsbehörden das Medikament TKM-100201 beziehungsweise TKM-EBOV-1 präsentiert wurde, hatte man kurz davor eine klinische Versuchsreihe und Kurzzeitstudie unter der Nr.: NCT01518881 durchgeführt. Das präsentierte Medikament sollte in erster Linie die Ebolaviren so stark behindern, dass die Erkrankten während der Therapie gute Chancen hatten zu genesen und danach möglichst überlebten.

Verantwortlich für das Medikament TKM 100201 war die kanadische Firma Tekmira Pharmaceuticals Corporation. Das

Problem solcher Ausschreibungen entsteht allerdings bereits während der Vergabe des Auftrages, die meistens politisch mit beeinflusst ist. Wenn Bundeskanzlerin Angela Merkel gemeinsam mit anderen Staats- und Regierungschefs im Mai 2020 um Gelder von 7,5 Milliarden Euro für die Entwicklung eines Impfstoffes und von Arzneien gegen die Coronaerkrankung wirbt, dann werden diese Gelder natürlich irgendwann auch verteilt. Die weitere Einflussnahme der Politiker sieht dann so aus, dass ein Generalübernehmer bestimmt wird, der weitere von der Politik bestimmte Firmen als Subunternehmen beschäftigen muss, damit später auch tatsächlich alle Staats- und Regierungschefs mit ihren Handlangern etwas von dem Kuchen abbekommen können. Politik ist überall auf der Welt korrupt und wird es auch immer bleiben! Ansonsten würde man den Ausgaben mehr Transparenz verleihen. So handelte auch die Tekmira Pharmaceuticals Corporation bei ihrem Ebolamedikament, für das als Subunternehmen für die Testphase die Firma Cetero Research unter der Leitung von Dr. James Carlson ausgesucht wurde. Nach welchen Kriterien bekam das Unternehmen aber den Zuschlag? War es der billigste Anbieter? Oder war es ein Unternehmen, das mit dem gewünschten Ergebnis aufwarten konnte? An dieser Stelle sollte man sich bereits die Frage stellen, wie sinnvoll es ist, eine solch existenziell wichtige Aufgabe überhaupt an ein börsennotiertes Privatunternehmen zu vergeben, das nicht nur unter enormem Konkurrenzdruck und dem Wettbewerb leidet, sondern auch stets Existenzängsten ausgesetzt ist. Das Unternehmen Cetero Research sorgte im März 2012 mit der Ebolastudie tatsächlich für Schlagzeilen, weil es Konkurs anmelden musste! Die amerikanische FDA ließ schon im Mai 2010 mit einem richterlichen Durchsuchungsbeschluss das Houstener Labor der Firma etwas genauer unter die Lupe nehmen:

FDA pharmafreundlich?

Die beschlagnahmten Unterlagen über die Ebolastudie bestätigten genau das, was ein ehemaliger Mitarbeiter ausgesagt hat-

U.S. FOOD & DRUG ADMINISTRATION

Abb. 60

Die FDA behandelt Pharmaunternehmen freundlich

te: Alle Testergebnisse wurden systematisch manipuliert, um die Zulassung des Medikaments TKM 100201 zu beschleunigen. Zudem hatten gleich mehrere Angestellte der Laboreinrichtung Honorarleistungen verlangt, die sie zu keiner Zeit erbracht hatten. Zum Teil waren sie sogar nicht einmal im Institut erschienen, hatten aber dennoch fiktive Arbeitszeiten verrechnet. Das Fazit der FDA war, dass die Verstöße des Unternehmens Cetero Research so schwerwiegend waren, dass hunderte Studien, die dort zwischen 2005 und 2010 entstanden waren, als wertlos eingestuft wurden.

Kurz danach kam die FDA allerdings selbst unter Beschuss, weil ihre Arbeit als Aufsichtsorgan zumeist industriefreundlich ausfiel. Obwohl das Unternehmen Cetero Research mehr als 100 Medikamenten zur beschleunigten Zulassung verholfen hatte, wurde kein einziges vom Markt genommen. Viel schlimmer aber ist, dass die Namen dieser manipulierten Arzneimittel nie veröffentlicht worden sind, weil dies angeblich dem "Geschäftsgeheimnis" unterliege. Die FDA argumentiert des Weiteren, dass es bislang auch keine Beweise gebe, dass Patienten durch die Medikamente geschädigt wurden. Man hat allerdings bislang auch nicht danach gesucht!

Das Unternehmen Cetero Research wurde schon im Juni 2012 in PRACS Institute umbenannt und konnte bereits im Oktober 2012 mit seinen Arbeiten fortfahren. PRACS wurde ebenfalls bereits 1983 gemeinsam mit Cetero von James Carlson gegründet. Als berufener PRACS-Vorstand ist in seiner Vita zu lesen: "Von 1983 bis 2006 war er Mitbegründer und CEO eines Legacy-Unternehmens von Cetero Research mit Sitz in Fargo, ND, wo er die Durchführung von mehr als 450 Studien pro Jahr über eine breite Palette von therapeutischen Indikationen und Studientypen hinweg überwachte."

Datenbetrug?

Tatsächlich wurde das Unternehmen PRACS ganz offensichtlich nur deshalb von seinen Investoren über Wasser gehalten, um ganz bestimmte Interessen durchzuboxen. Deshalb ließ sich das Stigma des Betruges nicht mehr abschütteln und so stand auch PRACS im März 2013 vor dem Konkursrichter. Die Firma machte ohne jede Vorwarnung von einem Tag auf den anderen zu und blieb neben den Angestellten auch den Testpersonen (Probanden) ihr Honorar schuldig. Wenn Menschen schon als freiwillige, aber ahnungslose "Versuchsobjekte" für neue Therapien benutzt werden, muss das oberste Gebot Transparenz und unabhängige Kontrolle sein und nicht profitorientiertes Denken!

Über das Ergebnis dieser klinischen Tests ist so gut wie nichts bekannt geworden, doch dürften diese allerdings wenig zufriedenstellend gewesen sein. Im Januar 2014 kündigte die Tekmira Pharmaceuticals Corporation bereits eine neue Studie an, allerdings mit einem veränderten Produkt (TKM 100802). Dieses Mal wurde der Wirkstoff den Testpersonen in ansteigender Menge intravenös (durch eine Infusion ins Blut) verabreicht. In der ersten Phase erhielten die Probanden nur eine Dosis (SAD) und in der zweiten (MAD) waren gleich mehrere Dosen geplant. Allerdings wurde die Studie vor Beginn der MAD-Phase durch Intervention der FDA abgebrochen.

Nach solchen Nachrichten reagiert der Markt natürlich damit, dass die Aktien des betreffenden Unternehmens fallen, weil die Medikamentzulassung sowie der erwartete Profit in weite Ferne rückt und so gut wie unmöglich wird. Daher ist eine 2019-nCoV-Pandemie oder eine Ebolaepidemie mit einer hohen zu erwartenden Sterblichkeit "Musik" in den Ohren der Pharmaunternehmen und Biotechfirmen sowie in denen ihrer Investoren. Das erklärt auch die unsinnigen Forschungen an gefährlicher gemachten (GOF) chimären Viren, die mit Bausteinen rekombiniert werden, die in der Natur zu keiner Zeit aufeinandertreffen würden! Gleichzeitig erklärt dies auch, warum einige Aktienkurse solcher Unternehmen durch die 2019-nCoV-Pandemie bis zu 70 Prozent angestiegen sind. Über die tatsächlichen Hintergründe der Pandemien und Epidemien wird die Öffentlichkeit dabei wie so oft im Dunkeln gelassen, sie erfährt in der Regel nicht, was die Bedrohung wirklich ausgelöst hat.

Zaire-Ebola-Stamm?

Nachdem die Ausbreitung von Ebola in Westafrika im März 2014 begonnen hatte, erlaubte die FDA dem Unternehmen TKM dieses Produkt im Rahmen eines "Fast track"-Verfahrens zu entwickeln. Das bedeutet ein Aufweichen der strengen Zulassungsbedingungen, also eine große Erleichterung für den Hersteller, damit die neue Therapie schneller verfügbar ist. Forscher um Steven Jones und Heinz Feldmann (University of Manitoba, Winnipeg/Kanada) zeigten eine erfolgreiche Impfung (aktive Immunisierung) bei Javaner-Affen (Macaca fascicularis) mit einem abgeschwächten, lebenden, rekombinanten Vesiculären-Stomatitis-Virus (VSV), das auf seiner Oberfläche ein sogenanntes Glycoprotein des Zaire-Ebola-Stammes "Kikwit" produziert. Nun erhoffte man sich eine baldige Impfmöglichkeit für den Menschen. Auch Forscher des USAMRIID in Fort Detrick hatten ein Medikament entwickelt, das die Virusreplikation

Abb. 61

Ebola-Erreger

hemmt, indem es sich an die RNS des Virus bindet, und es erfolgreich an Affen getestet.

Dabei überlebten 100 Prozent der zuvor infizierten Makaken und nur 60 Prozent der Rhesusaffen. Allerdings verursachte das Arzneimittel unvorhergesehene, dramatische Wirkungen gerade beim Menschen, beispielsweise multiples Organversagen. In diesem Fall gilt die "animal rule": Die Zulassung kann auch ohne klinische Tests an Menschen erteilt werden, was enorm risikoreich ist, also nur auf der Grundlage von Testergebnissen bei Tieren. Es genügt, wenn die Resultate dieser Versuche den Schluss zulassen, dass "die Therapie mit einiger Wahrscheinlichkeit auch bei Menschen vorteilhaft ist".

Angesichts der Horrormeldungen aus Afrika und den ersten Fällen in den USA wurde also eine Therapie bei Patienten erprobt, deren immunologische Folgen noch gar nicht abzusehen waren. Selbst wenn die Patienten überlebten, ist das nicht als Beweis für die Wirksamkeit dieser neuen Medikamente zu werten, weil sie eben nicht unter kontrollierten Bedingungen verabreicht wurden. (Auch andere Faktoren können zur Heilung beitragen wie Bluttransfusionen, das eigene Immunsystem, andere Therapien im Versuchsstadium etc.) Zudem verändert sich (mutiert) das Ebolavirus enorm schnell, wodurch die "Stilllegung" bestimmter viraler Gene nicht nur das Genom des Patienten durcheinanderbringen können. Tekmira berief sich auf eine erfolgreiche Studie mit Affen, die alle mit dem sehr gefährlichen Ebolastamm "Kikwit" infiziert und dann mit TKM-Ebola behandelt wurden. Alle behandelten Tiere überlebten. Doch wie wir gesehen haben, sind Beobachtungen bei Affen keine Garantie für den Erfolg bei Menschen.

Ein gezielter (epi-)genetischer Effekt, der die Vermehrung der Viren verhindern soll, muss an seinen Einsatzort gebracht werden, erst dort soll die Wirkung eintreten. Der "Einsatzort" sind also jene Körperzellen, die besonders stark vom Ebolavirus befallen werden. Dazu gehören Leberzellen, die Endothelzellen und vor allem die diversen Zellen des Immunsystems. Man braucht also zunächst ein geeignetes (sicheres und effektives) Transportmittel, das diese Aufgabe erledigen kann. Tekmira verwendet dafür sogenannte "Lipid Nano-Partikel" (LNP) und schreibt dazu: "[Unsere] LNP-Technologie ist die heute am meisten angewendete RNSi-Verteilungsmethode. Sie erlaubt es, RNSi-Wirkstoffe in winzige Kügelchen einzuschließen, die aus Lipiden (Fetten oder Ölen) bestehen. Diese winzigen Teilchen 'reisen' durch den Blutkreislauf zu den 'Zielorten' (in das Gewebe bestimmter Organe)."

140 Millionen US-Dollar?

Als Vorteile der LNP-Technologie führt Tekmira an, sie bewahre den potenten Auslöser (für den RNSi-Effekt), sorge für schnelle und effiziente Verteilung, ermögliche die zielgenaue Freisetzung in der Zelle und minimiere unerwünschte Nebeneffekte (wie Immuntoxizität, also eine Abwehrreaktion des Immunsystems auf den "Eindringling"). Unter dem Druck der verängstigten Öffentlichkeit erlaubte die FDA und auch die entsprechende Behörde in Kanada schließlich die Anwendung von nicht zulassungsreifem TKM-EBOV.

Die "Tekmira Pharmaceuticals Corporation" wurde dazu vorher mit einen Etat von 35 bis 140 Millionen US-Dollar vom Pentagon vertraglich zur Entwicklung einer "Ebolatherapie" auf Basis der LNP- und RNSi-Technologie verpflichtet. Als offizielle Vertragspartei galt das erst 1997 eingerichtete

Kommando USASMDC ("US Army Space and Missile Defense Command") der US-Army. Die Mission dieser Einrichtung ist es eigentlich, der gemeinsamen Streitmacht sowie den Verbündeten und Partnern aktuelle und zukünftige globale Raumfahrt-, Raketenabwehr- und Höhenfähigkeiten um Multi-Domain-Kampfeffekte zu ermöglichen. Der derzeitige USASMDC-Kommandeur ist Generalleutnant Daniel L. Karbler mit dem hochrangigen Berater Command Sergeant Major Finis A. Dodson. Doch was haben diese Leute mit Virenforschung zu tun?

Bemerkenswerterweise ist das jene Einrichtung, die Anfang November 2019 die größeren Personenbewegungen an und in Krankenhäusern der chinesischen Millionenmetropole Wuhan beobachtete. Allein aus diesen Satellitenbeobachtungen schloss USASMDC auf die Bedrohung durch eine Pandemie und meldete dies auch an die US-Regierung. Die USA waren im Januar 2020 also keineswegs überrascht, als sie von den Lungenerkrankungen in China mit 2019-nCoV hörten. Dass diese Forschung beinahe immer vom amerikanischen Militär mitfinanziert wird, sollte jeden dazu bewegen, sich diese Programme etwas genauer anzusehen.

Kapitel 5

IMPFEN TÖDLICH

Während die ganze Welt noch immer voller Hoffnung auf das Impfserum gegen das Coronavirus 2019-nCoV wartet, wussten die Fachexperten schon recht früh, dass es in Wahrheit einen wirkungsvollen Impfstoff dagegen gar nicht geben wird. Vor allem liegt das daran, weil 2019-nCoV direkt das Immunsystem des Erkrankten angreift. Die Forscher versuchen zwar, aus dem Blut wieder genesener Patienten Abwehrzellen (Antikörper) zu filtern, doch ist das ein langwieriges Verfahren, das normalerweise mehrere Jahre in Anspruch nimmt. Am 9. April 2020 musste die 28-jährige Pamela Vincenzi im 6. Monat ihrer Schwangerschaft in das Giuseppe-De-Donno-Krankenhauses von Mantua eingeliefert werden, weil sie sich mit 2019-nCoV angesteckt hatte. Bereits am Tag darauf verschlechterte sich allerdings ihr gesundheitlicher Zustand drastisch, was eine Verlegung der Patientin auf die Pneumologie unausweichlich machte. Um das Leben der werdenden Mutter und des Fötus zu schützen, beschlossen die behandelnden Ärzte, eine vollkommen neue, sich noch in der Erprobungsphase befindliche Therapie anzuwenden – die Vergabe von Immunplasma (zellfreier Blutanteil). Ein kleines medizinisches Wunder geschah, so dass Mutter und Kind überlebten.

In den meisten Fällen verursachen die endemischen humanen Coronaviren Erkrankungen des oberen sowie den unteren

Atemtraktes und führen bei akutem Befall unweigerlich zum Tod. Tatsächlich gibt es aber bereits auch andere Therapiemöglichkeit gegen 2019-nCoV, die weder so viel Geld verschlingen, wie das bei der Herstellung eines Impfserums der Fall ist, noch so viele Gefahren und Nebenwirkungen mit sich bringen wie eine tödliche Impfung. Daher ist es vollkommen unverständlich, warum in den Medien inzwischen die Notwendigkeit von einem Betrag in Höhe von 700 Milliarden für die Bekämpfung von 2019-nCoV verbreitet wird.

Müssen schweigen?

Die Wissenschaftler der Abteilung Infektionsbiologie am Deutschen Primatenzentrum (DPZ) versuchen schon seit Jahren, in ihren Forschungen zu ergründen, wie Viren in menschliche Körperzellen eindringen und uns krank machen. Weil das Fledermaus-Coronavirus 2019-nCoV offenbar gentechnisch zum Andocken an menschliche ACE2-Rezeptor konstruiert worden ist, erstellten die Wissenschaftler eine neue Studie. Laut Markus Hoffmann und Hannah Kleine-Weber benötigt das 2019-nCoV die Präsenz des ACE2-Rezeptors und des TMPRSS2-Enzyms in der Zellmembran von Lungenzellen, um in die Lungenzelle einzudringen. Hemmstoffe gegen die Aktivität von TMPRSS2 verringern dieser Studie zufolge die Eindringwahrscheinlichkeit von 2019-nCoV deutlich und könnten daher zur Behandlung geeignet sein. Ein solcher Hemmstoff ist "Camostat", das bereits in Japan als Medikament zur Behandlung von Bauchspeicheldrüsenentzündungen zugelassen ist. Das TMPRSS2-Gen liegt auf dem Chromosom 21 des Menschen, es ist zurzeit aber unbekannt, welche physiologische Rolle TMPRSS2 in Trisomie 21, die eine Chromosomenaberration darstellt, tatsächlich spielt. Die Enzyme Trypsin, Furin und weitere Pro-Protein-

Konvertasen, wie Cathepsine, sowie Transmembranserinproteasen (TMPRSS) und Elastasen spielen eine Rolle beim Zelleintritt von Coronaviren.

Gerade die im Atemtrakt vermehrt vorhandenen und an Zelloberflächen exprimierten Proteasen TMPRSS2 und TMPRSS11a

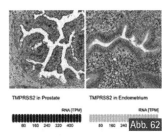

TMPRSS2 verhindert die Lungenentzündung bei 2019-nCoV.

begünstigen den Eintritt von SARS-CoV-Viren. Für die TMP-RSS-Protease TMPRSS11d – auch als "human airway trypsinlike protease" (HAT) bekannt – wurde eine proteolytische Aktivierung des S-Proteins von SARS-CoV nachgewiesen. TMPRSS2 geht wiederum gegen die 2019-nCoV-Bedrohung mit dem ACE2-Rezeptor ein Komplex ein, was ein effizientes Eindringen des Virus direkt an der Zelloberfläche ermöglicht. TMPRSS2 und TMPRSS11D aktivieren das S-Protein, indem sie es in die S1- und S2-Untereinheit spalten und somit einen Endosomen-unabhängigen Zelleintritt an der Zellmembran ermöglichen.

Wichtige Politiker?

Der Serinprotease-Inhibitor "Nafamostat" blockiert die MERS-CoV-Infektion in vitro durch Unterdrückung der TMPRSS2-Aktivität und führt bei einer Konzentration von 1 nM zur 100-fachen Reduzierung des Viruseintritts, was sogar wesentlich effizienter als Camostat ist. Auch dieses Medikament kann man also vor einem 2019-nCoV-Infekt sehr gut verwenden. 50 mg davon kosten in Japan 280 US-Dollar und sind seit 1986 als "Futhan" längst auf dem Markt zur Behandlung der akuten Symptome einer Bauchspeicheldrüsenentzündung (Pankreatitis) und zur Anwendung bei bestimmten Blutungskomplikationen.

"Unsere Ergebnisse zeigen, dass das neuartige Coronavirus die im menschlichen Körper vorhandene Protease TMPRSS2 benötigt, um in die Wirtszelle einzudringen. Und diese lässt sich abschalten", sagte Professor Stefan Pöhlmann, Leiter der Abteilung Infektionsbiologie.

Obwohl solche Forschungsergebnisse auch der Politik bereits vorliegen sollten, vermeldete am 24. April 2020 der Bayrische Ministerpräsident Markus Söder mit seinem Baden-Württembergischen Kollegen Winfried Kretschmann in einer gemeinsamen Pressekonferenz, dass beide generell "für" eine "gesetzliche Impfpflicht" wegen dem Coronavirus seien, obwohl es noch gar keinen Impfstoff dafür gibt! Sind die denn von allen guten Geistern verlassen? Ohne die Einführung eines Impfstoffs seien für ihn und Kretschmann "Lockerungen wie in den anderen Bundesländern kein Thema", Söder weiter. Ganz offensichtlich sind "die Geister wirklich weg"! Es sollte niemanden verwundern, dass schließlich auch der vermeintlich "hellsichtigste" unter den Ministern nicht sehr lange auf sich warten ließ: Gesundheitsminister Jens Spahn. Spahn verteidigte nicht nur vehement die von seinen Kollegen angesprochene "gesetzliche Impfpflicht" gegen 2019-nCoV, sondern sorgte gleich für noch mehr Verwirrung.

Plan Immunitätsausweis?

Der Gesundheitsminister sprach von einer "Gesetzesvorlage zur Einführung eines digitalen Immunitätsausweises" und erklärte, dass Nichtgeimpfte bei Weigerung Nachteile zu erwarten hätten. Ganz offensichtlich befindet sich im Kabinett von Kanzlerin Merkel doch mindestens ein "Zukunftsvorherseher". Es war nämlich schon recht auffällig, mit welcher Voraussicht Spahn, bevor überhaupt eine Impfung gegen 2019-nCoV ab-

sehbar ist, die rechtlichen Voraussetzungen für einen elektronischen Immunitätsausweis schaffen wollte. In dem Gesetzesentwurf sollen auch andere Teile des Infektionsschutzes vollkommen neu geregelt werden. Bei seinem sons-

Der Immunitätsausweis: ein EU-Beschluss aus 2019.

tigen Arbeitstempo könnte man durchaus den Verdacht hegen, dass hier einfach etwas ohnehin "Geplantes" unter dem "Stichwort Corona" nur beschleunigt werden sollte. Doch nach Protesten von Bürgern und Prominenten sowie einer Erklärung des Bundesbeauftragten für Datenschutz, Ulrich Kelber, äußerte auch dieser seine Sorge einer "missbräuchlichen Verwendung" und "dass diese Informationen zu einer Diskriminierung der Betroffenen beispielsweise für den Fall führen können, dass sie eine Immunität nicht nachweisen können".

Mit der Bemerkung "die Frage, ob im Falle von Corona zusätzlich ein Immunitätsausweis sinnvoll ist, sollten wir als Gesellschaft in Ruhe abwägen und debattieren", zog Spahn seinen Vorschlag vorerst zurück.

Was der Gesundheitsminister den Bürgern allerdings weder bei der Vorstellung seiner Pläne noch bei seinem Rückzieher mitteilte, ist die Tatsache, dass es bei dem "Immunitätsausweis" um ein Projekt auf EU-Ebene geht. Bei der "Global Vaccination Summit" am 12. September 2019 wurde in Brüssel die "Einführung des europäisch harmonisierten digitalen Impfausweises" längst beschlossen. Die EU-Roadmap sieht vor: "Bis 2021 soll die Umsetzbarkeit untersucht werden, 2022 soll die EU-Kommission dann einen konkreten Vorschlag vorlegen."

159

Beschwerde Spahn?

In diesen zentralen oder vernetzten Datenbanken sollen einerseits Ärzte und Patienten jederzeit den individuellen Impfbedarf feststellen können, und andererseits sollen auch die Gesundheitsbehörden umfassende und verlässliche Daten über den Impfstand von jedem bekommen. Dass dieses Vorhaben mit dem Grundgesetz und dem "Grundrecht auf körperliche Unversehrtheit (Art 2 GG.)" kollidiert, ist bei dem Beschluss offenbar niemandem aufgefallen. Auch im § 20 Abs 6 Infektionsschutzgesetz (IfSG) ist festgelegt, dass bei übertragbaren Krankheiten mit klinisch schweren Verläufen "bedrohte Teile der Bevölkerung an Schutzimpfungen [...] teilzunehmen haben".

Spahn hat, nach Ansicht des Medizinerverbands IG Med e.V., wie andere europäische Gesundheitsminister zu Beginn dieser Epidemie eklatant versagt und durch sträfliches Nichtstun gegen alle selbst gesetzten Vorgaben der Regierung verstoßen, wie es in einer Protestnote an den Kanzleramtsminister dokumentiert ist. In dem Beschwerdeschreiben vom 5. Mai 2020 an das Bundeskanzleramt, an Kanzleramtsminister Helge Braun ist zu lesen: "Nach unserem Eindruck war die Handhabung der 'Coronakrise' 2019/2020 durch das Bundesgesundheitsministerium nicht nur bereits in der Vorvergangenheit, sondern in ihrer konkreten Entstehungsphase, in der Alarm- und in der Risikophase vorwerfbar unzulänglich. In der Zeit seiner Amtsverantwortung treffen diese Vorwürfe augenscheinlich, wie sogleich im Einzelnen ausgeführt, insbesondere auch Herrn Minister Jens Spahn persönlich."

Dadurch hätte insbesondere Jens Spahn "den extrem teuren Lockdown länger und einschneidender gemacht, als sonst nötig gewesen wäre", beschließt die IG Med e.V. ihre Beschwerde.

Wie sinnlos und gefährlich Impfungen tatsächlich verlaufen können, konnte jeder während der Grippe-saison 2017/2018 mit-erleben: Schätzungen des Robert-Koch-In-stituts zur Folge hat

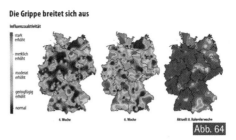

Die Grippe breitet sich aus

Influenzaaktivität

stark erhöht

merklich erhöht

moderat erhöht

geringfügig erhöht

normal

4. Woche   6. Woche   Aktuell: 8. Kalenderwoche

Abb. 64

Influenzaimpfung tötet 25.100 Menschen in vier Wochen.

die Grippe rund 25.100 Menschen in Deutschland das Leben gekostet. "Das ist die höchste Zahl an Todesfällen in den ver-gangenen 30 Jahren", merkte Präsident Lothar Wieler (RKI) an. Das Schlimme daran ist, dass über 85 Prozent der Verstor-benen geimpft waren. Wie kann das denn sein?

Hellseherei Impfen?

"Wie gut die Grippeimpfstoffe zu den tatsächlich zirkulie-renden Viren während der Grippezeit passen, lässt sich tatsächlich erst am Ende der Grippesaison sagen", gibt die RKI unumwunden zu. Diese Aufgabe übernimmt das RKI mit einem Netzwerk aus mehreren hundert ärztlichen Praxen und Impfstoffanbietern, die als Arbeitsgemeinschaft Influenza (AGI) zusammengefasst sind. Auch die AGI wird also überwiegend von Leuten vertreten, die von den Impfmaßnahmen wirtschaftlich profitieren. Tat-sächlich ist eine Grippeimpfung angesichts mehrerer hundert Grippeviren "Hellseherei" statt "Wissenschaft". Daher ist es viel wahrscheinlicher, dass man sich mit der Vorsorgeimpfung einen ganz anderen Grippevirus einfängt, als jenen zu besiegen, gegen den geimpft wurde. Allein deshalb ist die Impfung sinnlos!

Als es vor etwa 20 Jahren mit den Grippeimpfungen losging, erzielten die Profiteure davon gerade Mal 150 Millionen Euro

Umsatz – heute liegt man bei weit über einer Milliarde. Das Geschäft lohnt sich also! Hinzu kommt, dass die "Geldhaie" die angebliche Schutzmaßnahme inzwischen aus der einfachen Grippeimpfung zu einer "Trivalente-Influenza-Impfung" weiterentwickelt haben. Das Besondere des Impfstoffs liegt natürlich in den erweiterten "Zutaten", der Dreierkombination – der Preis selbstverständlich auch!

2013 empfahl die WHO, gemeinsam mit ihren Privatsponsoren im Hintergrund, schließlich ihre neuen "Quadrivalenten-Influenza-Impfstoffe" für Deutschland. Sie hat, ohne eine nachvollziehbare Begründung, die angebliche Vorsorgemaßnahme also einfach um eine "vierte Zutat" erweitert. Das nennt man Umsatzsteigerung!

Obwohl die Ständige Impfkommission (STIKO) am RKI in einer Vierfachimpfung im Vergleich zu einer dreifachen "keine Vorteile" erkannte, diskutierte sie dennoch schon bald mit dem Gemeinsamen Bundesausschuss (G-BA) darüber, die Impfempfehlung für die Influenzasaison 2018/2019 zu novellieren und "dem Vierfachschutz den Vorzug zu geben". Einmal von der STIKO empfohlen, ist gleichbedeutend mit: immer empfohlen! Sollte man dafür die Verantwortlichen nicht wegen Korruption ins Gefängnis stecken?

Tödliche Impfungen?

Die Influenzaimpfung zur Vorsorge ist bereits "kriminell", weil bei mindestens 13 Prozent der Geimpften Nebenwirkungen auftreten. Studien US-amerikanischer Epidemiologen für Infektionskrankheiten haben schon 2012 nach Impfungen festgestellt, dass leichte Allgemeinbeschwerden wie Fieber, Gliederschmerzen und Mattigkeit auftreten. Auch lokale Beschwerden wie Rötungen, Schwellungen oder Schmerzen an der Einstichstelle oder

allergische Reaktionen gegen Bestandteile des Impfstoffs gehören zu den Nebenwirkungen. Meiner Ansicht nach
entsteht die jährliche Grippesaison "erst
mit Beginn der zuvor durchgeführten
Impfungen" und mit den verabreichten
Virencocktails, mit denen wir ansonsten
nicht zu kämpfen hätten!

Abb. 65

Bundesgesundheits-
minister Jens Spahn

Damit die Immunisierung überhaupt
funktioniert, müsste innerhalb von vier
bis sechs Wochen eine zweite Impfung erfolgen, doch meistens
sind die Geimpften bis dahin bereits "an den Influenzaviren im
Impfserum erkrankt". Und sieht man sich die Inhaltsstoffe der
Grippeimpfstoffe genauer an, so findet sich dort auch "Thiomersal", das eine Quecksilberverbindung ist und zur Konservie-
rung des Impfstoffs dient. Um einem Impfschock vorzubeugen,
werden den Impfstoffen zudem "Gentamycin", "Hydrocortison"
oder "Neomycin" beigemischt. Damit nicht genug, ist den meisten Grippeimpfstoffen "Formaldehyd" beigemengt, auch wenn
beinahe jeder weiß, dass dieser Stoff Krebs verursacht. Was
haben solche Impfungen noch mit Gesundheit zu tun?

Bei genauerer Betrachtung der Impfsaison – 40. Woche 2017
bis 03. Woche 2018 sowie der 07. Woche 2018 bis 11. Woche
2018 – finden sich auch die "Übeltäter", die in Deutschland
25.100 Menschenleben forderten. Es waren die aufgeführten
Impfstoffmischungen und jene, die es den Patienten verordnet
haben:

trivalente Impfstoffe

A/Michigan/45/2015 (H1N1) pdm09-ähnlicher Stamm

A/Hong Kong/4801/2014 (H3N2)-ähnlicher Stamm

B/Brisbane/60/2008-ähnlicher Stamm, Victoria-Linie

tetravalente Impfstoff

B/Phuket/3073/2013-ähnlicher Stamm (Yamagata-Linie)

Aus den Ortsangaben erkennen Sie gleichzeitig auch, dass US-Amerikaner, Chinesen, Australier und Japaner, an den durch die WHO koordinierten Impfstoffzusammenstellungen für 2017/2018 mitverdient haben, womit sich auch Drei- beziehungsweise Vierfachimpfungen erklären lassen. Das ist eigentlich etwas für den Staatsanwalt! Nur untersucht das in Deutschland leider niemand, und es werden bezüglich der Todesursache der Verstobenen auch keine Autopsien durchgeführt. Hinzu kommt, dass die Impfeffektivität 2017/2018, gemäß einer Studie des RKI, bei 25 Millionen geimpften Patienten lediglich bei 15 % lag – nur 15 % erkrankten somit nicht an einer Grippe. Alle anderen rund 21 Millionen Menschen hatten Grippe mit zum Teil fatalen Folgen, die bis zum Tod führten! Weshalb wird so etwas in Deutschland nicht untersucht?

Profite Geier?

Jeder Impfstoff wird angeblich in drei aufwendigen Studienphasen in seiner Sicherheit geprüft und muss seine Wirksamkeit nachweisen. Man verkündet laut, sogar pandemische Musterimpfstoffe ausgiebig mit 5.000 Probanden seit über 18 Jahren zu erproben. Tatsächlich gewinnen aber immer andere Virustypen schneller die Oberhand, so dass Grippeimpfstoffe daran gar nicht so schnell angepasst werden können. Den Behörden reicht dafür dann eine verkürzte Zulassung, bei der nur die neuen Bestandteile Tests unterzogen werden, weil angeblich alle anderen Bestandteile identisch bleiben. Dann wird nur an 60 Teilnehmern erprobt, ob die Grippeimpfung ausreichend schützt – und sie wird zugelassen. "Die Informationen aus unserer nationalen Datenbank bestätigen das", sagt Dirk Mentzer vom PEI, dem Paul-Ehrlich-Institut, dem deutschen Bundesinstitut für Impfstoffe und biomedizinische Arzneimittel.

Der amerikanische Epidemiologe Professor Michael T. Osterholm führte mit einem Team 2012 für das Infektionskrankheiten-Zentrum an der Minnesota University gleich mehrere "Metaanalysen" durch. Dabei sahen sie sich auch nahezu tausend Veröffentlichungen zur Auswirkung von Infektionen und Impfungen an, aber nur 31 davon verfügten über eine wirklich auswertbare Qualität nach wissenschaftlichen Kriterien. Sie untersuchten vor allem Veröffentlichungen zur Frage, inwieweit die Influenzaimpfung die Sterblichkeit von mindestens 65-Jährigen verringert. Dabei stellten die Forscher fest, dass, aufgrund der Anlage dieser Studien, der überwiegende Teil "zu falschen Annahmen führte". So wurde in vielen dieser Studien die "geltend gemachte Verringerung der Sterblichkeit nur 'vorgetäuscht' durch Verzerrungen bei der Auswahl der Probanden" im Sinne eines "healthy vaccine recipient effect". Professor Osterholm und seine Mitautoren machen darauf aufmerksam, dass "die Überschätzung der Impfwirkung" einerseits das Vertrauen der Öffentlichkeit in Impfungen allgemein beschädigt und anderseits die Entwicklung tatsächlich besser wirksamer Impfstoffe behindert.

Nicht gesund?

Eine weitere Metaanalyse der Cochrane Collaboration (organisierte Ärztevereinigung) von 2012 bestätigte ebenfalls, dass es für Kinder unter zwei Jahren keine ausreichend aussagekräftigen Studien zur Wirksamkeit der Influenzaimpfung gibt. Eine Cochrane-Metaanalyse von 2014 untersuchte überdies den Vorteil einer Grippeimpfung für Erwachsene einschließlich schwangerer Frauen und fand einen nur sehr geringen Effekt

Abb. 66

Der Menschenfreund
Bill Gates

auf Influenzasymptome und die Zahl der Krankheitstage – die Mehrzahl erkrankte. Laut Angaben des "Helmholtz Zentrum für Infektionsforschung" vom 20. April 2020 sind insbesondere Coronaviren für etwa ein Drittel aller "Erkältungen" oder für "asymptomatische Infektionen" bei den Menschen in Deutschland verantwortlich. Anhand der Symptome erkennt kein Mensch, ob seine Krankheit von einem Influenza- oder Coronavirus herrührt. Was soll dann die Grippeschutzimpfung Influenza überhaupt gegen Coronaviren bewirken?

Ganz offensichtlich hat Bundesgesundheitsminister Jens Spahn eine Antwort darauf, weil er am 29. April 2020 meinte: "Wir schaffen erstmalig direkt 4,5 Millionen Impfdosen für den Bund an." Wen will er damit wirklich beeindrucken? Erinnerte er sich bei seiner Entscheidung an den Besuch von Impfstoffbefürworter Bill Gates vom 9. April 2018 in seinem Ministerium? Tatsächlich gab der Microsoft-Gründer am 12. April 2020 für das öffentlich-rechtliche Deutsche Fernsehen ein viel beachtetes Interview. Es ging darin vor allem um die Entwicklung eines Impfstoffes gegen 2019-nCoV: "Wir sind zuversichtlich, in 18 Monaten einen Impfstoff gegen das Coronavirus bereitstellen zu können", sagte Gates. Wie passt das zusammen? Gehen hier Interessengemeinschaften Hand in Hand, weil der Minister Außenstehenden demonstrieren wollte, dass er solche Bestellungen jederzeit auslösen kann? Die Coronapandemie werde mit hoher Wahrscheinlichkeit im kommenden Winter noch nicht vorbei sein, "also bereiten wir uns rechtzeitig darauf vor", begründet Spahn seine Entscheidung. Weiß er aber auch wirklich, was er da tut?

Falsche Erwartungen?

Ursprünglich war das Verb "impfen" ein Fachwort des Obst- und Gartenbaues mit der Bedeutung "ein Pfropfreis einsetzen und veredeln". Er wurde als solches vor der hochdeutschen Lautverschiebung dem gleichbedeutenden lateinischen "imputare" entlehnt, das seinerseits wohl eine Entlehnung aus dem Griechischen "em-phyteúein" für "einpflanzen, pfropfen" ist. Im 18. Jahrhundert wurde "impfen" in die medizinische Fachsprache übernommen mit der Bedeutung "Krankheitserreger in abgeschwächter Form in den Körper übertragen zum Zwecke der Immunisierung gegen ansteckende Krankheiten". In diesem Sinne erlangte das Wort gemeinsprachliche Geltung.

Doch seit ihrer Einführung vor etwa 200 Jahren geben "Impfungen" Anlass zu Kontroversen. Es ist zwar unbestritten, dass durch Impfungen einige Krankheiten drastisch vermindert oder sogar eliminiert werden konnten, doch die Frage bleibt, ob dies in jedem Fall und bei jeder Krankheit sinnvoll ist – insbesondere angesichts neuer zu erwartender Impfstoffe. Sind die Anwendungen und der Bestimmungszweck einer Impfung (mittels einer leichten künstlichen Erkrankung eine schlimmere abzuwenden) nun aber tatsächlich medizinisch korrekt? Die Antwort ist eindeutig nein!

Als im Jahre 1714 durch den genuesischen Arzt Emanuel Timoni (1670-1718) die neue Kunde nach London gelangte, dass man in der Türkei den Eiter von an Pocken Erkrankten auf Gesunde übertrug, um sie so vor einer ernsteren Pockenerkrankung (den Blattern) zu schützen, machte diese Nachricht viele Europäer sehr neugierig. Die adlige Lady Wortley Montague (1689-1762) ließ daraufhin die türkische Impfungsmethode nur vier Jahre später in Istanbul an ihrem Sohn vornehmen. In der Zeit danach setzte sie sich sehr für das neue Verfahren ein, das man 1718 "Inokulation" oder "Variolation" nannte, und dank ihres hohen Ansehens konnte man viele Menschen in Europa dafür gewinnen, sich impfen zu lassen. Mit schlimmen Folgen allerdings, wie sich später herausstellte: Viele "inokulierte" erkrankten schwer, und manche davon starben sogar. Darüber hinaus wurden Personen, die mit dem Erkrankten Kontakt hatten, gleich angesteckt, so dass in den nachfolgenden Jahren allein in London die Todesfälle durch Pocken jährlich um 25.000 Personen zunahmen.

Hippokratisch falsch?

Im sächsischen Weimar verursachte der berühmte deutsche Arzt Christoph Wilhelm Hufeland (1762-1836) auf dieselbe Weise eine Pockenepidemie, nachdem er 1781 die "Variolation" eingeführt hatte.

Auch in Hamburg und Berlin kam es 1794 und 1795 zu großen Epidemien – erst nach Einführung des neuen Verfahrens. Daraufhin wurde es in vielen deutschen Ländern verboten: In Hessen musste ein Arzt beispielsweise 50 Reichstaler Strafe zahlen, wenn er Inokulationen ausführte. Etwa zur gleichen Zeit kam dann der englische Arzt Edward Jenner (1749-1829) mit einer neuen Idee daher. Statt menschlichen Eiters verwendete er nun den der "Kuhpocken": Teilweise entschloss sich Jenner sogar dazu, beide Substanzen miteinander zu vermischen. Die Tatsache, dass seine ersten Experimente gründlich danebengingen, konnte ihn von seiner kuriosen Mission nicht abbringen. Es ist gewissermaßen eine Ironie des Schicksals, dass die Impfungen von Anfang an von tragischen Folgeschäden begleitet wurden. Das erste Opfer war der zehn Monate alte Sohn Edward Jenner, den er versuchsweise mit seiner Wundermischung impfte. Auf die gleiche Weise behandelte er seine Ehefrau, die erneut im achten Monat schwanger war. Das führte zum Tod des ungeborenen Kindes, dessen Haut nach der Fehlgeburt mit pockenähnlichen Blasen bedeckt war. Doch trotz zahlreicher Erfahrungen hat sich die fragwürdige Methode in unserer Gesellschaft etabliert und durchgesetzt. Das gelingt vor allem deshalb, weil das Impfen in Deutschland seit 1874 zur gesetzlichen Pflicht wurde.

Tödliche Impfungen im
18. Jahrhundert

Seit dem 1. März 2020 ist durch das erhebliche Mitwirken von Gesundheitsminister Jens Spahn nun eine weitere neue gesetzliche Impfpflicht eingeführt worden, nach der alle nach dem 31. Dezember 1970 geborenen Einwohner der Bundesrepublik Deutschland mit einer Masernimpfung völlig legitim "körperlich verletzt" werden dürfen.

Natürlich immun?

In dem "Coronawirrwarr" ist vollkommen untergegangen, dass frühere, meist harmlose Kinderkrankheiten, die, wenn sie überstanden waren, eine natürliche Stärkung des Immunsystems bedeuteten, heutzutage als gefährliche Krankheiten hingestellt werden. Damit auch "impfmüde Eltern" ihre Kinder impfen lassen? Doch in Zeiten des Internets muss man kein Hochschulabsolvent sein, um das Pro und Contra von Impfungen in Erfahrung zu bringen und die Vorteile für sich und das Kind abzuschätzen. Man muss sich aber dennoch klarmachen, welchen Eingriff in das Leben diese gesetzliche Impfpflicht bedeutet, denn sie verbietet es Kindern, in Schule und Kindergarten zu gehen, wenn sie nicht geimpft sind! Was macht die Bundesregierung denn mit den wenigen Eltern, die eine Impfung als zu

Eine umstrittene Gesetzeslage

gefährlich erachten und sich weigern? Es herrscht in Deutschland immerhin die Schulpflicht. Entzieht man ihnen deshalb die Erziehungsberechtigung und gibt die Kinder zu Pflegeeltern? Oder impft man sie dann sogar zwangsweise?

Wer dieser Impfung bis zum 31. Juli 2021 nicht nachkommt, muss mit einem Bußgeld von bis zu 2.500 Euro rechnen. Dabei hat es 2016 gerade Mal 316 Erkrankungen durch Masern gegeben, 2017 waren es 1037 und 2018 genau 677. Die meisten Fälle davon allerdings bei Leuten wie Asylanten aus Risikogebieten oder nach Urlauben in Risikogebieten. Wie sinnvoll ist eine Impfpflicht gegen Masern in Deutschland also tatsächlich?

In erster Linie versagen viele Behandlungen allein schon deshalb, weil viele Impfungen nicht alle Immunisierten schützen. Beim primären Impfversagen sorgt gerade die Grundimmunisierung bei einem Teil der Patienten dafür, erst durch den Kontakt mit dem Erreger im Impfserum zu erkranken, unabhängig davon, ob es sich um Lebend- (Beispiel Masern) oder Nicht-Lebend-Impfungen (Beispiel Tetanus) handelt. Auch das sekundäre Impfversagen tritt bei Nicht-Lebend-Impfungen auf, wobei zwar nach der Grundimmunisierung ein Schutz vor der Erkrankung entstehen kann, dieser aber zum Beispiel bei Meningokokken schon nach kürzerer Zeit nachlässt und dadurch die Möglichkeit eröffnet, nach neuerem Kontakt mit dem Krankheitserreger erneut zu erkranken. Selbst bei Tetanus ist nach einer Impfung eine Erkrankung nicht mehr relevant vermindert, so dass Auffrischimpfungen von Gesundheitsorganisationen häufig empfohlen werden.

Masern töten?

Es waren gewiss keine dummen Ärzte, die bereits 1980 dafür sorgten, dass die auf der Welt vorherrschende gesetzliche Masernimpfpflicht wieder aufgehoben wurde. Der dänische Anthropologe und Medizinwissenschaftler Peter Aaby fand 1986 eindeutige Indizien beim sekundären Versagen der Masernimpfung und prägte den im Weiteren noch zu erläuternden Begriff "modifizierte Infektion". "Mehrere charakteristische Merkmale deuten darauf hin, dass geimpfte Kinder eine veränderte Infektionen erleiden", so Aaby. "Die verringerte Anfälligkeit, eine mildere Infektion und geringere Infektiosität legen nahe, dass einige der geimpften Kinder, die Masern entwickeln, ein gewisses Maß an Immunität aufweisen."

Jahr	Fallzahl	Inzidenz/ 1 Mio. Einw.
2001	6.039	73,8
2002	4.656	56,9
2003	777	9,5
2004	123	1,5
2005	781	9,5
2006	2.308	28,2
2007	566	6,9
2008	915	11,2
2009	572	7
2010	780	9,5
2011	1.608	19,7
2012	165	2
2013	1.768	21,6
2014	442	5,4
2015	2.465	30,1
2016	325	4,0
2017	929	11,4
2018	543	6,6
2019	514	6,2

Abb. 69

Angebliche Masernerkrankungen in Deutschland (RKI)

Nur drei Jahre später fand eine kanadische Studie eindeutige Fälle von sekundärem Impfversagen nach Masernimpfungen (Mathias Lindstedt 1989), 1990 konnte beides – sekundäres Impfversagen und untypische Verläufe – auch an einer amerikanischen Schule bei einem Ausbruch nachgewiesen werden (Amy C. Edmondson 1990). 1994 erschien eine schwedische Untersuchung, deren Ergebnisse ebenfalls nur mit einem sekundären Impfversagen zu erklären waren: "Die Studie legt nahe, dass die impfstoffinduzierten Masernantikörper mit der Zeit abnehmen und unter das Schutzniveau fallen können."

Falsche Impfungen?

Die medizinische Fachzeitschrift "JAMA" ("Journal of the American Medical Association") berichtete 1990 in ihrer Juli-Ausgabe, dass die sich inzwischen über die ganze USA ausbreitende Masernepidemie immer wieder geimpfte Personen heimsuche. Obwohl 83,4 Prozent der Betroffenen mindestens einmal gegen Masern geimpft wurden und damit immun sein müssten, erkrankten sie. Über 10 Prozent der Erkrankten seien sogar im ersten Lebensjahr noch ein zweites Mal gegen Masern geimpft worden. "Leichte oder asymptomatische Maserninfektionen sind bei Masernimmunpersonen, die Masernfällen ausgesetzt sind, wahrscheinlich sehr häufig und können die häufigste Manifestation von Masern bei Ausbrüchen in hoch immunen Populationen sein."

Auch 1998 fand man bei der Untersuchung eines Ausbruchs an einem amerikanischen College Hinweise auf untypische Masernverläufe bei eigentlich erfolgreich geimpften Studenten. Warum weiß das Minister Spahn nicht?

Daraufhin erschienen zwischen 1999 und 2003 dann die ersten mathematischen Modelle, die ebenfalls ein langfristiges Nachlassen der Masern-Impf-Immunität vorhersagten. Die Autoren um den Epidemiologen Joël Mossong machten schon damals den fehlenden Kontakt der Geimpften zu "echten Masernviren" dafür verantwortlich: "Neutralisierende Antikörper zerfallen in Abwesenheit des zirkulierenden Virus signifikant."

Gemäß der Studie von Massong wäre gerade der vordergründige Erfolg der Masernimpfstrategie, der zu eben diesem Rückgang der Masern-Wildviren führt, der unmittelbare Grund für ihre fehlende Nachhaltigkeit. "Wenn angenommen wird, dass die natürliche Immunität gegen Masern ein Leben lang anhält, ist der durch Impfstoffe verursachte Schutz nachweislich weniger dauerhaft und weniger robust."

Hohe Fehlerquote?

Neben den mathematischen Modellen konnte in Taiwan durch Antikörperspiegelmessungen an freiwilligen Probanden Folgendes bestätigt werden: Obwohl die Durchimpfungsraten mit einer zweifachen Masernimpfung in Taiwan seit mehreren Jahrzehnten über 95 Prozent liegen, weisen nur etwa 50 Prozent der 21- bis 25-Jährigen Masernantikörperspiegel auf – verglichen mit 95 Prozent der über 35-Jährigen, die nicht gegen Masern geimpft wurden, sondern eine natürliche Immunität durch die überstandene Erkrankung besitzen.

Mitarbeiter des RKI 1920

Nachdem die US-amerikanischen CDC 2008 auf einen Ausbruch mit 900 Fällen von Masern in Israel hinwies, erkrankten im Februar 2009 an der Rudolf-Steiner-Schule in der 8.000-Seelengemeinde in Chrisser in der Schweiz ebenfalls rund 40 Schüler an Masern, woraufhin 250 Schüler für drei Wochen von der Schule ausgeschlossen wurden. In Genf starb sogar ein 12-jähriges Mädchen aus Frankreich infolge einer Masernerkrankung. Im Dezember 2010 bis Januar 2011 wurden in der Schweiz erneut 31 Fälle an der Rudolf-Steiner-Schule in Basel gemeldet. In den Jahren 2011 und 2013 wurden dreistellige, in den Jahren 2010, 2012 und 2014 bis 2016 wurden jeweils zweistellige Fallzahlen gemeldet. Im Februar 2017 starb ein junger Erwachsener, dessen Immunsystem infolge einer Leukämieerkrankung geschwächt war.

Ab März 2019 haben die Masernfälle wieder zugenommen: Bis Mitte April wurden bereits 138 Masernfälle mit zwei Toten gemeldet. Bis Ende des Monats stieg die Anzahl der erkrankten

Personen dann auf 155. In Finnland, wo eine Impfpflicht mit einer Rate von 95 und 97 Prozent besteht, erkranken aktuell (2019) trotzdem jährlich einfach geimpfte oder ungeimpfte Menschen nach Reisen in Epidemiegebiete. Dass eine durchstandene Masernerkrankung angeblich eine lebenslange Immunität hinterlässt, gehört trotzdem zu den ehernen Säulen der Infektiologie. Und auch über die Masernimpfung schreibt das RKI: "Grundsätzlich wird von einer lebenslangen Immunität nach zweimaliger Impfung ausgegangen."

Zaubern RKI & PEI?

Zumindest diese Überzeugung wird in den letzten Jahren jedoch zunehmend erschüttert, wie wir gesehen haben. Mittlerweile räumen selbst Autoren des RKI ein Nachlassen der Impfimmunität über die Jahre ein. Eine Analyse der "Berliner Epidemie" von 2015 ergab hier sehr klare Hinweise: "Die Ergebnisse unserer bevölkerungsbasierten Studie in Übereinstimmung mit serologischen Studien [...] legen nahe, dass eine abnehmende Immunität des Masernimpfstoffs besteht."

Das ist deshalb interessant, weil erstens - wie oben aufgeführt - das RKI offiziell weiterhin einen lebenslangen Impfschutz proklamiert und weil zweitens die aktuelle Publikation als ersten Satz formuliert: "Die Eliminierung von Masern basiert auf einer 95-prozentigen Abdeckung mit zwei Dosen eines Masern enthaltenden Impfstoffs (MCV2), einer hohen Impfstoffwirksamkeit (VE) und einer lebenslangen impfstoffinduzierten Immunität."

Diese mehrfach widerlegte Annahme ist also eine Voraussetzung für die angestrebte Immunität. Die Bedeutung des sekundären Impfversagens: unklar! Die Arbeit schließt demnach auch: "Die Auswirkungen einer nachlassenden Immunität gegen Masern werden in den kommenden Jahren wahrscheinlich deutlicher und können in Zukunft zunehmen, da die geimpfte Bevölkerung (die kaum Masern ausgesetzt ist) älter wird und die Zeit seit der Impfung zunimmt. Es ist anzumerken, dass das Durchschnittsalter der Masernfälle in Berlin in den letzten 15 Jahren gestiegen ist und das Ausmaß der schwindenden Immunität möglicherweise weiter zunimmt. Geimpfte Fälle weisen eine geringere Virämie auf und es wurde selten beobachtet, dass sie zur Übertragung beitragen. Da die geimpfte Bevölkerung jedoch älter wird und die Titer möglicherweise weiter abnehmen, muss diese Beobachtung neu bewertet werden."

In einfacher Sprache: Unser offizielles Ziel (die Maserneli-mination) beruht auf Voraussetzungen, die wir – wie andere vor uns auch schon – widerlegt haben. Dennoch machen wir aber erst mal so weiter, als wäre nichts gewesen!

Studien unbeachtet?

Somit sind seit 1986 nach den Studien Aabys 34 Jahre vergangen. Seit 34 Jahren sind zwei Dinge bekannt und seitdem in zahlreichen Untersuchungen bestätigt worden: Auch Menschen, die nach einer Masernimpfung (zunächst) eine Immunität entwickelt haben, können bei Masernkontakt wieder erkranken – es gibt bei der Masernimpfung also ein sekundäres Impfversagen. Diese Menschen erkranken oft untypisch, eben durch die Impfung modifiziert.

Wo stehen wir heute aber nun tatsächlich?

In einer jüngst (2014-2019) im Auftrag der CDC veröffentlichten und auch von ihr finanzierten Studie durch die Non-Profit-Organisation Atrius Health wurden 35570 durch Masernimpfungen geschädigte Personen in den USA festgestellt, von denen 105 sogar verstarben. Auch das Paul-Ehrlich-Institut

(PEI) in Langen berichtet in seiner Studie, die es zwischen 2005 bis 2009 für Deutschland durchführte, von 10.600 Personen mit schädlichen Nebenwirkungen nach vorgenommenen Impfungen gegen Masern. Davon endeten 183 Fälle tödlich und 213 Personen, die zuvor kerngesund waren, erlitten bleibende Schäden!

Von den 10.600 Fällen konnten sich danach nur 1.036 Patienten oder ihre Verwandten durchringen, beim Bundesministerium eine Anerkennung als Impfschaden zu beantragen. Bewilligt wurden davon jedoch lediglich 169. "Das heißt, dass die Hinweise auf einen Schaden durch die Impfung überwiegen, nicht aber, dass tatsächlich die Impfung die Ursache ist", sagt die Pressesprecherin der PEI Susanne Stöcker. Obwohl Stöcker die Zahlen in ihren Kommentaren immer wieder schönredet, sagt Jens Vollmar, der den Fachbereich Impfstoffe, Tropen- und Reisemedizin des Pharmakonzerns GlaxoSmithKline (GSK) leitet: "Impfen ist immer ein Abwägen von Nutzen und Risiko." Was hat Minister Spahn also tatsächlich dazu bewegt, dieses unsinnige Impflichtgesetz ins Parlament zu bringen? Persönliche Interessen vielleicht? Möglicherweise die Vorteilnahme in seinem Ministeramt?

Spahn unfähig?

Als Bundesgesundheitsminister Jens Spahn sich Ende Januar 2020 zum ersten Coronavirus-Infizierten Deutschlands äußerte, hatte er eine klare Botschaft: Es sei weniger das Virus, das ihn beunruhige, als die Vielzahl an "Fake News" und "Verschwörungstheorien", die dazu im Umlauf seien. Meldungen darüber, dass die Bundesregierung massive weitere Einschränkungen des öffentlichen Lebens ankündigen wolle, wurden von ihm ebenso als "Fake News" abgetan. Wie schon zu Beginn der

Krise warnte das Gesundheitsministerium also vor der Verbreitung von "Fake News" und machte sich in den Augen vieler Bürger mehr als unglaubwürdig. Wie kann man einer solchen Regierung noch ein Wort glauben?

Geplante Organspendepflicht

Wie "grün" Jens Spahn noch "hinter den Ohren" ist, wurde noch einmal im März 2020 deutlich, indem er als Bundesgesundheitsminister "Einschränkungen des öffentlichen Lebens" erneut als "Fake News" einstufte und Angela Merkel aus ihrer Quarantäne heraus doch weitere "Einschränkungen des öffentlichen Lebens" bekanntgab. Vor allem mit Blick auf die wiederholte Wortwahl des Ministers Jens Spahn, der klar von "Fake News" sprach. Aber sind die in Deutschland bisher durchlebten und getroffenen Maßnahmen etwa keine "massiven Einschränkungen des öffentlichen Lebens"? Ist solch ein Politiker überhaupt noch tragbar für Deutschland? Meiner Meinung nach eher nicht!

Auch als Spahn 2019 eine bundesweite Debatte zur Zukunft der Organspender initiierte und die Bundesbürger gesetzlich dazu verpflichten wollte, habe ich ihm schriftlich mitgeteilt, dass "eine Organentnahme nur von klinisch noch lebenden Personen funktioniere" und ob er wirklich die Verantwortung für die Entscheidung übernehmen will, ab wann ein Patient für tot erklärt wird. Doch er verfolgte offenbar ganz andere Interessen. Der Gesetzentwurf von Spahn und weiteren Bundestagsabgeordneten verschiedener Parteien scheiterte jedenfalls am 16. Januar 2020 im Bundestag. Spahns Entwurf sah die Einführung einer doppelten Widerspruchsregelung bei der Organspende vor. Eine gesetzliche Verpflichtung bei etwa nur 10.000 wartenden Patienten auf Organspenden ergibt überdies wenig Sinn, wenn man im Vergleich über 81 Millionen Bundesbürger zur Spende verpflichten will. Zwar hat er von seinen Plänen ganz offensichtlich wieder Abstand genommen, bei der Einführung der gesetzlich festgelegten Masernimpfpflicht ist er gleich wieder ins "Fettnäpfchen" getreten. Als 1980 Geborener fehlt ihm ganz offensichtlich die nötige Erfahrung, um dieses anspruchsvolle Ministeramt zu bekleiden!

Konzerne Kaffeefahrt?

Nachdem am 8. November 2001 zwischen der Bundesregierung unter Gerhard Schröder und einigen Ministern und Vertretern vom "Verband der forschenden Arzneimittelhersteller" (VFA) Treffen stattgefunden hatten, berichtete "Der Spiegel" im März 2002 in seiner Ausgabe 12 "von der Käuflichkeit der Bundesregierung". Das Tagungsthema in den Gesprächen war das geplante "Arzneimittel-Sparpaket" von Bundesgesundheitsministerin Ulla Schmidt (CDU), das bereits seit Monaten von der VFA mit Unterstützung der Opposition zerpflückt worden war. Einer der Kernpunkte des Pakets war die durch die Bundesregierung erzwungene Preissenkung für patentgeschützte Medikamente um vier Prozentpunkte. Durch diese Maßnahme sollten die gesetzlichen Krankenkassen in den Jahren 2002 und 2003 um bis zu 500 Millionen Euro entlastet werden. Doch dann kam alles ganz anders!

Der VFA, dem überwiegend Pharmagroßkonzerne aus den USA und Großbritannien angehörten, hat der Bundesregierung 150 Millionen Euro dafür angeboten, wenn sie die geplante Maßnahme noch etwas hinauszögern würde. Das war allerdings nicht alles! Für den Fall, die Bundesregierung würde sich mit dieser Hinauszögerung einverstanden erklären, würden noch einmal 200 Millionen an die Bundesregierung fließen – wohlwissend, dass die Pharmaindustrie durch die Mehreinnahmen von 500 Millionen Euro unterm Strich schon im ersten Jahr mit einem Plus von 150 Millionen Euro dastehen würde. Nach der Zusage und der Unterzeichnung des neuen Arzneimittel-Ausgaben-Begrenzungsgesetz (AABG) am

Abb. 72

Gerhard Schröder war bisher nicht im Gefängnis.

01. Februar 2002 durch Gerhard Schröder mussten letztendlich die Bundesbürger die Zeche von 850 Millionen an die Pillenfabrikanten zahlen, was die Politiker aber ungeniert als Erfolg feierten. Gerade von Bundeskanzler Gerhard Schröder, der schon als niedersächsischer Ministerpräsident der Pharmaindustrie stets zu Diensten war, scheint sich Bundesgesundheitsminister Jens Spahn eine Scheibe abgeschnitten zu haben.

Kriminelle Energie?

Im November 2012 berichtete der "FOCUS", dass Jens Spahn neben seiner Tätigkeit als Abgeordneter auch an einer Lobbyagentur beteiligt und mit dem Lobbyisten Max Müller befreundet sei. Gemeinsam mit Markus Jasper gründeten die Gesellschafter bereits 2006 die Politas Gesellschaft bürgerlichen Rechts (GbR). Der Vorteil einer GbR war, dass weder Angaben über die Geschäftstätigkeiten noch über die Gesellschafter gemacht werden müssen. Daher war lediglich Markus Jasper als Eigentümer der GbR eingetragen. Darüber hinaus achtete Jens Spahn darauf, dass seine Gesellschafteranteile 25 Prozent nicht überstiegen und als Minderheitsbeteiligung geführt werden, um seine Geschäftsbeteiligung dem Bundestag nicht melden zu müssen. Firmenbeteiligungen müssen im Bundestag nämlich erst bei mehr als 25 Prozent der Stimmrechte offengelegt werden.

Darüber hinaus war Jens Spahn bis März 2015 Vorsitzender des "Beirats Gesundheit" der "Gesellschaft zum Studium strukturpolitischer Fragen" (www.Strukturgesellschaft.de), die zur Vorbereitung von Gesetzesinitiativen Unternehmen und Verbände mit Abgeordneten und Vertretern der Bundesregierung zusammenbringt, wodurch sich ganz offensichtlich erst die Impfpflicht mit Einführung des Masernschutzgesetzes zum 01. März 2020 erklärt. "Es wird Zeit, die Masern auszurotten, und die Impfung ist volkswirtschaftlich ein Geschenk", sagte zumindest Professor Marco Halber als Studiengangsleiter Health Care Management und Executive MBA für Ärztinnen und Ärzte an der SRH Fernhochschule. Tatsächlich geht es allerdings nicht um die Bekämpfung der Masern, sondern um einen neu generierten Umsatzerlös von mindestens 9 Milliarden Euro. Denn der übliche Impfstoff kostet als Dreifachpräparat gegen Masern, Mumps und Röteln 30 Euro und soll mindestens 212 Millionen Mal verabreicht werden. Zudem berechnen Ärzte noch einmal 10,72 Euro für den Impfpasseintrag. Die Bescheinigung der Masernimmunisierung in unmittelbarem Zusammenhang mit der Impfung ist ebenfalls ein Bestandteil der Impfleistung, deshalb kann diese nicht gesondert berechnet werden. In allen anderen Fällen ist die Dokumentation des Impfstatus keine Kassenleistung, kann aber privat nach GOA berechnet werden. Das gilt ebenso für die Ausstellung eines ärztlichen Attests über die serologische Ermittlung von Masernantikörpern sowie für eine ärztliche Beglaubigung über bestehende Kontraindikationen gegen eine Impfung. Eine gesetzliche Bürgerverpflichtung durch korrupte Politiker?

Wechsel empfehlenswert?

Dass Jens Spahn seinen Politikerstatus seit Jahren ganz offensichtlich zur Vorteilnahme und zu seiner eigenen persönlichen Bereicherung nutzt, wurde auch während seiner Zeit als Finanzstaatssekretär und Finanztechnologie-Beauftragter der Bundesregierung 2014 deutlich: Der Politiker investierte privat in ein Unternehmen, mit dessen Branche er auch amtlich befasst war, und erwarb für 15.000 Euro einen Anteil von 1,25 Prozent an der Pareton GmbH, die am 15. Oktober 2018 liquidiert wurde. Zuvor hatte Spahn für die Privatinvestition in das Start-up-Unternehmen einen staatlichen Zuschuss beantragt und 3.000 Euro dafür bekommen. Das Unternehmen geriet 2015 sogar ins Visier der Finanzverwaltung, nachdem die Steuerberaterkammer Stuttgart im Oktober 2014 bekanntgab, dass die Agentur als Steuerberatungsgesellschaft nicht anerkannt sei. In Bietigheim-Bissingen untersagte das dortige Finanzamt der Firma Hilfeleistungen in Steuersachen. Es kann nicht sein, dass ein Finanzstaatssekretär ein finanzielles Eigeninteresse entwickelt, um ein komplexes Steuersystem in Deutschland zu erhalten, welches eine Steuersoftware benötigt!

Bei der optischen Gestaltung seien PKV- und Unionspapier ebenfalls kaum zu unterscheiden, schreibt die "Leipziger Volkszeitung". Nach einem Bericht der "Leipziger Volkszeitung" vom 30. November 2012 schreckte Jens Spahn auch vor Plagiaten nicht zurück. Unser Gesundheitsminister hat, gemeinsam mit Johannes Singhammer von der CSU, ein parteipolitisches Positionspapier gegen die von den Grünen gewünschte Bürgerversicherung angefertigt, für das er aus Broschüren des Verbandes der Privaten Krankenversicherungen "wortwörtlich und spiegelstrichgleich" abgeschrieben hat. Darin verbarg sich laut der Redaktion der Leipziger Volkszeitung aber genau das Gegenteil: "Ausnahmslose Zwangsmitgliedschaft, mehr staatliche Bevormundung und Bürokratie, beschränkter Leistungskatalog für alle, weniger Selbstbestimmung, weniger Wettbewerb, keine Nachhaltigkeit."

Neue Erkenntnisse?

Ganz offensichtlich weiß unserer Gesundheitsminister weder darüber Bescheid, wie Organspende funktioniert, noch was Impfungen verursachen können. Seit vielen Jahren waren gerade die im Zusammenhang mit Impfungen gemeldeten Todesfälle eines der größten Geheimnisse der deutschen Zulassungsbehörde PEI. Im Grunde mehr als ein großer Skandal, über den sich bis 2014 jedoch nur wenige Impfgegner und noch weniger Fachexperten aufregten. Nur wegen des am 1. Januar 2006 in Kraft getretenen Informationsfreiheitsgesetzes musste das RKI gezwungenermaßen erstmals die Meldedaten von Impfkomplikationen für die Jahre 2001 bis 2005 öffentlich freigegeben.

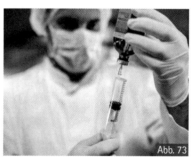

Abb. 73

Bundesbehörde PEI testet Impfstoff gegen Corona

Laut der Online-Datenbank hat es zwischen 2001 und 2014 insgesamt 351 Todesfälle nach Impfungen gegeben. Das sind im Durchschnitt mehr als 25 Todesfälle pro Jahr und mehr als zwei Todesfälle pro Monat. Von den erfassten Todesfällen sind 131 weiblich und 213 männlich. In 7 Fällen wurde das Geschlecht als "unbekannt" angegeben, wobei hier auch noch von einer unbekannten Dunkelziffer auszugehen ist. Das PEI selbst gibt an, dass die Häufigkeit schwerer Nebenwirkungen mangels Daten noch nicht einmal abzuschätzen sei. Gleichzeitig wird jedoch öffentlich versichert, die in Deutschland zugelassenen und die eingeführten Impfstoffe seien sicher. Die verabreichten Impfstoffe bis zum 9. April 2014 waren (ohne Gewähr):

Infanrix hexa:	93 mal
Pandemrix:	58 mal
Prevenar:	48 mal
Hexavac:	29 mal
Prevenar 13:	18 mal
Pneumovax 23:	11 mal
Infanrix-IPV+Hib:	10 mal
unbekannte Grippeimpfstoffe:	8 mal
Priorix:	8 mal
Influsplit 2002/03:	5 mal
FSME-IMMUN Erwachsene:	5 mal
Gardasil:	5 mal
Revaxis:	4 mal
Priorix Tetra:	4 mal
RotaTeq:	4 mal

Impfen tötet?

Die STIKO empfiehlt heute immer noch die HPV-Impfung gegen die angeblich krebsauslösenden Humanen Papillomaviren (HPV) für alle Mädchen und Jungen zwischen neun und vierzehn Jahren, noch vor der ersten sexuellen Aktivität. Selbstverständlich haben Jungen gar keine Gebärmutter, aber die "Wunderimpfung" würde angeblich auch den Krebs an After, Penis oder in Mund- und Rachenbereich eindämmen. Die Spritze tut in der Regel weh, und einige Mädchen fallen vor lauter Aufregung sogar in Ohnmacht. Ein Zusammenhang zwischen HPV-Impfung und schweren Erkrankungen wurde gemäß PEI angeblich nie bestätigt. Dafür gibt es in Deutschland drei Todesfälle, die in zeitlichem Zusammenhang mit einer HPV-Impfung aufgetreten sind. Ein Todesfall im Jahr 2006, ein weiterer im Jahr 2008 und ein dritter im August 2009. In allen Fällen wurde mit "Gardasil" (Merck KGaA) geimpft. Von Seiten des PEI wird jedoch betont, dass in keinem Fall die Impfung für den Tod verantwortlich sei. Nachdem eine 14-jährige Britin eine HPV-Impfung mit "Cervarix" (GlaxoSmithkline) bekam und nur wenige Stunden danach gestorben ist, gab es zwischen Mai 2009 und September 2010 in den USA 16 weitere Todesfälle mit "Gardasil". Dazu wurden später 3.589 gefährliche Reaktionen mit dem Impfstoff in Verbindung gebracht. Schließlich sind die Todesfälle auf 54 und die gefährlichen Nebenwirkungen auf über 8.000 Fälle gestiegen. Die Arzneimittelzulassungsbehörde der USA (FDA) hat lange überlegt, die Impfpräparate vom Markt zu nehmen, kurioserweise aber dann doch beide "tödliche" Mittel "zur Behandlung von Anuskrebs" zugelassen. Bis Juni 2009 waren bereits 15 Millionen Mädchen mit der "Gardasil-Impfung" behandelt worden. Bei einer so großen Zahl scheinen 54 Todesfälle für die FDA nicht besonders viel gewesen zu sein. Merck erzielt mit "Gardasil" inzwischen einen Jahresumsatz von mindestens 1,4 Milliarden Dollar. "Cervarix" ist in 98 Staaten und "Gardasil" in 112 zugelassen. In Deutschland stehen beide Impfstoffe ebenfalls zur Verfügung. Was ist aber mit den gefährlichen Nebenwirkungen?

Ungeahnte Nebenwirkungen?

Die Französin Marie-Océane B. ist als 18-Jährige nach einer HPV-Impfung an Multipler Sklerose erkrankt. Nach der Abschlussuntersuchung ihres Falles stellte die französische staatliche Gesundheitskommission fest, dass die Impfung mit "Gardasil" die Krankheit von Marie-Océane B. offenbar erst ausgelöst oder zumindest beschleunigt habe. Meist kommen nach solchen Ergebnissen Gefälligkeitsgutachten von angeblich unabhängigen Ärzteschaften zum Einsatz. Dank der Patientenregister in Dänemark und Schweden konnten noch ein-

Abb. 74

Marie-Océane B. erkrankte nach HPV-Impfung.

mal die Krankengeschichten von 300.000 geimpften und 700.000 nicht geimpften Mädchen und jungen Frauen verglichen werden. "Sie habe weder zusätzliche Störungen des Immunsystems (Autoimmunkrankheiten) noch neurologische Leiden oder Thrombosen verursacht", schrieben Forscher um Lisen Arnheim-Dahlström vom Karolinska-Institut in Stockholm im "British Medical Journal". Die britische Journalistin Grace Filby erklärt indes, dass das Aluminiumhydroxid in HPV-Impfstoffen gegen Gebärmutterhalskrebs "ein Nervengift" ist. Das kann nicht nur eine makrophagische Muskelentzündung (MMF) auslösen, sondern auch chronische Müdigkeit, Schwindel und Sehschwäche verursachen. Einige Mädchen bekommen davon tatsächlich ernsthafte und langfristige Nebenwirkungen. Wissenschaftler der Keele University haben gezeigt, dass silikareiches Mineralwasser ein natürliches Gegenmittel ist.

Der finnische Neurologe Markku Partinen bemerkte schon 2010, dass auffällig viele Eltern zu ihm in die Schlafklinik nach Helsinki kamen, deren Kinder an einer seltsamen Störung namens "Narkolepsie" litten. Immer wieder nickten sie tagsüber ohne ersichtlichen Grund ein, ihre Muskeln erschlafften unkontrolliert. Statt fünf bis zehn junger Patienten pro Jahr in

Finnland zählte die "Nationale Taskforce" 71 erkrankte Kinder und Jugendliche. Partinen durchforstete seine Krankenakten und stieß auf einen möglichen Zusammenhang: Fast alle Kinder waren zuvor mit "Pandemrix" (GlaxoSmithkline) geimpft worden. Die meisten europäischen Regierungen hatten den Impfstoff zum Schutz gegen die Schweinegrippepandemie bestellt. Während die Deutschen ihn kaum nutzten, impften die Finnen 75 Prozent der Kinder.

Pandemrix tötet?

Partinens Hypothese verbreitete sich unter Narkolepsieexperten wie ein Lauffeuer. Bald kamen weitere Meldungen hinzu: Schweden, Dänemark, Norwegen, Irland, Frankreich. Alle verzeichneten zwischen 2009 und 2010 plötzlich mehr Narkolepsiefälle bei Kindern und Jugendlichen. "Auch in Deutschland nahmen die Zahlen etwas zu", sagt Geert Mayer vom Hephata-Krankenhaus in Schwalmstadt-Treysa, der die deutsche Narkolepsiestudie leitete. Die Beweislast schien erdrückend. Schnell geriet auch hier ein Wirkungsverstärker unter Verdacht. Tatsächlich bestanden "erhebliche Zweifel an der Unbedenklichkeit des adjuvantierten Wirkverstärkers, da dieser erstmals verwendet wird. Der Impfstoff enthält 27,4 mg AS03, eine Emulsion aus Polysorbat, Squalen und Tocopherol. Ausreichende Studien dazu fehlen, da in der Erprobungsphase als Surrogatkriterium lediglich der Aufbau von Antikörpertitern bestimmt wurde und nicht etwaige Nebenwirkungen", heißt es in der Medikamentenstudie.

"Pandemrix" stellte seit seiner Einführung wegen fehlender Sicherheitsnachweise ein erhebliches Gesundheitsrisiko bei Massenimpfungen dar. Wegen der "Haftungsfreistellung des Herstellers durch die Bundesregierung" liegt das Risiko von

Nebenwirkungen und/oder bleibenden "Schäden durch den Impfstoff letztlich beim Patienten", warnte der Deutsche Berufsverband Klinischer Umweltmediziner e. V. (DBU) vor dem GlaxoSmithKline-Produkt. Nicht nur wegen des "bisher eher milden Verlaufs der Schweinegrippepandemie" warnten die Umweltmediziner vor "Pandemrix", sondern auch weil "erhebliche Zweifel an der Wirksamkeit des Impfstoffes" bestanden. In der Zulassungsphase sei "ein Impfstoff mit einem um 40 Prozent höheren Anteil an Virusantigen (5,25 µg) als die dann ausgelieferte Vaccine (3,75 µg) getestet" worden. Daher bestand auch kein eindeutiger Konsens, wie oft die Impfung pro Saison erfolgen sollte. Der Hersteller und amtliche Stellen verschwiegen laut DBU zudem, dass "Squalen" (Substanz aus Haifischleber oder Olivenöle), im Gegensatz zur Aufnahme durch den Mund, "bei subkutaner oder intramuskulärer Anwendung ein proinflammatorisches immunaktivierendes Immunogen ist". Dadurch könnten beispielsweise Autoimmunkrankheiten provoziert oder bereits bestehende aktiviert werden. "Squalen", so die DBU-Mediziner, "wird mit der Entstehung eines Guillan-Barré-Syndroms (GBS) in Zusammenhang gebracht und gilt heute als der Auslöser des Golf-Krieg-Syndroms (GWS). In Tierversuchen hat Squalen das Krankheitsbild einer rheumatoiden Arthritis ausgelöst." Eine impfbedingte Bildung von "Squalen-Antikörpern" könnte zudem an den Membranen chronische Entzündungen auslösen, die Erkrankungen wie GWS, aber auch degenerative Nervenerkrankungen wie MS, ALS, CIDP und GBS erklären würden.

Aluminiumhydroxid & Quecksilber?

Aber auch die Auslieferung des Impfstoffes in Mehrfachdosenampullen wurde von den DBU-Medizinern abgelehnt:

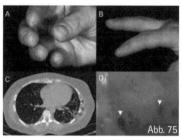

Abb. 75

Muskelentzündung MMF nach Impfung

"In Einzeldosenampullen wären quecksilberhaltige Konservierungsstoffe wie das in Pandemrix enthaltene Thiomersal überflüssig. Auch Quecksilber löst erwiesenermaßen Autoimmunkrankheiten aus", so die Ärzteschaft. Völlig unverständlich sei vor allem aber: "Da der Impfstoff weder an Kleinkindern noch an Schwangeren erprobt wurde (Einspruch der Ethikkommission), stellt die Forderung, gerade diese besonders gefährdete Bevölkerungsgruppe in der ersten Impfphase bevorzugt zu impfen, einen unzulässigen Feldversuch dar."

Und für Umweltpatienten und Immunsupprimierte (z. B. AIDS) stelle der Impfstoff ein höheres Risiko als die Schweinegrippe selbst dar, erklärt die DBU weiter. GlaxoSmithKline ist laut Vertrag mit der Bundesregierung weitgehend von der Haftung freigestellt. Verantwortlich für diese "unverantwortliche" Vereinbarung mit einem Privatunternehmen war Bundesgesundheitsminister Philipp Rösler (FDP). Im Falle eines Impfschadens würde die betroffene geimpfte Person statt GlaxoSmithKline gegen die Bundesregierung und somit gegen den deutschen Staat klagen müssen, was ein im Regelfall aussichtsloses Unterfangen ist.

Als GlaxoSmithKline 1985 noch mit SmithKline Beecham firmierte, löste sein Produkt "Phosmet" ab 1986 den Rinderwahn BSE ("Bovine Spongiforme Enophalophatie") aus, was wiederum die "Creuzfeldt-Jakob-Krankheit" beim Menschen verursachte. Die Britische Regierung sprach auch damals SmithKline Beecham von der Haftung frei, die dann einfach zu GlaxoSmithKline umfirmierten. "Phosmet" war im Übrigen ein

"Giftpulver" zur Bekämpfung der Dasselfliege, deren Larven das Leder der Rinder schädigten. Das zuvor gesetzlich verordnete Mittel wurde 1992 wieder verboten, worauf auch BSE verschwunden ist!

Sorgenbehörde PEI?

Laut PEI gab es zu "Pandemrix" von GlaxoSmithKline angeblich bis dahin (2010) keinen eindeutigen wissenschaftlichen Beleg, dass Aluminiumhydroxid aus Impfstoffen alleiniger Auslöser der makrophagischen Muskelentzündung ist – zumal auch MMF-Fälle angeblich bekannt waren, in denen vorher keine Impfung stattgefunden hatte. In einer Stellungnahme des Instituts hieß es: "Das PEI weist darauf hin, dass sich auch aus der regelmäßigen Auswertung der Verdachtsfälle von Impfkomplikationen [...] kein Risikosignal für MMF und systemische Reaktionen nach aluminiumhaltigen Impfstoffen auf Deutschland ergibt."

Zum PEI-Gutachten, das zugunsten des GlaxoSmithKline-Konzerns ausfiel und auf das sich die Bundesregierung stützte, antwortete der Paderborner Internist Dr. med. Jürgen Seefeldt mit schweren Vorwürfen. Die Pressesprecherin des Unternehmens war im "Westfalen-Blatt" mit den Worten zitiert worden: "(...) die Schutzimpfung gegen die neue Grippe ist unbedenklich (...)." Die Reaktion des Paderborner Facharztes: "Ich möchte Sie dringend ersuchen, diese infame Lüge zu unterlassen (!)."

Das Europäische Arzneihandbuch schreibt einen Grenzwert von 1,25 Milligramm Aluminium pro Impfdosis fest. Die in Deutschland zugelassenen Impfstoffe unterschreiten diesen Grenzwert angeblich deutlich: Sie haben nach Angaben des PEI einen Aluminiumgehalt zwischen 0,125 Milligramm und 0,82 Milligramm. Wirkverstärker werden in der Fachsprache

Adjuvanzien genannt. Zu den Impfstoffen, die Adjuvanzien in Form von Aluminiumhydroxid enthalten, zählen zum Beispiel die Impfungen gegen Tetanus, Keuchhusten (Pertussis), Diphtherie, Hepatitis-A oder manche Grippeimpfstoffe. Impfungen gegen Masern, Mumps und Röteln werden üblicherweise gemeinsam als MMR-Impfung gegeben. Mitunter werden sie zusätzlich mit dem Impfstoff gegen Windpocken kombiniert. MMR-Impfstoffe enthalten stark abgeschwächte Impfviren ohne Aluminium- oder Quecksilberverbindungen. Dennoch gab es bislang insbesondere bei Kombinationsimpfungen gegen Masern, Mumps und Röteln die meisten Todesfälle!

Strategiepapier?

Während der 2019-nCoV-Pandemie dauerte es nicht lange, bis auch der Name von Bill Gates und seiner Stiftung irgendwo erschien. Und das ist kein Zufall, denn er hat sich längst in Prime-Time-TV-Shows verankert, in denen er seine Meinung zu 2019-nCoV im Rampenlicht kundtut. Dabei hat Gates sogar die Notwendigkeit erwähnt, irgendeine Form der Sperrung aufrechtzuerhalten, bis ein Impfstoff entdeckt sei. Diesen möchte er den Menschen aber nur dann verabreichen, wenn für das Impfserum zuvor ein Haftungsausschluss mit der Bundesregierung vereinbart wurde. – Tatsächlich ist in diesem Zusammenhang interessant, dass Bundesgesundheitsminister Jens Spahn Großveranstaltungen, Grenzschließungen oder den Flugverkehr mit China trotz Pandemiewarnungen der WHO "hinauszögerte" und damit recht pandemiefreundlich agiert hat. Sollten die Infizierten damit nur schneller eine angemessene Höhe erreichen?

Spahn ist gemeinsam mit dem Bundesinnenministerium (Horst Seehofer CSU) auch für das 17-seitige Strategiepapier "Wie wir Covid-19 unter Kontrolle bekommen" (Verschluss-

Sache – Nur für den Dienstgebrauch) verantwortlich. "Wir müssen wegkommen von einer Kommunikation, die auf die Fallsterblichkeitsrate zentriert ist", schreiben die Autoren. Diese habe jungen und gesunden Menschen bisher den Eindruck vermittelt, dass sie selbst kaum von 2019-nCoV betroffen seien. "Viele Schwerkranke werden von ihren Angehörigen ins Krankenhaus gebracht, aber abgewiesen, und sterben qualvoll, um Luft ringend zu Hause", warnt das Strategiepapier und fordert: "Um die gewünschte Schockwirkung zu erzielen, müssen die konkreten Auswirkungen einer Durchseuchung auf die menschliche Gesellschaft verdeutlicht werden." Kinder sollten ihre Eltern dafür sensibilisieren, die Pandemiemaßnahmen einzuhalten, heißt es mit folgender Begründung in dem Dokument des Bundesinnenministeriums: "Wenn Kinder dann ihre Eltern anstecken und einer davon qualvoll zu Hause stirbt und sie das Gefühl haben, schuld daran zu sein, weil sie zum Beispiel vergessen haben, sich nach dem Spielen die Hände zu waschen, ist es das Schrecklichste, was ein Kind je erleben kann."

Geheimnis Bilderberg?

Jens Spahn ist zudem für die Einführung des Digitale-Versorgung-Gesetz (DVG) ab dem 1. Januar 2020 verantwortlich. Darin heißt es in § 33a beispielsweise "(...) Versorgung mit Medizinprodukten niedriger Risikoklasse, deren Hauptfunktion wesentlich auf digitalen Technologien beruht (...)." Worum es dabei genau geht, werden wir in Kapitel 7 noch sehen. Auf Empfehlung von Wolfgang Schäuble absolvierte Jens Spahn das "Young Leader Program" der "American Council on Germany", die unter dem Schirm der "Atlantik-Brücke e.V." organisiert werden. Zu den Mitgliedern der Atlantik-Brücke zählen heute etwa 500 führende Persönlichkeiten aus

Abb. 76

Die Bilderberg-Konferenz 2020 fand hier statt.

Bank- und Finanzwesen, Wirtschaft, Politik, Medien und Wissenschaft. Danach traf Spahn im Juni 2017 als Teilnehmer der Bilderberg-Konferenz in Chantilly im US-Bundesstaat Virginia auch zum ersten Mal Bill Gates.

Die Bilderberg-Konferenzen sind geheime informelle Treffen von einflussreichen Personen aus Wirtschaft, Politik, Militär, Medien, Hochschulen, Hochadel und Geheimdiensten, bei denen globale Gedanken und Informationen über aktuelle politische, wirtschaftliche und gesellschaftliche Themen ausgetauscht werden. Die in der Regel drei Tage andauernden Gespräche münden weder in einer Abschlusserklärung noch werden sie im Wortlaut veröffentlicht. Bei der Gestaltung der Römischen Verträge zur Gründung der EWG (Europäische Wirtschaftsgemeinschaft) kam man nach Angaben des ehemaligen US-Botschafters John McGhee (1945-1975) in Berlin erst bei einer der Bilderberg-Konferenzen zu einer übereinstimmenden Einigung. Auch die Einführung des Euro geht nach Angaben des belgischen Unternehmers und Ehrenvorsitzenden Etienne Davignon auf eine Bilderberg-Konferenz zurück. Die strenge Geheimhaltung der Gesprächsthemen der Konferenzen lieferte häufig Stoff für Verschwörungstheorien. Darin gibt es Stimmen, die sagen, die Bilderberger strebten eine "Weltdiktatur" im Sinne einer "neuen Weltordnung" an und würden ihre diesbezüglichen Pläne "erbarmungslos weiterentwickeln". Ist dieser Verdacht aber tatsächlich begründet?

Gates-Stiftung?

Im Gegensatz zu anderen gemeinnützigen Stiftungen, die ihr Geld vor allem Hilfsorganisationen zukommen lassen, kooperiert die Bill & Melinda Gates-Stiftung sehr offensiv mit gewinnorientierten Unternehmen und besitzt große Anteile auch am GlaxoSmithKline-Konzern. Die angebliche Logik dahinter sei, dass diese Unternehmen – insbesondere Pharmaunternehmen – ohne finanzielle Anreize kein Interesse daran hätten, wenig rentable Impfstoffe und Medizin für Krankheiten in Schwellen- und Entwicklungsländern herzustellen. Also subventioniert die Gates-Stiftung angeblich nur deshalb die Herstellung solcher Impfstoffe. Damit sichert sie Pharmaunternehmen Umsatz, die allerdings teils wegen umstrittener Praktiken wie Medikamententests in eben jenen Schwellen- und Entwicklungsländern immer wieder in der Kritik stehen. "Wenn alles perfekt laufen würde, dann würden wir in einem Jahr den 2019-nCoV-Impfstoff produzieren. Es gibt über hundert Bemühungen dazu. Was wir tun müssen, ist, die vielversprechendsten herauspicken und dann mit voller Geschwindigkeit die Produktion zu beginnen", sagte Gates am 4. Mai 2020 zum Stand einer Coronaimpfung. Die Hilfsorganisation "Ärzte ohne Grenzen" kritisiert seit Jahren, dass sich die Gates-Stiftung eher für eine Zusammenarbeit mit großen Pharmakonzernen entscheidet, statt günstigere, lokale Produzenten aufzubauen.

Vielleicht war von Anfang an etwas Großes geplant: Bill Gates und seine Stiftung haben im August 2019 unter der Bezeichnung "Projekt Human Event #201" eine 18-Monate andauernde SARS-CoV-Welt-Pandemie in einem kleinen Rahmen simuliert, bevor sie das am 18. Oktober 2019 vor Wirtschaftsvertretern wiederholten – und einige Wochen später mit dem 2019-nCo-Virus tatsächlich der Ernstfall eintrat.

"Social distancing" und weitere Stichwörter, die von Bill Gates heute verwendet werden, wurden bereits im Zuge dieser Simulation entwickelt. Sind das Beweise für die Coronaverschwörung?

Kapitel 6

CHAOS PANDEMIE

Ganz offensichtlich haben sich die Macher der Pandemie alles ganz anderes vorgestellt, wenn denn die aktuelle Virusseuche tatsächlich vorsätzlich in die Welt gesetzt worden ist. Der amerikanische Bankier und Milliardär David Rockefeller Sr. (1915-2017) sagte mal als Staatsmann: "Wir stehen am Rande einer weltweiten Umbildung, alles, was wir benötigen, ist eine richtig große Krise, und die Nationen werden die neue Weltordnung akzeptieren." Was genau hatte Rockefeller damit angesprochen? Machen wir mit der 2019-nCoV-Pandemie gerade diese erwartete Weltkrise durch?

Zumindest die Bundesregierung war im September 2019 der Ansicht, dass es klug sei, im Zuge des Bundesamts für Katastrophenhilfe über Rundfunk und Fernsehspots zu empfehlen: "Die Bevölkerung wird angehalten, einen individuellen Vorrat an Lebensmitteln von zehn Tagen vorzuhalten." Dazu gibt es ein 69-seitiges Papier, das genau angibt, welche Geräte und Utensilien sowie welche Flüssigkeiten oder Nahrungsmittel man anlegen sollte. Es heißt darin: "Mit dem Vorratsrechner erhalten Sie ein Beispiel für einen 14-tägigen Grundvorrat für eine Person. Dieser entspricht ca. 2.200 Kilokalorien pro Tag und deckt damit im Regelfall den Gesamtenergiebedarf ab." Interessanterweise enthält das Papier aber nicht einen einzigen

Hinweis auf die Bedrohung durch eine Pandemie: "Die Notration an Lebensmitteln und Ausrüstung ist im Katastrophenfall hilfreich, egal ob von Politik oder Natur verursacht. Diese sind unter anderem:

- Überschwemmungen

- Sturm und Unwetter

- Schneekatastrophen

- Stromausfall

- Fabrikunfälle (Chemieunfall)

- Erdbeben

- Finanzkrisen

Praktisch jede Form der Immobilität oder Zivilisationsausfall."
Vor welcher Gefahr hat uns die Bundesregierung im September 2019 tatsächlich gewarnt?

Notration & Katastrophenschutz?

Interessanterweise steht in demselben Papier, "dass ein Angriff auf das Territorium Deutschlands, der eine konventionelle Landesverteidigung erfordert, unwahrscheinlich" sei. Dennoch sei es nötig, "sich trotzdem auf eine solche, für die Zukunft nicht grundsätzlich auszuschließende, existenzbedrohende Entwicklung angemessen vorzubereiten." Erwarteten einige informierte Politiker bereits 2019-nCoV? Wie rechtfertigt sich ansonsten die offensive Fernsehwerbung für den Katastrophenschutz im September 2019?

Ich meine, mich zu erinnern, dass im September 2019 auch Angela Merkel in mindestens einer Fernsehwerbung zur Vorratshaltung für den Katastrophenschutz zu Wort kam; auch ei-

nige Diskussionspartner von mir können sich daran erinnern. Leider fand
ich diese Ansprache im Internet nicht
mehr, auch über die öffentlich-rechtlichen Fernsehanstalten nicht. Ein Beweis bleibt also aus, aber die Erinnerung besteht!

Abb. 77
Bundeskanzlerin
Dr. Angela Merkel

Aus welchem Grund die Bevölkerung allerdings dazu angehalten wurde,
Lebensmittelvorräte zu horten, hat bis-
her kein Politiker – weder zu diesem Zeitpunkt noch zu einem
späteren – thematisiert. Was aber definitiv stattgefunden hat,
war die Fernsehansprache der Kanzlerin am 10. März 2020
um 21.00 Uhr, in der sie den Katastrophenalarm für Deutschland verkündete. Noch als sie neben dem Rednerpodest stand,
ließ sich aus ihrem Gesicht sehr gut ablesen, dass sie mehr
wusste, als sie an dem Abend bekanntgab. Kurz zuvor hatte
Merkel mit Arbeitsminister Hubertus Heil, Finanzminister
Olaf Scholz und anderen die Bedrohung in kleiner Runde
noch besprochen. Bei ihrer Rede erklärte Merkel später, warum
sie davon ausgingen, dass sich etwa 60 bis 70 Prozent der
Menschen in Deutschland mit dem 2019-nCo-Virus infizieren
könnten und dass danach etwa 61 Millionen Bundesbürger
von der Pandemie betroffen sein würden. Seltsamerweise konnte ich dieses Video im Internet ebenfalls nicht mehr finden,
auch bei www.tagesschau.de nicht, die es immerhin live übertragen hatte.

Am 29. Mai 2020 veröffentlichte das US-Magazin "Busi-
nessweek Bloomberg" des amerikanischen Milliardärs und Po-
litikers Michael Rubens Bloomberg, dass Bundeskanzlerin Angela Merkel mit ihrem Kabinett schon seit Monaten den
Umbau der deutschen Wirtschaft mit einem "radikalen Plan,

das Land zu einem Staatskapitalisten umzuformen", verfolge, "der an Frankreich und China erinnert". Gemeint ist damit die "Nationale Industriestrategie 2030" (Az.:19/16453) von Bundeswirtschaftsminister Peter Altmaier vom Februar 2019, die am 29. November 2019 überarbeitet wurde und tatsächlich weitreichende Wirtschaftsreformen für Deutschland vorsieht. Ist die Coronapandemie somit doch kein Zufall?

Geplante Pandemie?

Das Wort "Pandemie" geht auf das altgriechische "pand mía" zurück, das zu Deutsch so viel wie "das gesamte Volk erfassend" bedeutet. Heute wird als "Pandemie" eine Länder und Kontinente übergreifende Ausbreitung einer Infektionskrankheit bezeichnet, auch wenn es dabei durchaus Gebiete geben kann, die nicht von dieser Krankheit betroffen sind. Während sich die Pest im Mittelalter ("Schwarzer Tod") über Europa teilweise noch über das Handelsnetz genuesischer Kaufmannskolonien verbreitete, gelten heute insbesondere Flugrouten als die schnellsten Ausbreitungswege von Infektionskrankheiten.

So entwickelte sich AIDS erst durch den Flugtourismus von einem anfangs lokalen zu einem weltweiten Problem, woran bis heute etwa 40 Millionen Menschen gestorben sind. Was viele Leute heute kaum zur Kenntnis nehmen, ist die Tatsache, dass HIV ein synthetischer Virus ist, der aus modernen Laboren des Westens stammt. Wie in Kapitel 2 bereits geschildert, haben die amerikanischen Virologen J. F. Enders und J. E. Salk 1954 verschiedene Polioviruskulturen synthetisch wachsen lassen, die sie dann in Belgisch-Kongo einsetzten. Diese Polioviren wurden in Afrika in Schimpansennieren zur Vermehrung des Impfstoffes verwendet und hunderttausenden Menschen durch eine Schluckimpfung eingeführt. Das aus den Affennieren

stammende "Simiane Im-
mundefizienz Virus" (SIV)
mutierte im menschlichen
Körper dann zu HIV.

Für jedermann nach-
vollziehbar war dieser Effekt von isolierten Viren
aus der Tierwelt und seine

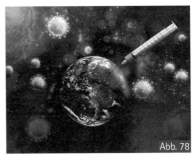

Pandemie-Grafik

rasche Verbreitung auch
während der SARS-Pandemie 2002-2003, diese Viren wurden
ebenfalls erst in modernen chinesischen Laboren zum ersten
Mal von Schuppentieren aus der Familie der Pholidota isoliert.
Als man SARS dann auch in Fledermäusen fand und mit SARS
und MERS herumexperimentierte, löste das die "Asiatische
Pandemie" aus. Während man in Asien noch die klassischen
Verbreitungswege für SARS untersuchte, zeigte die zunehmende
Zahl der Erkrankungen (auch in Kanada) den schnellen "Rei-
seeffekt" durch den Flugtourismus schon recht deutlich.

Schuldige Labore?

Auch bei der Erkankungswelle durch die Ausbreitung des
Zika-Virus in den Jahren 2015-2016 in Südamerika haben wir
es in Wahrheit ebenfalls modernen Laboren zu verdanken,
dass diese Epidemie überhaupt stattfinden konnte. Wegen
der intensiven Reisetätigkeiten während der Endrunde der
Fußball-Weltmeisterschaft 2014 in Brasilien hatten die Anfangs
grippeähnlichen Symptome Südamerika erreicht und als Folge
gerade bei Schwangeren erhebliche Schädigungen des Fötus
verursacht.

Der Zika-Virus wurde allerdings erst im April 1947 von
dem britischen Epidemiologen Professor George W. A. Dick

Abb. 79

Optimierte Viren

(1914-1997) aus einem in Gefangenschaft lebenden Rhesusaffen in Uganda isoliert, der nach einem Waldabschnitt in Entebbe benannt ist. Zuvor existierte die Bedrohung überhaupt nicht! Im Menschen wurde das Zika-Virus danach im Jahr 1952 in Uganda und Tansania erstmals nachgewiesen, somit erst "nachdem" dieses Virus aus Affenzellen isoliert worden war. Schuld sind also definitiv "die westlichen Frankensteine unserer Labore"!

Die Laboreingriffe sollten anfänglich nur zur Bekämpfung des damals grassierenden Gelbfiebers dienen, das in tropischen Gebieten auf beiden Seiten des Atlantiks auftrat. Die Gelbfieberzone Afrikas erstreckt sich etwa von 15° nördlicher bis 18° südlicher Breite. Beim sogenannten sylvatischen Zyklus zirkuliert das Virus zwischen Überträgermücken und Affen jedoch nur im Regenwald. Weltweit werden pro Jahr laut WHO dennoch bis zu 200.000 Erkrankungsfälle gemeldet, nachdem Touristen die Krankheit transportiert haben. Hält sich der Mensch im Regenwald auf, kann das Virus nur so im Rahmen des sylvatischen Zyklus auch auf ihn übertragen werden. Bei diesen sporadischen Fällen spricht man dann auch vom Dschungel-Gelbfieber.

Nachdem in der brasilianischen Großstadt Camaçari (Bundesstaat Bahia) Anfang 2015 etwa 40 Menschen neben Fieber über eine bis dahin unbekannte Symptomatik mit Hautausschlägen, Juckreiz und Schmerzen am gesamten Körper klagten, konnten als Ursache Erkrankungen wie Dengue, Chikungunyafieber, Röteln und Masern ausgeschlossen werden. Am biologischen Institut der Universität Federal da Bahia in Salvador wurde am 29. April 2015 mithilfe der Polymerase-Kettenreaktion aus Blutproben von Patienten dann das Zika-Virus nachgewiesen.

Vorsätzliche Störungen?

Der irakische Politologe Muhammad Sadeq Al-Hashemi behauptete am 26. Februar 2020 in einem Interview mit Al-Ayam TV (Irak), dass der Amerikaner Dean Koontz bereits 1981 in seinem Buch "Die Augen der Dunkelheit" über die Pandemie mit dem Coronavirus-2019-nCoV geschrieben habe und es nur eine Frage der Zeit war, wann das Szenario in die Tat umgesetzt würde. Al-Hashemi erklärte weiter, dass das mutmaßlich vorsätzlich ausgesetzte Coronavirus eine amerikanische Verschwörung sei und (...) dass das Ziel des Komplotts einerseits die Reduzierung der Weltbevölkerung sowie andererseits die Neuordnung der Finanzmärkte sei. Der Politologe meint, dass in den USA in den vergangenen zehn Jahren für dieses Vorhaben sogar mehrere Patente für die Entwicklung von Virus-Stamm-Variationen mit SARS und dem Namen "Corona" angemeldet wurden.

Dabei verglich Al-Hashemi die amerikanische "Verschwörung" mit der früheren Zeit, als die Juden mit Milzbrand infizierte Decken benutzt hätten, um 86 Prozent der eingeborenen Bevölkerung im heutigen Amerika auszulöschen, um ein neu-jüdisches Heimatland zu schaffen. Auch wenn es richtigerweise der britische Feldmarshall und Militärgouverneur von Kanada, Jeffrey Amherst, war, der mit den Worten "Wir müssen jede Methode anwenden, um diese abscheuliche Rasse auszulöschen", im Sommer 1765 den Eingeborenen zwei pockenverseuchte Decken unterjubelte, wonach tausende

Indianer starben, war es mit Robert Koch (1843-1910) tatsächlich ein jüdischer Arzt, der als Erster den Milzbranderreger und eine Methode zur Züchtung von Bakterien als Biowaffe entdeckte. Bis ins 19. Jahrhundert waren Bioanschläge nur durch die Verbreitung bereits im Umfeld grassierender Krankheiten möglich, nicht jedoch durch die synthetische Erzeugung der Erreger.

Vergessene Gräueltaten?

Das Robert-Koch-Institut (RKI) war ebenfalls für Gräueltaten verantwortlich: In einer Festschrift zum 100. Geburtstag aus dem Jahr 1991 feierte das RKI sein Wirken unter der Hitlerdiktatur noch recht unbedarft und behauptete, dass sich nur wenige seiner Forscher im Dritten Reich an den Menschenversuchen des NS-Regimes beteiligt hätten. Doch allein die historische Prominenz zweier jüdischer Mitarbeiter Robert Kochs (Paul Ehrlich, August v. Wassermann) zeigt, dass dort eine große Zahl jüdischer Mitarbeiter tätig waren. Gerade unter Fred Neufeld stand das RKI zwischen 1919 bis 1933 jüdischen Bakteriologen uneingeschränkt offen.

Nach der Machtergreifung der Nationalsozialisten im Jahre 1933 wurde zwar auch das RKI in Berlin von der neuen Ideologie beeinflusst, doch nicht alle von der alten Belegschaft wurden entlassen. Schritt für Schritt wurde nur die Führungsebene des Instituts ausgetauscht, so dass die jüdischen Wissenschaftler ebenfalls an den Menschenversuchen teilnahmen. Allein der RKI-Arzt Claus Schilling (1871-1946), der bei Robert Koch in Berlin studiert hatte, hat nach Schätzungen seiner eigenen Mitarbeiter etwa 1.200 Insassen im KZ Dachau mit Malaria infiziert, um Impfstoffe zu testen. Zwischen 300 und 400 Menschen sollen an diesen Versuchen gestorben sein.

Erst 1935 wurde das staatliche Institut dann dem Reichsgesundheitsamt angegliedert und war fortan fest in die Gesundheitspolitik des Dritten Reiches eingebunden. 1942 wurde das RKI schließlich selbstständige Reichsanstalt. Jene

E. W. Bohle 1933, NSDAP-Ausland für Juden-Freistaat in Palästina

beim RKI entlassenen jüdischen Bakteriologen gelangten schließlich über einen Umweg nach Israel und sorgten 1948 für eine wenig bekannte Episode des Krieges in der israelischen Geschichte. Neben dem Abwurf von über vier Million Bomben auf die Zivilbevölkerung des Vorderen Orients, nahm das Ausmaß der Barbarei noch zu. 1948 wurde zuerst alles noch geleugnet, 2007 aber durch den jüdischen Historiker Benny Morris als wahr enthüllt; Yossi Schwartz und Fred Weston unterstützten die Veröffentlichungen durch Untersuchungen vom 8. Januar 2007.

Schuldige Israelis?

Unter anderem bestätigen die Historiker, dass als Folge der Besetzung Haifas durch Israel am 23. April 1948 vor den Augen der britischen Mandatsstreitkräfte und unter dem Kommando von General Hugh C. Stockwell (1903-1986) die auf einer Landzunge liegende 5.000 Jahre alte Stadt Akkon angegriffen wurde. Die Zionisten belagerten die Stadt von der Landseite und begannen, die überwiegend arabische Bevölkerung Tag und Nacht mit Mörserbomben zu beschießen. Das berühmte Akkon konnte dieser massiven Belagerung nur eine kurze Zeit lang standhalten. Der historische Ort wurde aus

Abb. 81

Trotz des Abkommens forscht man an Biowaffen.

dem etwa zehn Kilometer nördlich gelegenen palästinensischen Dorf Al-Kabri über eine Landleitung mit Wasser versorgt. Die Israelis spritzten dann an einer Stelle, die auf zionistischem Siedlungsgebiet lag, "Typhusbakterien" in das Wasser, um die zivilen Einwohner zu schädigen. Erst nach Einsicht in die zugänglich gewordenen alten Akten des Internationalen Komitees des Roten Kreuzes (IKRK) kann heute darüber berichtet werden.

Das IKRK ist weltweit tätig und leistet von Konflikt sowie bewaffneter Gewalt Betroffenen Hilfe. Zudem fördert es die Rechtsvorschriften, die die Kriegsopfer schützen sollen, und ist eine unabhängige und neutrale Organisation, deren Mandat im Wesentlichen in den Genfer Konventionen von 1949 festgelegt wurde.

Eine Reihe von weiteren unrühmlichen Berichten werden in den Aktenzeichen G59/1GC und G3/82 geführt, die von dem Schweizer IKRK-Delegierten de Meuron veröffentlicht wurden und die Zeit vom 6. bis zum 19. Mai 1948 behandeln. Die Akten beschreiben die missliche Lage der Bevölkerung von Akkon, die von einer plötzlichen Typhusepidemie befallen wurde, und welche Anstrengungen das Rote Kreuz unternahm, um diese zu bekämpfen. Die Akten belegen die Lügen der Israelis, einschließlich die des Historikers Benny Morris, dass nämlich die damalige Epidemie aufgrund der "unhygienischen Bedingungen" unter den Flüchtlingen ausgebrochen sei. Wenn das der Fall gewesen wäre, warum gab es dann eine annähernd gleich große Zahl an Opfern unter den britischen Soldaten?

Warum kam es unter diesen Bedingungen nicht zu Epidemien in Jaffa, Lydda, Nazareth und Gaza, wo viel mehr Flüchtlinge unter wesentlich schlechteren Bedingungen lebten?

Ethnische Angriffe?

In den 1970er Jahren wurden sogar bereits ethnische Waffen diskutiert. In der Zeitschrift "Military Review" hatte Carl A. Larson die Einsatzmöglichkeiten ethnischer Waffen vorgestellt und die Möglichkeiten zur Diskussion gestellt. Die sich als "multikulti" rühmende USA untersuchten darauf tatsächlich die Einsetzbarkeit des "San-Joaquin-Valley-Fiebers" für diese Zwecke, da sich Afroamerikaner und Philippinos in der Regel anfälliger für den Erreger "Coccidioides immitis" zeigten als Amerikaner europäischer Abstammung.

Unter dem Decknamen "Projekt Coast" verfolgte die südafrikanische Apartheidsregierung ab 1983 ebenfalls die Aufrüstung mit chemischen und rassenspezifischen Biowaffen. Während zu Beginn angeblich lediglich Abwehrmaßnahmen gegen chemische und biologische Waffen entwickelt werden sollten, ging man später auch zu Forschungen an ethnischen Waffen über. Eine Antwort dazu bietet heute auch Jan van Aken, der für die Universität Hamburg auf dem Gebiet der Rüstungskontrolle arbeitet, und setzt noch einen drauf: "Entgegen der landläufigen Meinung sind heute sogar ethnische Waffen leider machbar", sagte van Aken bereits 2010. "Genetiker und Virologen müssen endlich umdenken, damit wir nicht in ein paar Jahren dumm dastehen."

"Zahlreiche Projekte liefern Terroristen schon die nötige Munition", warnt der Biowaffenexperte. "Und in Zukunft werden es noch mehr sein" – wie etwa nach den Ergebnissen des "HapMap-Projekts" ...

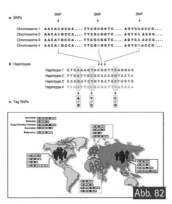

HapMap-Projekt

Mit einer Konferenz am 27.-29. Oktober 2002 begann das internationale Vorhaben offiziell und war für eine Dauer von drei Jahren geplant. Das "HapMap-Projekt" war eine Zusammenarbeit von akademischen Forschern, von angeblich nichtkommerziellen biomedizinischen Forschungsgruppen und Unternehmen in Japan, Großbritannien, Kanada, China, Nigeria und der federführenden USA.

Von Beginn an, wirft das Projekt allerdings eine Reihe ethischer Fragen auf. Angeblich wurden die Proben nur in der Form gesammelt, dass zwar eine geographische Zuordnung möglich ist, der Spender selbst jedoch nicht identifiziert werden kann. Auf diesem Wege sollte insbesondere die Haplotyp-Häufigkeit einzelner Völker festgehalten und zwischen diesen jeweils verglichen werden. Es bestand dadurch aber auch das Risiko einer Stigmatisierung oder Diskriminierung, falls eine besondere Häufung krankheitsbegünstigender Haplotypen einer bestimmten ethnischen Herkunft zugeordnet werden konnte.

HapMap-Projekt legal?

Es ist inzwischen zudem das Problem entstanden, dass die offizielle Homepage des "HapMap-Projekts" vom amerikanischen "National Center for Biotechnology Information" (NCBI) aufgegeben wurde und nicht mehr betreut wird. Nachdem es alle relevanten Daten in eigene Systeme eingepflegt hatte, hat das Institut die Pflege der Daten zum Juni 2016 eingestellt, weil die Webseite und ihre Daten angeblich seit 2011 immer weniger aufgerufen wurden. Stattdessen verfolgt das NCBI das neue "1.000-Genome-Projekt", womit das Vorgängerprojekt abgelöst worden sei. Inzwischen ist es mit diesen gewonnenen Daten möglich, dass ein "Pestausbruch" initiiert werden kann, der nur Palästinenser tötet. Man kann Milzbrandbriefe verschicken, die Weiße in Frieden, Schwarze aber "in Frieden ruhen" lassen können.

Dass sich Terroristen ebenso wie unverbesserliche Rassisten für solche Dinge interessieren, liegt seit Jahren auf der Hand. Seit mindestens zwei Jahrzehnten gibt es also tatsächlich konkrete Forschungen in dieser Richtung: So soll der Militärfachzeitschrift "Jane's Foreign Report" zufolge auch die israelische Armee an Viren geforscht haben, die nur Araber befallen, und Südafrikas Apartheidsregime soll an einer Mikrobe gearbeitet haben, die bevorzugt Schwarze unfruchtbar macht. Ob Propaganda oder Tatsache: "Jedenfalls hat bisher nichts davon in der Praxis geklappt", betont der Virologe Alexander Kekulé von der Universität Halle-Wittenberg. "Es gibt derzeit keine ethnische Waffe."

Wirklich nicht? Zumindest Jan van Aken meint, dass sich das im Jahr 2020 geändert haben könnte. Als neuesten Beleg für seine Sorge zieht er eine alte Analyse aus Taiwan heran: Dort haben sich die Forscher vom Mackay Memorial Hospital in Taipeh schon zehn Jahre zuvor etwas genauer angeschaut, welche Opfer gerade der SARS-CoV-1-Erreger einforderte. Demnach mache gerade eine bestimmte Genvariation den Menschen für diese mitunter tödliche Atemwegserkrankung besonders anfällig. Dieses SARS-Gen wird HLA-B 4601 (Human Leukocyte Antgen) genannt und ist ganz offensichtlich vornehmlich in Südchina weit verbreitet. Die Taiwanesen verfügen zwar über die HLA-B 1301-Gensequenz und ihre Eiweiße, nicht aber über die mit SARS codierte HLA-B 4601-Variante, die nahezu ausschließlich bei Menschen chinesischer Abstammung vorkommt.

Sunshine Project?

2006 wies der amerikanische Aktivist Edward Hammond unter dem Namen "Sunshine Project" auf die realistische Bedrohung des SARS-Virus und seine ethnische Verwendbarkeit als Biowaffe hin. Die potenziellen Gefahren, die von derartigen Waffen ausgehen, wurden schließlich auch von dem ehemaligen amerikanischen Verteidigungsminister William Cohen angesprochen. Der SARS-Experte Frederick Hayen von der University of Virginia wies später darauf hin, dass nach den taiwanesischen Studien auch eine neue, umfangreiche amerikanische Studie nötig sei, um das Ergebnis zu überprüfen.

Die aktuelle SARS-Mutation 2019-nCoV sei nur ein Beispiel, betont Jan van Aken. "Unsere Analyse der Genomdaten zeigt, dass das menschliche Erbgut hunderte, womöglich tausende Ziele für Ethnowaffen bereithält." So gibt es bei jedem Menschen punktuelle Abweichungen in der Erbsubstanz, die SNPs (Single Nucleotide Polymorphismus). Diese winzigen Unterschiede treten ungefähr alle 200 DNS-Buchstaben auf, und etwa ein Drittel aller SNPs scheint kennzeichnend für eine Bevölkerungsgruppe zu sein. Manche von ihnen mit umwerfender Exklusivität: So gibt es in einem Gen, dessen Funktion bisher unbekannt ist, eine Mutation namens TSC0493622. Sie kommt bei Asiaten gar nicht vor, dafür aber bei 94 Prozent aller Afrikaner. Vielleicht lässt sich damit erklären, warum es in den USA überwiegend Schwarze sind, die 2019-nCoV tötet. "Bestimmte SNPs machen Individuen unterschiedlich anfällig für Krankheiten, daran besteht kein Zweifel", bestätigt der Klinische Pharmakologe Ivar Roots von der Berliner Charité.

Es sei angeblich zwar noch kein SNP bekannt, der ein lebenswichtiges Gen betrifft und zugleich in nur einer Bevölkerungsgruppe vorherrscht, doch das könne sich rasch ändern.

"Unser Wissen über Gene schreitet in atemberaubendem Tempo fort", warnt auch Robin Coupland, der beim Internationalen Komitee vom Roten Kreuz (IKRK) in der Abteilung für Minen und Waffen arbeitet. "Was wir uns vor ein paar Jahren noch gar nicht vorstellen konnten, ist längst Realität. Deshalb müssen wir jetzt beginnen, über Ethnowaffen nachzudenken."

Missbrauch vorprogrammiert?

Genau das ist auch Jan van Akens Ziel. Er plädiert dafür, Ethnogene nicht in Datenbanken zu erfassen und entsprechende Daten auch nicht zu erheben, "wenn man es vermeiden kann". Inwieweit van Aken Gehör bekommt, bleibt indes offen, aber seit 1992 ist der Missbrauch wohl vorprogrammiert. Der damalige russische Präsident Boris N. Jelzin (1931-2007) gab längst ein offensives Biowaffenprogramm der Sowjetunion und damit den Bündnisbruch zu. Angeblich wurde 1995 dann auch der Irak der Produktion von besonderen Biowaffen überführt. Nur drei Jahre später kam heraus, dass Israel ebenfalls an ethnischen Biowaffen gearbeitet hat, die die Genstruktur von Arabern erkennen und nur für diese tödlich sind.

Wie die "Sunday Times" am 11. Juni 1998 berichtet, hat die Redaktion bei 20 Laboreinrichtungen anfragen lassen, die sich mit gefährlichen biologischen Sporen beschäftigen. Weltweit seien es schon damals an die 450 Laboratorien, von denen über 50 Labore Anthrax verkauften, 34 boten Botulinum an, 18 Pesterreger. Das ist schon eine ganze Menge – und es reicht ja ein einziges Labor, das einen gefährlichen Erreger an "verrückte Kunden" verkauft, die diesen dann für irgendwelche Zwecke einsetzen. Von wem stammt der 2019-nCoV also tatsächlich?

Abb. 83
Vorbereitung Schluckimpfung

Ganz interessant bei diesem neuen Virus war, dass sich, nur einen Tag nach Ankündigung einer weltweiten Pandemie, der israelische Virologe Chen Katz von dem Labor für Mikrobiologie MIGAL meldete und behauptete, schon ein Gegenmittel für 2019-nCoV zu besitzen: "Der Auftrag, den wir vom Landwirtschaftsministerium bekommen haben, war klar", meinte Katz. "Einen Impfstoff zu entwickeln, der sicher, preiswert und einfach einzusetzen ist."

"Klassischerweise würden Impfstoffe injiziert, um die Bildung von Antikörpern zu stimulieren", erklärt der Wissenschaftler weiter. Das sei bei ihrem Präparat allerdings auf der Basis von Proteinen geschehen, es sei daher anders als herkömmliche Impfstoffe. Der optimale Effekt lasse sich hier durch eine orale Einnahme erzielen, dadurch würde der Wirkstoff im Körper erst richtig aktiviert. Zudem könne man mögliche Nebenwirkungen deutlich reduzieren, erklärte Katz in einem von der Organisation Keren Hayesod organisierten Webinar (im Internet abgehaltenes Seminar). Der Impfstoff, den MIGAL gegenwärtig entwickelt hat, soll angeblich auch gegen mögliche neue Varianten des Coronavirus schützen. Katz wiederholte die Ankündigung seines Instituts Anfang März 2020, binnen einiger Wochen ein effektives Mittel gegen 2019-nCoV vorzulegen, und sorgte damit weltweit für Schlagzeilen. Wussten die Israelis schon vorher über die Pandemie Bescheid? Existieren möglicherweise verschiedene SARS-Viren, die überall auf der Erde anders wirken?

Gefährliche Vorhaben?

Der in Europa grassierende SARS-CoV-2 infiziert inzwischen mit seiner im Juni 2020 festgestellten Punktmutation D614G die menschlichen Zielzellen über den ACE2-Rezeptor wesentlich effektiver und wirft neue Fragen auf. Es spricht dafür schon allein die Tatsache, dass gegen SARS-CoV-2, das angeblich erst seit etwa Neujahr bekannt ist, binnen einer recht kurzen Zeit weltweit bereits über 70 unabhängige Impfstoffprojekte angelaufen sind. Noch vor wenigen Jahren hätte man für die Entwicklung eines Impfstoffes und das Durchlaufen aller Testetappen mindestens 15 bis 20 Jahre angesetzt. Hinzu kommt, dass die Entwicklung, Erprobung und Zulassung der Impfstoffe auch von den Produktionskapazitäten abhängt. Was ist jetzt also anders?

Das japanische Biotechnologieunternehmen AnGes teilte eine Woche nach MIGAL in einer Pressemitteilung ebenfalls mit, man wolle mit einem bereits entwickelten Impfstoff auf DNS-Basis schon in Kürze mit Tierversuchen starten. Das AnGes-Präparat würde auf einem inaktiven Virus basieren und könnte, den Angaben des Unternehmens zufolge, deshalb schneller hergestellt werden als ein Impfstoff auf Proteinbasis. Tatsächlich erzählen die offiziellen Stellen der Bevölkerung, dass Impfstoffe die effektivsten präventiven Maßnahmen gegen Infektionskrankheiten sind, obwohl es dabei nur um Geld und Kontrolle geht.

Nachdem die chinesischen Behörden am 11. Januar 2020 die genetische Sequenz des neuartigen Coronavirus im Internet veröffentlichten, haben Forscher am "Vaccine Research Center" der NIH ebenfalls innerhalb von zwei Tagen den Impfstoff entworfen, sprich die gewünschte Sequenz für die mRNS festgelegt. Das Problem bei dem Institut ist jedoch, dass Arkansas-Gouverneur Dale Bumpers und seine Ehefrau Betty die Einrichtung 1999 unter der demokratischen Führung von Präsident Bill Clinton begründet haben. Daher sind die Republikaner und

Präsident Donald Trump wenig daran interessiert, dass ihre Gegner die Lorbeeren für den Impfstoff ernten – Lorbeeren, die eigentlich für sie selbst bestimmt sind.

Doch gerade aus den vergangenen Jahren weiß man längst, dass Coronavirusimpfstoffe unter anderem Impfstoffe gegen HCoV-HKU1, HCoV-NL63, HCoV-OC43, HCoV-229E, SARS-CoV, MERS-CoV und SARS-CoV-2 umfassen. Zudem gibt es bereits verschiedene verfügbare Impfstoffe für Tiere gegen Coronaviren, wie gegen das Aviäre Coronavirus (bei Vögeln), das Canine Coronavirus (bei Hunden) und das Feline Coronavirus (bei Katzen). Für die humanpathogenen Coronaviren SARS-CoV und MERS-CoV existieren ebenfalls schon experimentelle Impfstoffe, die bereits im Tierversuch getestet wurden.

Kein Interesse?

Darüber hinaus wurden bis 2019 bereits insgesamt vier Impfstoffe gegen SARS-CoV und gegen MERS-CoV auch am Menschen mit abgeschlossenen klinischen Studien untersucht. Alle vier Impfstoffe wurden als "sicher sowie immunogen" bestimmt und werden seltsamerweise während der Pandemie überhaupt nicht herangezogen oder thematisiert. Des Weiteren gab es sechs weitere Impfstoffe, die sich 2019 noch in den klinischen Studien befanden und schneller verkaufsreif wären, als die angekündigten, die in 18 Monaten auf den Markt kommen sollen. Auch dabei ist seltsam, dass keiner dieser Impfstoffe bisher eine Arzneimittelzulassung für den Menschen bekommen hat. Gemäß einer Mitteilung der WHO vom 4. April 2020 zieht man es vor, an den neuen Impfstoffstudien zu arbeiten, die allerdings vor August 2021 alle keine Zulassung als SARS-CoV-2-Impfstoff (synonym 2019nCoV-Impfstoff) erhalten werden. Benötigt man die Zeit und die Ausnahmesituation der Pandemie für etwas anderes?

Nach Beginn der Pandemie wurde am 16. März 2020 auch in Seattle ein SARS-CoV-2-Impfstoff namens mRNA-1273 an 45 gesunden Probanden getestet, aber angeblich aus Gründen der Arzneimittelsicherheit und unzureichenden Kenntnis über die Wirksamkeit vorerst genauso auf das Jahr 2021 zurückstellt. Offenbar wimmelt es an Impfstoffen, die aber niemand haben möchte. Auch in dem Fall wurde die rasche Entwicklung des Impfstoffs nach Informationen der NIH im Übrigen nur deshalb möglich, weil der Hersteller bereits an Impfstoffen gegen das erste SARS-Virus und das verwandte MERS-CoV gearbeitet habe. Könnte stimmen, muss aber nicht! Es sieht bisher so aus, dass in Wahrheit von Anfang an offenbar gar kein Interesse an einem Impfstoff bestand. Daher scheint die Trump-Regierung keine Gelegenheit auszulassen, der Pandemie das Etikett "made in China" aufzudrücken, bis das jeder begriffen hat!

Verschiedene Viren?

Noch am 29. Mai 2020 hat Trump chinesische Beamte beschuldigt, das entflohene "Virus aus dem Labor" frühzeitig vertuscht und die Ausbreitung der Krankheit versäumt zu haben. "Ich verstehe nicht, dass die Menschen die Verkehrsmittel für den Rest Chinas nicht nutzen durften, aber die Verkehrsmittel in den Rest der Welt benutzen konnten. Das ist schlecht, und eine schwierige Frage, die sie uns beantworten könnten", sagte der US-Präsident. In ähnlicher Weise kritisierte Trump auch die WHO und zog die Unterstützung für die Organisation zurück.

Interessanterweise erklärte der US-Geheimdienstdirektor Richard Grenell aber, dass sein Büro noch untersuche, wie das Virus begonnen habe. Sein Büro sagte zudem, es habe festgestellt, dass 2019-nCoV "nicht künstlich hergestellt oder genetisch verändert" sei. Warum pochen die US-Geheimdienste stets darauf, dass das Virus angeblich keinen künstlichen Ursprung aufweist?

Tatsächlich sollte es niemanden überraschen, dass RNS-basierte Viren wie das Coronavirus normalerweise etwa 100-mal schneller als DNS-basierte Viren mutieren. Doch nicht nur die RNS begünstigt eine Mutation von Coronaviren, sondern auch hunderte Millionen infizierter Menschen als Wirt. Italienische Forscher im Team von Stefano Menzo haben im März 2020 jedoch verwundert festgestellt, dass 2019-nCoV ungewöhnlicherweise kaum, beziehungsweise sehr langsam mutiert. Bestätigt diese Eigenschaft den künstlichen Ursprung von 2019-nCoV?

China hatte bereits zwei Stämme des Virus festgestellt: 2019-nCoV-L und 2019-nCV-S. Die L-Variante war insbesondere in Hubei fokussiert und viel tödlicher gegen Chinesen als der mit S versehene Stamm. 2019-nCoV-S war das Virus, das sich auf der ganzen Welt verbreitete, das weniger tödlich ist, dafür aber über eine höhere Übertragungsrate verfügt. Bekanntermaßen geht die WHO noch immer davon aus, dass der Ausbruch des Virus auf dem Wildtier- und Fischmarkt in Wuhan begann und wahrscheinlich von einem lebenden Tier auf einen menschlichen Träger übergegangen ist. Warum redet die WHO aber zu keiner Zeit von zwei Viren?

Nichts stimmt?

Die chinesischen Behörden hatten am 31. Dezember 2019 die WHO über den Ausbruch einer Lungenkrankheit mit unbekannter Ursache informiert und später als Krankheitserreger 2019-nCoV-S und 2019-nCOV-L angegeben. Auch der US-Senator Tom Cotton brachte in Umlauf, dass das 2019-nCo-Virus im "Superlabor der Biosicherheitsstufe 4" in Wuhan ent-

standen sein soll. Dennoch bleibt
der angeblich chinesische Ursprung
der Pandemie unbewiesen!

Professor Carl Oglesby (1935-
2011) von der Universität Boston beschrieb bereits 1976 in seinem Buch
"The Yankee and Cowboys War",
wie die herrschenden Eliten von
Mächtigen (Old-England und New
York-Familien) sich in zwei Lager
teilte (Yankee und Cowboy), die nur
noch dann zusammenarbeiten, wenn
die USA von inneren oder äußeren

Rockefellers Nujol

Feinden bedroht waren, wodurch die Profite dieser Eliten gefährdet werden konnten.

Einer von den Mächtigen, der den Grundstein für eine industrielle Machtstellung dieser Leute legte, war William Avery
Rockefeller (1810-1906), der einen entscheidenden Anteil am
"Rockefeller-Imperium" hatte und von seinen Kontrahenten
"Devil Bill" ("Teuflischer Bill") genannt wurde. Schon Mitte
der 1860er Jahre war er von den Methoden der Schweineverr-
arbeitungsfabriken sehr beeindruckt, die alle Teile der Tiere
nutzten, verarbeiteten und verkauften. "Devil Bill" trat unter
dem Pseudonym Dr. William Levingston mit seiner Patentme-
dizin bei den Bauern auf und verkaufte ihnen ein angebliches
Heilmittel gegen Krebs. Sein Wundermittel nannte der Teufel
"Nujol", was nichts anderes als "neues Öl" bedeutete, und verkaufte es an verzweifelte Menschen, denen er zuvor Angst machen konnte, bald Krebs zu bekommen. John Dawison Rockefeller I. (1837-1939) übernahm dieses Produkt von seinem Vater
und gründete 1870 mit seinem Bruder William Avery Rockefeller
Jr. (1844-1922) die "Standard Oil Company".

Altes Fundament?

Über einen nunmehr professionellen Vertrieb wurde "Nujol" Apothekern angeboten, die pro Flasche etwa 21 Cent an die Rockefellers zahlen mussten, obwohl der dafür verwendete "Schweinefettabfall" nur ein Fünftel Cent kostete. Schon bald nachdem das "Nujol" auf den Markt kam, stellten unabhängige Ärzte seine Schädlichkeit fest: Es entzog dem Körper fettlösliche Vitamine und verursachte damit ernstzunehmende Mangelerscheinungen. Die nachfolgenden Absatzeinbußen dämmte die "Standard Oil Company" einfach ein, indem sie "Nujol" Karotin zusetzte und behauptete, die Mängel seien damit behoben, auch wenn die Ärzte nach wie vor anderer Meinung waren. Das gleiche Prinzip also, dass Pharmaunternehmen noch immer anwenden.

Nujol in (Am-)Pullen

Im Übrigen wird "Nujol" noch heute von der "Stanco Inc." angeboten, die eine der vielen Tochtergesellschaften von "Standard Oil Company" ist, und dient inzwischen als Abführmittel zur Entleerung des Dickdarms. Auf dem Beipackzettel liest man: "Verwenden Sie NUJOL nicht, wenn folgende Symptome vorliegen: Übelkeit, Erbrechen, Bauchschmerzen, Schwangerschaft, Schluckbeschwerden, Bettlägerigkeit. Es sollte nicht von Kindern unter 2 Jahren (rektale Verabreichung) und Kindern unter 6 Jahren (orale Verabreichung) angewendet werden."

John D. Rockefeller I. konzentrierte sich mit seinem Unternehmen schließlich auf die Erdölförderung und gründete zudem die auch im Bergbau tätige "Colorado Fuel and Iron Company". Schon 1890 raffinierte die Rockefeller-Familie 90

Prozent der Rohölförderung der USA, womit auch ihr Vermögen kontinuierlich wuchs. Trotz des wirtschaftlichen Erfolges wurde J. D. Rockefeller I. noch im Jahre 1905 vom US-Senator Robert M. La Follette (1855-1925) als "der größte Verbrecher unseres Zeitalters" bezeichnet, und die Presse billigte ihm sogar den Titel "bestgehasster Mann der Welt" zu. Die amerikanische Journalistin Ida Minarva Tarbell (1857-1944) schrieb gar in McClurés Magazin in "Geschichte der Standard Oil Company" über ihn: "John D. Rockefeller hat den Handel von einem friedlichen Unternehmen zum Krieg gemacht und durchsetzt ihn mit grausamen und korrupten Praktiken; er verwandelte den Wettbewerb von einem ehrlichen Bemühen in einen halsabschneiderischen Kampf."

Teuflische Absichten?

Als im Jahre 1903 Friedrich Carl Duisberg (1861–1935) von Farbenfabriken Friedrich Bayer & Co. (Leverkusen) in die USA reiste, traf er auf John D. Rockefeller I., um mit dem 493-Milliarden-US-Dollar-Rockefeller-Vermögen die erste kontinentale Brücke nach Deutschland zu schmieden. Schließlich stammte die Familie Rockefeller ursprünglich aus Neuwied in Rheinland-Pfalz. Der Kaufmann Johann Peter Rocke(n)feller (1682–1763) wanderte 1723 aus der deutschen Pfalz mit seiner Ehefrau und drei Kindern nach New Jersey aus, erwarb dort große Grundstücke für die Landwirtschaft und legte damit den Grundstein für die Dynastie.

Über J. D. Rockefeller I. lernte F. C. Duisberg die dortigen Trusts kennen und wollte solche Unternehmenszusammenschlüsse nach dem Muster der Standard Oil Company auch in Deutschland realisieren. Nach seiner Rückkehr verfasste er eine Denkschrift zur Vereinigung der deutschen Teerfarbenfabriken.

Abb. 86
Logo IG Farben

Nach seiner Auffassung wurde die Konkurrenzsituation der Industrie durch Preisdruck und unlautere Wettbewerbsmethoden, wie Korruption und Abfindungszahlungen an missliebige Wettbewerber, nachteilig beeinflusst. Um "die Schäden der Konkurrenz zu beseitigen, ohne ihre Vorteile zu verlieren", schlug er die Bildung eines deutschen Farben-Trusts vor. Die innovative Idee entwickelte Samuel C. T. Dodd (1836-1907) 1879 als Anwalt von J. D. Rockefeller I., der die vielen US-amerikanischen Ölverarbeiter unter dem Standard Oil Trust straffer zusammenschließen wollte, um damit die Rechtsunsicherheit gegenüber dem Wirtschaftskartellrecht in den USA zu überwinden. Der Unterschied zwischen Kartell und Trust besteht darin, dass ein Trust eine Zusammenfassung mehrerer Unternehmen zu einem ist, während ein Kartell eine enge Partnerschaft zwischen zwei oder mehreren ist. Ein Trust kann auf zwei Arten entstehen: a) durch Aufnahme eines Unternehmens (A kauft B auf) oder durch Neubildung (A und B gründen C, wobei nach Gründung von C die Unternehmen A und B nicht mehr existieren). Trusts verfolgen ähnliche Ziele wie Konzerne, können diese aber effizienter verfolgen, da die untergeordneten Unternehmen vollkommen unselbstständig geworden sind ("untergegangen sind").

Verschobenes Kapital?

Als Reaktion auf die neue Anti-Trust-Gesetzgebung des Sherman-Act von 1890 nahmen die Trust-Kartelle bald immer windigere Rechtsformen an und tarnten sich zum Beispiel als

scheinbar völlig unabhän-
gige Unternehmen, die
aber (ganz zufällig) eine
identische Kapitaleigner-
struktur und damit identische Mehrheits- und Inte-
ressenverhältnisse hatten.

Abb. 87

Führungsriege IG Farben

Der Standard Oil Trust
der Rockefellers löste sich
auf diese Weise 1892 scheinbar auf und firmierte in 20 separate
Unternehmen der gleichen Branche um. Ab 1900 bildeten sich
derartig gleichgeschaltete Gruppen von Unternehmen dann
nach und nach zu Branchenkonzernen um. Typisch dafür war
eine Holding, welcher nunmehr die Einzelunternehmen übertragen waren und eine fast monopolistische Markterfassung
bildeten. F. C. Duisberg gelang es mit Rockefellers Hilfe, die
chemischen Unternehmen in Deutschland zu monopolisieren
und in der Interessengemeinschaft Farbenindustrie Aktiengesellschaft (I.G.) zu vereinen. Die deutsche IG hat sich natürlich
auf ihrem neuen Weg gleichzeitig mit Standard Oil verbündet,
um auch alle wichtigen Patente aus einer Hand zu kontrollieren.
Standard Oil übernahm immerhin gleich zu Beginn 15 Prozent
der Aktien des neuen deutsch-amerikanischen Chemiekonzerns.
Neben Bayer gehörten dazu Agfa (Aktiengesellschaft für Ani-
linfabrikation Berlin), BASF (Badische Anilin- und Sodafabrik
Ludwigshafen), Farbwerke Höchst, Cassella Farbwerke, Chemische Fabrik Kalle, Chemische Griesheim-Elektron und Chemische Fabrik Weiler Ter Meer. Die IG Farben war nach 1925
auf ihrem Höhepunkt das größte Unternehmen in Europa
und das größte Chemie- und Pharmaunternehmen der Welt.

Unter der Führung von Walter Clark Teagle (1878-1962) lie-
ferten Standard Oil und seine britischen Tochtergesellschaften

1938 fünfhundert Tonnen Tetraethylblei an Hitlers Luftwaffe. Deutschland verfügte nur über sehr wenige eigene industrielle Ressourcen, und ohne diesen Oktanverstärker für sein Fluggas wäre die Luftwaffe praktisch geerdet gewesen. Zu dieser Zeit war Tetraethylblei eine seltene und stark kontrollierte Ware, und es ist unwahrscheinlich, dass Deutschland eine andere Quelle dafür hätte finden können. Hätte Teagle nicht eine derart massive Übertragung der Substanz an die Luftwaffe arrangiert, wäre der Zweite Weltkrieg wahrscheinlich um mehrere Jahre verschoben worden. Standard Oil unter Teagle versorgte auch Japan mit großen Mengen dieser kritischen Fluggaskomponente. Als sich mit Beginn des Zweiten Weltkrieges 1939 herausstellte, dass Nazi-Deutschland nicht mehr zu den Freunden der USA zählte, half insbesondere Standard Oil dem Dritten Reich Hitlers, seine Bestände in den Bereichen von Medikamenten und weiteren chemischen Rohstoffen aus amerikanischen Gütern zu decken.

Eigene Interessen?

Nachdem dann 1945 zum Ende des Weltkrieges die Infanteristen der US-Army die deutsche Industriestadt Frankfurt am Main erreichten, waren sie sehr darüber erstaunt, dass alle Gebäude und selbst das riesige Werkshaus des IG Farben immer noch intakt vorzufinden waren. Amerikanische Flieger, die ihre Ziele immer genau festlegten, hatten jede andere Gebäudestruktur in Frankfurt zerstört und ausgerechnet die IG Farben verschont.

Was die Infanteristen zu dem Zeitpunkt nicht wussten: Der damalige Kriegsminister Robert Porter Patterson (1891-1952) war nicht nur ein Rockefeller-Anwalt, sondern auch von Präsident Franklin Delano Roosevelt (1892-1945) erst auf Befehl von Rockefeller ernannt worden. Zuvor war Patterson noch für das Investmentunternehmen Dillon, Read & Company tätig gewesen, das nicht nur eine Rockefeller-Tochter war, sondern auch jenes Bankhaus, das die deutsche IG

Unschuldige tote Zivilisten in Frankfurt a. M.

Farben finanzierte und sich um die finanziellen Details für das deutsche Chemiekartell kümmerte.

Jagdflieger wie David McCampbell (1910-1996) von der US-Airforce waren nach dem schwersten Luftangriff am 22. März 1944 in Frankfurt am Main über den kuriosen Befehl, gerade "das größte Ziel in Frankfurt zu verfehlen", mehr als erstaunt. Es hieß, dass die gerettete IG Farben angeblich für die amerikanischen Expeditionary Forces später als "ein intaktes Bürogebäude dienen sollte", das sie benötigen würden, wenn sie erst richtig nach Deutschland kämen.

Das Hauptgebäude der IG Farben war auf einem Gelände errichtet, das zuvor der Familie Rothschild gehört hatte. Auch das wurde "merkwürdigerweise" im Zweiten Weltkrieg nicht beschädigt. Nach dem Ende des Krieges beschlagnahmte der Alliierte Kontrollrat in Berlin das Vermögen der IG Farben AG und ordnete die Auflösung des Unternehmens an. Die rechtliche Grundlage dafür waren das Londoner Abkommen über Kontrolleinrichtungen in Deutschland vom 14. November 1944 und das Berliner Viermächteabkommen vom 5. Juni 1945.

Weil insbesondere die IG Farben vom Krieg Adolf Hitlers profitierte, wurde 23 leitenden Angestellte des Unternehmens für ihre Beteiligung an den Verbrechen der Nationalsozialisten in Nürnberg der Prozess gemacht. Die IG Farben unterhielt mit Unterstützung des Hitler-Staates nachweislich ein Versuchslabor für die Pharmalobby, das auch Zwangsarbeiter beschäftigte. Viele der Kriegsgefangenen wurden zudem bei Laborversuchen missbraucht und bis in den Tod gequält, was die IG Farben zu Komplizen und Unterstützern Hitlers machte. Adolf Hitler schien von Anfang an nur der verlängerte Arm dieser Kapitalelite gewesen zu sein. Dennoch wurde der Holocaust ausschließlich einem krankhaften Diktator zugeschrieben, doch es darf auch nicht geleugnet werden, dass es Mitwisser und Komplizen gab, die diesen Massenmord unterstützt und sogar beauftragt haben.

Unschuldige Akteure?

Die Anklage verwandte zwar viel Zeit und Mühe darauf, die IG-Farben-Manager zu belangen, die die Angriffskriege erst ermöglicht hätten und die es nach Eroberungen gelüstet hätte, doch wurden am 30. Juli 1948 13 der Angeklagten zu Gefängnisstrafen von nur 1 bis 8 Jahren verurteilt, während die restlichen zehn auf Grund der Beweislage freigesprochen wurden. Auch die Verurteilten mussten nicht länger als bis 1950 einsitzen und kamen direkt wieder in neue Führungspositionen in den Nachfolgeunternehmen.

Die Verteidigung stellte das Gericht bei dem Prozess in Frage, da es sich um Siegerjustiz handle, die gegen den Rechtsgrundsatz "nullum crimen sine lege, nulla poena sine lege" ("Kein Verbrechen, keine Strafe ohne Gesetz") verstoße und auf einem unzulässigen nachträglichen Gesetz (ex post facto) beruhe. Das Verfahren benachteilige die Verteidigung und letztendlich ginge es nur darum, einen ganzen Berufsstand unter einem Kollektivvorwurf anzuklagen. Die Verteidigung bemühte sich dabei, die individuelle Schuld an den zur Last gelegten

Verbrechen zu leugnen und
die Rolle der einzelnen Angeklagten als unbedeutend
darzustellen. Bei belegten
Straftaten wurde behaup-
tet, unter Befehlsnotstand
gehandelt zu haben, wobei

Hitler in Palästina 1941

die den Befehl erteilende Person mittlerweile jeweils verstorben
sei. Verteidigung und Angeklagte scheuten sich offenbar auch
nicht, Mitangeklagte und Zeugen massiv unter Druck zu
setzen, gezielt zu lügen und Gefälligkeitsaussagen in Form von
Affidavits vorzulegen.

Damit erhielten weder ehemalige deutsche Zwangsarbeiter
noch bei Versuchsreihen verstorbene Kriegsgefangene Wieder-
gutmachung durch IG-Farben oder von deren Liquidationsge-
sellschaften. Die Bundesrepublik Deutschland sah sich ebenfalls
nicht in der Pflicht, diesbezüglich etwas zu tun. Aufgrund der
Tatsache, dass es keinen offiziellen Friedensvertrag gab, waren
auch keine weiteren Schadensersatzforderungen zu begleichen,
hieß es. Aber die gleichen Leute, die damals für die Gräueltaten
mitverantwortlich waren oder zumindest Wissen davon gehabt
haben mussten, wurden nach dem Zweiten Weltkrieg bei der
Neuordnung der IG Farben nach der Übernahme der Sterling
Products Company der Rockefellers in Grasseli Chemical
Works (alias General Aniline Works), die Agfa-Film Company,
die Winthrop Chemical, die Magnesium Development Company, Bayer, BASF und Höchst benannt. Natürlich wurden
mit der Übernahme auch 1,64 Milliarden Deutsche Mark
(DM) Betriebsvermögen an Rockefeller & Co übertragen.

Unterm Hammer?

Die Übertragung der Wertpapiertransaktion der IG-Farben-Aktien wurden im Wert 10:9,15 (RM in DM) vergütet, wobei allerdings die Betriebsrücklagen lediglich 10:1 (RM in DM) getauscht wurden. Wer waren die Anteilseigner, die in dem Maße von der Währungsreform profitierten? Wem gehörte die IG Farben nach dem Krieg tatsächlich?

Jene Profiteure, die sich den Krieg gegen Deutschland zu Nutze gemacht haben und dabei über Jahre die Wirtschaft unterstützt haben, um schlussendlich Deutschland zu einem besetzten Land zu machen.

Walter C. Teagle wurden von IG Farben nicht zufällig 500.000 Aktien ausgegeben, doch bei einer späteren Untersuchung der Securities & Exchange Commission bestritt er den Kauf dieser Aktie und behauptete, er habe sie nur als Strohmann für jemand anderen gehalten. Auf die Frage der Prüfungskommission, wer dieser "jemand" denn sei, antwortete er höflich, er wisse es nicht, obwohl er unter Eid stehe. Alle anderen wussten, dass es sich entweder um einen der Rockefeller-Clans oder um die Standard Oil Company direkt handelte. Während des Zweiten Weltkriegs hatte die amerikanische IG Farben Rockefellers beschlossen, ihre deutsche Abstammung und die Beteiligungen von Standard Oil daran zu tarnen. Bereits kurz vor dem Angriff auf Pearl Harbor wurde der Name IG Farben in "General Aniline & Film Corporation" geändert. Zuvor erwarb die amerikanische IG eine nicht genannte Anzahl von Anteilen an der Ozalid Corporation, der Schering & Company, der Mission Corporation, der Monsanto Chemical, der Aluminium Corporation (Drug Incorporated), der Dow Chemical, der Antidolar Company, dem Standard Oil of New Jersey und dem Standard Oil of New Jersey Indiana, an Standard Oil of California und an der DuPont Company. Es übernahm körperlich

die in Privatbesitz befindliche Hoffman-LaRoche
Company.

Abb. 90
IG-Farben-Aktie

Während des Krieges
fehlte es den Amerikanern
dringend an Gummi: Unter
Teagles Führung weigerte
sich Standard Oil dennoch,
synthetischen Kautschuk
für die US-Army herzustellen, weil Teagle die Patentrechte für
synthetischen Kautschuk an die deutsche IG Farben übertragen
hatte. Aufgrund der Patente, die er an Deutschland verkauft
hatte, störte Standard Oil auch die amerikanische Produktion
von synthetischem Ammoniak (zur Verwendung in Spreng-
stoffen), Essigsäure (ein weiteres wichtiges Kriegsmaterial) und
Methanol (ein weiteres Kraftstoffadditiv). Standard Oil und
Teagle, die wiederum die Patente der IG Farben schützten,
hatten auch daran gearbeitet, das US-Militär daran zu hindern,
"Paraflow" zu erhalten, das als ein entscheidendes Schmiermittel
in großer Höhe geeignet war und in den Jagdflugzeugen und
Bombern verwendet wurde.

Kuriose Unterstützung?

Obwohl Teagle selbst zwei Söhne in der US-Air Force hatte,
versorgte Standard Oil Nazi-Deutschland über seine Tochtergesellschaften weiterhin mit Öl. Angesichts einer Untersuchung
des US-Justizministeriums überzeugte Teagle Präsident Frank
D. Roosevelt davon, dass eine Klage die Kriegsanstrengungen
beeinträchtigen würde, und entschied sich stattdessen für eine
außergerichtliche Geldstrafe. Das Ergebnis war ein Rückgang
der öffentlichen Gunst für Standard Oil und der Rücktritt von

Teagle im Jahr 1942, ein Jahr vor dem obligatorischen Renten-
alter. Er wurde durch Ralph W. Gallagher ersetzt. Trotz der Einigung versorgte Standard Oil während der Dauer des Zweiten
Weltkriegs das nationalsozialistische Deutschland weiterhin
mit Öl. Die Sendungen gingen durch Spanien, die Kolonien
von Vichy France in Westindien und die Schweiz. Die Ölliefe-
rungen von Standard aus den Vereinigten Staaten nach Spanien
wurden im Januar 1944 aufgrund des Drucks der amerikanischen Öffentlichkeit kurzzeitig eingestellt und begannen aber
im Mai 1944 erneut. Spanien verschiffte unterdessen monatlich
48.000 Tonnen amerikanisches Öl nach Deutschland. Mit
dem ehemaligen Vermögen der IG-Farben wurde der spätere
Wirtschaftsaufschwung in Deutschland nach dem Zweiten
Weltkrieg finanziert. Mit der Namensänderung der Unternehmen entsprach man der Devise der Hitler-Diktatur, wenn es
um deren Verbrechen ging: "Aus den Augen aus den Sinn."
BASF, Bayer oder Hoechst hießen die Unternehmen nun
wieder. Die Politik forciert Großunternehmen und Kartelle
nur deshalb, weil es für sie einfacher zu handeln ist.

Das Böse?

Bis zu seiner Übernahme durch die deutsche Bayer AG am
7. Juni 2018 war Monsanto ein 1901 gegründeter Konzern mit
Sitz in Creve Coeur bei St. Louis im US-Bundesstaat Missouri;
es gab Niederlassungen in 61 Ländern. Nach der Monsanto-
Transaktion hat die Bayer-Aktie um 40 Prozent an Wert einge-
büßt, weshalb es bislang schwer nachzuvollziehen war, warum
diese Übernahme stattfinden musste. Denn an der Börse war
Bayer bis dahin einst Deutschlands wertvollstes DAX-Unter-
nehmen, danach wurde es nur noch mit 57 Milliarden Euro
bewertet, was ungefähr dem Wert entspricht, den Bayer als

Kaufpreis für Monsanto bezahlt hatte. Zahlreiche skeptische Großaktionäre hatten daher bereits im Vorfeld angekündigt, den Vorstand und teilweise auch den Aufsichtsrat nicht entlasten zu wollen, weil bei Monsanto einige Schadensersatzklagen anhängig waren. Tatsächlich verlor die Bayer AG am 13. Mai 2019 den dritten Glyphosat-Prozess wegen des Unkrautvernichters "Roundup". Das Urteil verpflichtete zur Zahlung von mehr als zwei Milliarden US-Dollar an das klagende Ehepaar, die beide über 70 Jahre alt und an Lymphdrüsenkrebs erkrankt waren. Zuletzt war Bayer nach eigenen Angaben am 31. März 2020 mit rund 48.600 US-Klagen wegen durch Monsanto verursachter Krebsgefahren konfrontiert. Was sollte die Übernahme also tatsächlich bewirken?

Monsanto tötet?

Monsanto gehörte 1944 zu insgesamt elf Unternehmen, die kriegsbedingt im Zuge eines Programms der US-Regierung lizenzfrei Dichlordiphenyltrichlorethan (DDT) herstellten – ein Insektizid, das seit Anfang der 1940er Jahren als "Kontakt-" und "Fraßgift" in der Landwirtschaft eingesetzt wurde. Wegen seiner guten Wirksamkeit gegen Insekten und der angeblich geringen Toxizität für Säugetiere war es jahrzehntelang das weltweit meistverwendete Insektizid. Tatsächlich reicherte sich DDT wegen seiner chemischen Stabilität und guten Fettlöslichkeit aber im Gewebe von Menschen und Tieren an, so dass es bei Konsumenten der mit dem Mittel behandelten Pflanzen Krankheiten verursachte. Deshalb wurde die Produktion 1962 verboten und eingestellt!

Während Österreich für den Einsatz von Glyphosat mit Beginn zum 1. Januar 2020 ein gesetzliches "Totalverbot" ausgesprochen hat, bekämpfen Umweltschützer in Deutschland

Abb. 91

Viele Biersorten enthalten Glyphosat.

dieses Gift seit langem erfolglos. Weil das Herbizid in die Wurzeln eindringt und alle Pflanzen tötet, auf denen der Stoff landet, machen die Umweltschützer Glyphosat für die Monokulturen auf den Feldern und das Insektensterben verantwortlich. Ihr Ziel ist es, keine weitere Verlängerung der Zulassung in der EU nach 2022 zu erreichen. Bereits 2015 erklärte die "Internationale Agentur für Krebsforschung" (IARC) der WHO zudem, dass Glyphosat mit sehr hoher Wahrscheinlich Krebs verursache. Wer gerne ein Bier trinkt, sollte sich an dieser Stelle die Testergebnisse des Umweltinstituts München vom 27. Juni 2018 zu Gemüte führen, um über den Glyphosatanteil in deutschem Bier informiert zu sein:

Hasseröder Pils	29,74 μg/l (ppb)
Jever Pils	23,04 μg/l
Warsteiner Pils	20,73 μg/l
Radeberger Pilsner	12,01 μg/l
Veltins Pilsener	5,78 μg/l
Oettinger Pils	3,86 μg/l
König Pilsener	3,35 μg/l
Krombacher Pils	2,99 μg/l
Erdinger Weißbier	2,92 μg/l
Paulaner Weißbier	0,66 μg/l
Bitburger Pils	0,55 μg/l
Beck's Pils	0,50 μg/l
Franziskaner Weißbier	0,49 μg/l
Augustiner Helles	0,46 μg/l

Obwohl am 10. August 2018 das San Francisco Superior Court ein Meilensteinurteil zugunsten von Dewayne Johnson erließ und dem Afroamerikaner einen Schadensersatz in Höhe von 289 Millionen US-Dollar zusprach, hat die Bayer AG dennoch die Monsanto-Transaktion vollendet. War dieser "Deal" möglicherweise politisch motiviert, um die deutsche Wirtschaft nachhaltig zu beeinflussen?

Keine Geschenke?

Die neuen Philanthropen, wie sich die Milliardäre des 21. Jahrhunderts heute nennen, schaffen mit ihren Stiftungen, unter Umgehung demokratischer Entscheidungsprozesse, immer wieder die Voraussetzungen für die Ausdehnung der Märkte transnationaler Konzerne. Unter dem Deckmantel der Armutsbekämpfung fördern sie die Entstehung einer neuen agrarischen Mittelschicht in Südamerika, Asien und Afrika, die bevorzugte Voraussetzungen für die Entfaltung der vermeintlichen Entwicklungshelfer bieten. Der Rothschild-Clan stieg dazu im Mai 2012 extra bei der Vermögensverwaltung der US-amerikanischen Rockefeller-Familie ein. Den Deal fädelten die Patriarchen der Familien David Rockefeller Sr. und Lord Jacob Rothschild ein, wonach die RIT Capital Partners einen Anteil von 37 Prozent der Rockefeller-Gruppe kaufte. Am 13. Februar 2013 konnten die alten Haudegen schließlich Bill Gates davon begeistern, 500.000 Monsanto-Aktien zu erwerben, um bei dem Projekt "Grüne Revolution 2.0" einzusteigen. Bill Gates ließ über den Zweck seiner Stiftung noch am 4. Mai 2020 verlautbaren: "Wir glauben daran, dass jeder Mensch ein gesundes und produktives Leben führen soll." Doch wie vereinbart sich diese Philosophie mit dem Besitz von Monsanto-Aktien?

Menschen möchten weder Krieg noch GVO-Nahrung.

Gates ist selbstverständlich auch an Lockheed Martin, Boeing, BAE Systems, Northrop Grumman, General Dynamics, Airbus und Thales Group beteiligt, die alle wahrlich keine menschenfreundlichen Dinge produzieren, sondern zu den Top-10 der Waffenproduzenten der Welt zählen, die damit Menschen eben nicht am Leben lassen!

Und das Gleiche trifft auch auf den Pharmariesen zu: Es waren Wissenschaftler bei Monsanto, die 1982 als erste gentechnische Veränderungen mit Pflanzenzellen vornahmen. Den ersten Patentantrag für ein gentechnisch verändertes Lebewesen stellte Monsanto 1983 auf eine vom Konzern entwickelte Petunie. Nur vier Jahre später führte Monsanto in den USA dann erstmals ganze Feldversuche mit gentechnisch veränderten Pflanzen durch. Schließlich kam 1994 das erste biotechnologisch erzeugte Produkt unter dem Markennamen "Posilac" auf den Markt. Es handelte sich um "Recombinant Bovine Somatotropin" (rBST), was ein Wachstumshormon zur Steigerung der Milchleistung von Rindern war.

Egoistisch gehandelt?

Später hat Monsanto das Schweinegenom kartographiert und behauptet, alle Ferkel der Welt gehörten als geistiges Eigentum dem Unternehmen; die Bauern in 160 Ländern sollten für jedes Ferkel ein Entgelt bezahlen. Dank Monsanto sind in den USA inzwischen bereits über 90 Prozent der Lebensmittel gentechnisch veränderte Organismenprodukte (GVO).

Eine unabhängige wissenschaftliche Studie des französischen Molekularbiologen Professor Gilles-Éric Séralini von der Universität Caen mit etwa 200 Laborratten zeigte, dass das mit Herbizid behandelte und an die Ratten verabreichte Futter MON89034-Mais Krebsgeschwulste, Unfruchtbarkeit, Organschäden sowie eine höhere Sterberate bei den Tieren förderte. Dennoch hat die EU-EFSA (Europäische Behörde für Lebensmittelsicherheit) Monsantos importierte GVO für das Vieh und den MON89034-Mais für den menschlichen Verzehr in Europa zugelassen. Zuvor durchgeführte Tests an MON89034-Mais bestätigten zudem, dass der Verzehr des GVO-Mais Blasensteine und Nierenkrankheiten bei Menschen verursacht. Viele EU-Mitgliedstaaten haben bislang ohne Erfolg dagegen protestiert, auch wenn die Monsanto-Sprecherin Ursula Lüttmer-Ouazane erklärte, dass aufgrund der Ablehnung keine Anträge mehr für den Anbau von gentechnischen Produkten in Europa gestellt werden, was selbstverständlich nicht stimmt! Professor Séralini musste ein Jahr später auf Druck der Politik sogar seine Studienergebnisse offiziell zurückziehen.

Noch viel schlimmer ist, dass Monsanto durch die Unterstützung von Bill Clinton, den sie finanzierten und als US-Präsident aufgebaut haben, in den USA GVO-Produkte nicht mehr ettikettieren muss! Hinzu kommt die Saat der vielen hybriden GVO-Produkte, die nicht reproduzierbar sind und von den Bauern jedes Jahr bei Monsanto neu gekauft werden müssen. Durch Barak Obamas "Monsanto-Schutzgesetz" von 2013 kann nicht einmal die US-Regierung den Verkauf, die Anpflanzung, die Ernte oder den Vertrieb von gentechnisch verändertem Saatgut stoppen, selbst wenn es mit "Krankheit oder Umweltproblemen" zusammenhängt!

Unheiliges Syndikat?

Das "unheilige Syndikat" Rothschild-Rockefeller-Gates behauptet zwar mit der "Grünen Revolution 2.0", dass sie die afrikanischen Kleinbauern aus der Armutsfalle ziehen wollen, doch gerade diese profitieren gar nicht davon! Die eigentlichen Nutznießer des neuen landwirtschaftlichen Booms sind – wie Untersuchungen in Kenia und Sambia zeigten – immer nur reiche Städter, die in der Mehrzahl Regierungsangestellte sind, die sich in die Landwirtschaft einkaufen.

Als bei der "Grünen Revolution 1.0" 2008 die Weltmarktpreise für Lebensmittel explodierten und in über vierzig Ländern sogenannte "Brotrevolten" ausbrachen, resultierte dies aus dem Ergebnis der Monsanto-Unternehmenspolitik. Das Bemerkenswerte daran ist, dass die Preise stiegen, obwohl die Welternte bei den wichtigsten Grundnahrungsmitteln wie Reis, Weizen und Mais völlig normal ausfiel!

Grüne Revolution 2.0

Sogar die Vereinten Nationen (UN) geben zu, dass GVO den Hunger nicht genauso wirksam bekämpfen könne wie die traditionelle Landwirtschaft, sondern tatsächlich viel weniger Ertrag einbringe. Unter der Leitung einer Organisation namens IAASTD (International Assessment of Agricultural Knowledge, Wissenschaft und Technologie für Entwicklung) stimmte ein Team von 900 Wissenschaftlern und Forschern dem ebenfalls zu: dass GVO-Pflanzen keine Antwort auf den Hunger in der Welt sind.

Mit der "Allianz für eine Grüne Revolution in Afrika" (AGRA) schmiedeten Jacob Rothschild, David Rockefeller Sr. und Bill Gates also keine Hilfsorganisation, sondern eine "Nahrung-als-Waffe-Doktrin" in Form von "trojanischen Pferden" für einen "Krieg gegen die Menschheit". Insbesondere verfolgen sie dabei das US-amerikanische "National Security Memorandum (NSSM) 200" Henry Kissingers vom 10. Dezember 1974. Die grundlegende These des Memorandums lautet, dass das Bevölkerungswachstum in den am wenigsten entwickelten Ländern (LDCs) ein Problem für die nationale Sicherheit der USA darstellt. Diese Bedrohung wird mit GOV-Nahrung, unnützen Medikamenten und lebenseinschränkenden Impfungen, die alle Hand in Hand gehen, zugunsten der USA bekämpft. Die "gezielte Philanthropie", die unter ihrem humanitären Deckmantel und durch die "Schaffung von Stiftungen" einen großen Einfluss auf Medizin, Bildung und wissenschaftliche Forschung hat, dient dabei nur als "Werkzeug des Bösen"!

Kapitel 7

SCHLEICHEND ENTEIGNET

Die Bundesregierung plant – nach den Worten von Kanzlerin Angela Merkel vom 13. Mai 2020 – zur Finanzierung der Coronakrise angeblich keine Steuererhöhungen. "Stand heute sind keinerlei Erhöhungen von Abgaben und Steuern geplant", sagte sie in der Regierungsbefragung im Bundestag. Ob es zu einem späteren Zeitpunkt doch noch Erhöhungen gibt, könne

Abb. 94

Hat Angela Merkel gelogen?

sie noch nicht sagen – "sonst wären wir ja 'Zukunftsvorherseher', und das maße ich mir nicht an", sagte sie. "Vergangenheitsforscherin" würde an dieser Stelle besser für die Kanzlerin passen, wie wir noch sehen werden!

Warum eine Finanzierung der Coronakrise überhaupt thematisiert wird, bleibt schleierhaft: Bundesverteidigungsministerin Annegret Kramp-Karrenbauer hat mitten in der Coronakrise im Frühjahr 2020 stolz einen Milliardendeal mit dem Geld der Solidargemeinschaft verkündet, für den weder die Bevölkerung noch der Bundesrat einbezogen worden ist. Immerhin geht es um unser aller Geld! Bei dem "Deal" geht es um den Kauf von 30 amerikanischen Kampfflugzeugen vom Typ

F-18 "Superhornet", die im Ernstfall die auf dem Luftwaffen-
stützpunkt Büchel gelagerten US-Atomwaffen tragen könnten.
Daneben sei die Anschaffung von 15 Düsenjets vom Typ F-18
"Growler" für die elektronische Kampfführung geplant. Stück-
preise zwischen 150-200 Millionen Euro und eine Gesamtbe-
stellung über 9 Milliarden Euro. Hinzu kommen noch Milliarden an Euro für die Bereitstellung von US-Atombombern,
die verpulvert werden.

Sparen hilft?

Man brauchte nur diesen unsinnigen Auftrag (9 Milliarden)
sowie andere sinnlose Ausgaben wie die Milliarden-Bestellung
von Jens Spahn für Impfampullen zu stornieren und hätte
mehr als einen Überschuss, um die Pandemie zu finanzieren.
Obwohl die Kanzlerin am 13. Mai "keine zu erwartenden Steuererhöhungen" verkündete, wusste sie aber offenbar schon
längst, dass das Coronavirus für die Politik der Bundesregierung
in Zukunft immer "bizarrere Blüten" treiben sollte. Eine Co-
ronapandemie-"Vermögensabgabe" für die deutsche Bevölkerung bestätigte sich nämlich bereits am 9. April 2020. Mitten
in der Phase, als alle Bundesbürger total in ihrer Bewegungsfreiheit eingeschränkt waren und die Wirtschaft beinahe stillstand, hatte Bundesfinanzminister Olaf Scholz nichts Besseres
zu tun, als unter dem Aktenzeichen WD 4 – 3000 – 041/20 ein
Gutachten mit dem Titel "Verfassungsmäßigkeit einer Vermögensabgabe zur Bekämpfung der wirtschaftlichen Folgen der
Coronapandemie" zu erstellen. Darin heißt es: "Die Vermögensabgabe wird im Grundgesetz (GG) in Art.106 Abs.1 Nr. 5
ausdrücklich als Steuer aufgezählt. Eine Legaldefinition des
Begriffs Steuern enthält § 3 Abgabenordnung (AO). Dort
heißt es 'Geldleistungen, die nicht eine Gegenleistung für eine

besondere Leistung darstellen und von einem öffentlich-rechtlichen Gemeinwesen zur Erzielung von Einnahmen allen auferlegt werden, bei denen der Tatbestand zutrifft, an den das Gesetz die Leistungspflicht knüpft'. Die Vermögensabgabe ist allerdings streng von der in Art. 106 Abs. 2 Nr. 1 GG geregelten Vermögenssteuer zu trennen. Entscheidendes Abgrenzungskriterium ist, dass sie einmalig in dem Sinne sein muss, dass sie nur anlassbezogen und nicht dauerhaft wie die Vermögensteuer erhoben werden darf. [...] Dadurch, dass die Vermögensabgabe im Grundgesetz in Art. 106 Abs. 1 Nr. 5 ausdrücklich normiert wurde, ist sie grundsätzlich zulässig." Eine schöne Bescherung! Hat die Kanzlerin vor lauter Zukunftsvorseherei am 13. Mai 2020 vorsätzlich gelogen?

Man hat sich schon die ganze Zeit gefragt, woher denn das ganze Geld kommen soll, dass die Politiker im Zuge des Coronavirus wie Sauerbier angeboten haben. Alles nichts als eine Luftnummer! Auch wenn die Höhe der Abgaben am 9. April 2020 noch nicht festgelegt war, soll die Coronapandemie jetzt auch noch zur beschleunigten Abschaffung des Bargelds beitragen. In einem Papier des Internationalen Währungsfonds (IWF) ist nämlich zu lesen, dass der Staat sehr viele Argumente benötigen würde, um den Bürgern das Bargeld abzugewöhnen. Dazu zählt insbesondere die "Verschmutzung" von Bargeld, die allerdings als Argument bislang kaum wahrgenommen wurde. Nun ist allerdings die für jedermann nachvollziehbare Kontaminierung von Bargeld hinzugekommen, die bei dem Ziel helfen soll.

Kein Bargeld?

In den letzten Wochen und Monaten waren insbesondere in den Supermärkten die sich wiederholenden Ansagen auffällig, worin jedem bargeldlos zahlenden Kunden mehrmals über die Mikrofonansprache gedankt wurde: Bargeld würde stets von Hand zu Hand weitergereicht und sei somit automatisch ein Träger zahlreicher Erreger, hieß es in den Sprachberieselungen. Und weil Bargeld so schmutzanfällig sei, "wäre es vorteilhafter, das Bargeld nach und nach abzuschaffen", meinen Politiker. Nach einer Initiative von Königin Maxima kam die Niederländische Zentralbank DNB in einer 2019 erfolgten Studie sogar zu dem Ergebnis, dass "Barzahlungen" 21 Prozent mehr CO_2-Ausstoß verursachen würden als Transaktionen mit EC- und Kreditkarten. Die negative Umweltbilanz des Bargelds sei vor allem auf die Produktion von Münzen und den Betrieb von Geldautomaten zurückzuführen. Wenn man die Bankautomaten um 25 Prozent reduziere, stoße man acht Prozent weniger CO_2 aus, heißt es in dem 30-seitigen Papier. Demgegenüber hatte die Deutsche Bundesbank jedoch erst im Februar 2019 noch offiziell bestätigt, dass Zahlungen mit Bargeld umweltfreundlicher, schneller und sogar preiswerter seien als Kartenzahlungen. Doch zu offensichtlich sind viele Versuche, Bargeld tatsächlich verstärkt aus dem Verkehr zu ziehen.

Im Zuge der Bargeldabschaffung ist seit dem 1. Januar 2020 – beinahe von jedem unbemerkt – in Deutschland eine Bargeldobergrenze von EUR 2.000,- für den anonymen Kauf von Edelmetallen (Gold, Silber, Platin etc.) gesetzlich in Kraft getreten. Edelmetallkäufe über EUR 2.000,- müssen ab jetzt vom Händler unter Vorlage des Ausweises des Käufers registriert werden. Was steckt tatsächlich hinter den Plänen eines Bargeldverbots?

Es existiert eine Interessengemeinschaft namens "Better Than Cash Alliance", die bereits 75 Mitglieder hat und sich für die Digitalisierung von Zahlungen einsetzt. Dazu gehören nationale Regierungen aus Afrika, dem asiatisch-pazifischen

Raum und Lateinamerika, globale Marken aus den Bereichen Landwirtschaft, Bekleidung und schnelllebige Konsumgüter, UN-Organisationen und humanitäre NGOs, die alle von der Bill & Melinda Gates Foundation angeführt werden.

Kaufbegrenzung für Goldbarren

Mitglieder in dieser Allianz sind natürlich auch Visa sowie Mastercard, PayPal etc., und auch die amerikanische Behörde "United States Agency for International Development" (USAID) ist selbstverständlich in die Pläne involviert. 2015 hatte Bill Gates der US-Regierung als Patriot nämlich folgende Empfehlung ausgesprochen: "Wenn Finanzströme in ein digitales System fließen, mit dem die USA nicht verbunden sind, wird es viel schwieriger, die Transaktionen zu finden, die Sie kennen oder blockieren möchten."

200 Akteure?

Überdies soll dann Microsoft das bargeldlose System für jeden nutzbar machen. Dafür hat das Unternehmen Microsoft Technology Ende 2018 die erforderlichen technischen Voraussetzungen geschaffen und am 20. Juni 2019 darauf unter der Nummer: PCT/US2019/038084 ein internationales Patent angemeldet.

Doch was steckt wirklich hinter den konspirativ anmutenden Plänen?

Tatsächlich wird der Neokapitalismus des Weltfinanzwesens nur von etwa 200 Akteuren beherrscht, wo Vermögensverwalter, Fondsmanager, Scheichs, Oligarchen und Familiendynastien spekulieren und investieren, wobei sie ein Vermögen von 51.000.000.000.000 US-Dollar hin- und herschieben. Dem gegenüber bestehen auf der Welt insgesamt 188.000.000.000.000 US-Dollar ungedeckte Realschulden, die durch zusätzliche Investitionsverschuldungen (ungedeckte Darlehensvergaben) in Form von Giralgeldern (GeistGeld/GhostMoney) viermal so hoch liegen. Das sind "künstlich" erzeugte Geldschöpfungswerte aus dem "Nichts", die entweder bei der Kreditvergabe oder beim Ankauf von Vermögenswerten erst entstehen. Sie gehen zur Bank und fragen nach einem Kredit in Höhe von 100.000,- EUR. Bis zur Bewilligung der Kreditvergabe quält Sie dann die Bank und verlangt von Ihnen die unmöglichsten Auskünfte über Ihre persönliche Situation. Dabei tun die Banken meistens dann so, als ob sie ihr Sparschwein nur wegen Ihnen zerschlagen müssten. Die Realität sieht allerdings so aus, dass die Bank in Wahrheit gar keine 100.000,- EUR besitzt, sondern nur 1.000,- EUR. Das ist der eine Prozent-Besicherungsanteil, den die Bank bei der Kreditvergabe von 100.000,- EUR gegenüber der Zentralbank aufbringen muss.

Erst mit dem Abschluss des Kreditvertrages werden dann die 100.000,- EUR wie von Zauberhand aus dem "leeren schwarzen Hut" als "Buchgeld" erzeugt. Mit einem Aufwand von nur 1.000,- EUR erscheint in der Bilanzsumme der Bank nun ein Umsatz von 100.000,- EUR, der wie das Coronavirus "synthetisch" erzeugt worden ist. Sie bekommen die 100.000,- EUR auch tatsächlich ausgezahlt, aber in Wirklichkeit hatte die Bank gar keine 100.000,- EUR in dem Sparschwein, sondern wurde nur mit "GhoastMoney" von der Zentralbank bedient. Kurioserweise hatte die Zentralbank aber ebenfalls keine 100.000,- EUR, um es der Bank für ihren Kredit zu geben, allerdings verwaltet sie das Buchgeld, das selbstverständlich wiederum nur aus "Nichts" besteht. Auch Bargeld gelangt also nur in den öffentlichen Umlauf, wenn das Buchgeld zuerst von Kunden einer Geschäftsbank am Schalter oder Geldautomaten abgehoben wird. Wie kann man aus "Nichts" aber "Werte" schöpfen?

100 Äpfel?

Der gesamte Geldbestand der Weltwirtschaft beruht heute lediglich auf der Basis von "Vertrauen" auf die zu erwartende Wirtschaftsbilanz eines jeden Landes – ohne tatsächliche Wertschöpfung aus einem Warenbestand. Es ist also nicht so, dass die Banken wie ein Marktverkäufer 100 Äpfel aus einer Kiste heraus gewinnbringend verkaufen und, wenn diese ausverkauft sind, auf die nächste Ernte mit all ihren Hürden (einpflanzen, Erntezeit abwarten, pflücken, in Kisten packen, Warenbestand auf dem Markt abverkaufen) warten müssen. Sondern zu den 100 Äpfeln aus dem "Nichts" erzeugen sie einfach 9.900 Fantasieäpfel, die man im realen Leben aber leider nicht essen könnte, weil sie in der Wirklichkeit gar nicht vorhanden sind. Wir vertrauen darauf, dass es die Äpfel im nächsten Jahr erneut geben wird und möglicherweise einen weiteren Äpfel tragenden Baum, wodurch der Ernteertrag gesteigert werden könnte. Selbst einen Wurmbefall, mangelnden Regen oder andere unvorhergesehene Störungen kalkulieren wir selbstverständlich ein, aber dennoch bleibt das System nicht ohne Risiko. Im Grunde sind das erkrankte Finanzsystem und die Weltwirtschaft global ebenso "pandemisch" wie das Coronavirus. Die Welt einschließlich der Gesamtbevölkerung ist eigentlich längst "pleite" und lebt seit Jahren in einer Fantasiewelt und auf "Pump". Nur sagt einem das keiner!

Weil aus dieser undurchsichtigen Situation heraus Bargeld zu einer "Waffe" geworden ist, wollen alle "Schwerbewaffneten"

Abb. 96

Bargeld als Waffe

ihre Interessen schützen und mit dem Bargeldverbot den Bürger entwaffnen! In einer bargeldlosen Welt gäbe es dann, wie ich schon im Vorwort gesagt habe, zum Beispiel keine Untergrenze mehr für den Zins, so dass "die Elite" ihre Konjunkturschwächen und falschen Entscheidungen in der Politik jederzeit mit Minuszinsen ausgleichen könnte. Ohne Bargeld bestimmt nur noch "die Elite", was mit dem Vermögen der Bevölkerung geschieht, ob es vielleicht sanktioniert wird und wie es tatsächlich "in Zukunft genutzt werden darf". Allein aus diesem Grund müssen dann neben Bargeld auch Gold und die "freien" Kryptowährungen abgeschafft werden. Ein erster Schritt ist schon die Bargeldobergrenze beim Goldkauf!

Wiederholte Geschichte?

Doch offiziell möchte die "Better Than Cash Alliance" damit nur die Welt retten und sie noch lebensfreundlicher machen – und genau dafür müssen die meisten aus Buschstämmen bestehenden und zu 85 Prozent vom Tauschhandel lebenden Afrikaner in Zukunft statt mit Naturalien oder Bargeld natürlich unbedingt mit Plastikkarten zahlen.

Wirtschaftswissenschaft ist jedoch kein großer Wissenschaftsbereich, sondern verfügt gerade einmal über zwei verschiedene Theorien und Denkrichtungen, die im Großteil ihrer gemeinsamen Themen fast immer einer anderen Meinung sind! Es gibt den "Keynesianismus", der mit Abstand größten Denkrichtung, welche weltweit von nahezu allen Politikern und Zentralbankern als Wahrheit akzeptiert und an den Universitäten gelehrt wird, und die Alternative der "Österreichischen Schule der Nationalökonomie".

Abb. 97

Werbung 1926-27 für Wohlstand

Nachdem die Weimarer Republik (1918-1933) als Erbe des Kaiserreichs weder die übernommene Staatsverschuldung noch die Reparationsproblematik zu lösen vermochte und während der "Großen Inflation" die Vernichtung der Ersparnisse der staatstragenden Mittelschichten zugelassen hat, stand sie 1923 vor dem Zerfall. Es waren dann die USA, die mit dem "Dawes-Plan" und der "Dawes-Anleihe" zur Stabilisierung Deutschlands beitrugen, womit die Goldenen Zwanziger Jahre eingeleitet wurden. Deutschland lebte nun auf "Pump", doch das neue weltwirtschaftliche Gewicht der USA zeigte sich schon damals – über Deutschland und Europa hinaus. Denn die Auswirkungen des Ersten Weltkriegs stellten nicht nur Staatshaushalte und Finanzierungssysteme vieler Länder vor große Probleme, sondern führten auch zu langfristig veränderten Konstellationen in den internationalen Finanzbeziehungen. Mit Ausnahme der USA hatten sich alle kriegführenden Staaten enorm verschuldet. Damit saßen auch die Siegermächte Großbritannien und Frankreich auf hohen Schuldenbergen, die gegenüber den Vereinigten Staaten abzutragen blieben, da diese selbstverständlich auf Rückzahlung bestanden.

Die Auslandsanleihen der USA in den Jahren 1924 bis 1929 überstiegen diejenigen der Vorkriegswelt- und Vorkriegswirtschaftsmacht Großbritannien annähernd um das Doppelte. Die Märkte in Asien und Südamerika, die vor 1914 von europäischen Produzenten dominiert worden waren, standen nun hauptsächlich unter dem Einfluss der USA. Ab Juni 1929 war die realwirtschaftliche industrielle Entwicklung in den USA dann rückläufig: Die Stahlproduktion sank genauso wie auch die Frachtraten der Bahn zurückgingen. Der Wohnungsbau brach ebenfalls ein, und am 29. Oktober crashte die New Yorker Börse, die bis dahin ungebremst anwachsende Spekulationsblase der USA. Damit war die Weltwirtschaftskrise geboren – dank den USA.

Weltkrise Corona?

Der Brite John Maynard Keynes (1883-1946) zählt zu den bedeutendsten Ökonomen des 20. Jahrhunderts und ist Namensgeber des "Keynesianismus", der noch heute Einfluss auf viele ökonomische und politische Theorien hat. In seiner umfangreichen Arbeit "A Treatise in Probability" von 1921 veröffentlichte Keynes nach dem Ersten Weltkrieg seine mathematisch-ökonomische Wahrscheinlichkeitstheorie für die wirtschaftliche Ausrichtung der Zukunft. Den Goldstandard bezeichnete Keynes 1923 als "barbarisches Relikt" und befürchtete, dass eine Rückkehr zum Goldstandard in allen Ländern Konjunktur und Arbeitsplätze gefährden würde. Im Gegensatz zu den Klassikern war Keynes überzeugt, dass eine Deflationspolitik der Notenbanken die Preise und Löhne nicht automatisch senke, sondern eher eine hohe Arbeitslosigkeit verursachen werde. Daher sei knappes Geld zwar sinnvoll zur Beendigung eines Booms, dürfe allerdings dann nicht dafür benutzt werden, um eine deflationäre Depression zu verschärfen. Zum Beispiel sah Keynes die Weltwirtschaftskrise von 1929 bis 1939 als eine Folge der falschen makroökonomischen Steuerung auf globaler Ebene. "Es war nicht ein Versagen oder grundsätzlicher Fehler der marktwirtschaftlichen Ord-

nung", schreibt er 1931 in seinem Vorwort "Essays in Persuasion". Wem spielt
die aktuelle Pandemie also tatsächlich in
die Karten?

Der Arzt und US-Politiker Ron Paul
sagte zum Bargeldverbot: "Die bargeldlose Gesellschaft ist nur der Traum des
IRS [US-Bundessteuerbehörde "Internal
Revenue Service"] über die totale Kenntnis und Kontrolle über die Finanzen jedes einzelnen Amerikaners." Die IT-Un-
ternehmen wollen dabei die Daten, die

Abb. 98

Weltwirtschaftskrise
1929-39

mit der Digitalisierung von Bargeld einhergehen, und die US-
Regierung will die Überwachungs- und Sanktionsmacht, die
mit der Digitalisierung von Zahlungen einhergeht. Die anderen
Mitgliedsländer, die zusammenarbeiten, mögen insbesondere
auch den Aspekt, mehr Überwachungsmacht über ihre Bevölkerung zu erlangen. Sobald sich freiwillige Einschränkungen
erst einmal durchsetzen, kann es recht schnell gehen: Bargeld
im Kampf gegen das Coronavirus zum Feind erklären, als Träger von Erregern. Fortan muss man diesen Verdacht nur
immer weiter schüren. – Gerade in Deutschland, bei einem
der wohl reinlichsten und wie es heißt "ängstlichsten" Länder
der Welt, wird das Bargeld allerdings nach den Untersuchungen
der IWF noch viel zu gerne genutzt.

Obwohl der "Keynesianismus" beinahe universell gelehrt
wird, ist er im Grunde falsch, weil die Predigten seiner Anhän-
gerschaft auf einer Fehlannahme basieren: Sie denken, dass die
Ursache für Wohlstand der Konsum ist. Nur deshalb schnüren
Politiker die ungeheuerlichsten Konjunkturpakete und verschulden die Staatshaushalte gleich auf mehrere Generationen
hinweg, wohlwissend dass die Schuldenberge niemals abgetragen

werden können. Das trifft auch für das 130-Milliarden-Euro-Konjunkturpaket der Bundesregierung vom 4. Juni 2020 zu. Mit der Senkung des Mehrwertsteuersatzes vom 1. Juli bis zum 31. Dezember 2020 von 19 auf 16 Prozent bzw. von sieben auf fünf Prozent entsteht sogar ein weiteres 20-Milliarden-Euro-Loch im Staatshaushalt. Doch man folgt mit diesen Entscheidungen dem "Keynesianismus". In seinem Buch "Allgemeine Theorie der Beschäftigung, des Zinses und des Geldes" war John M. Keynes 1936 davon überzeugt, dass der Staat einer Rezession nur mit erhöhten Staatsausgaben zu Lasten einer temporären Staatsverschuldung begegnen müsse. Erst dadurch würde eine Konjunkturbelebung eine Defizitfinanzierung bewirken können.

Geld ohne Ende?

Darauf stützt sich auch die "Wiederaufbaufinanzierung" gegen den Coronavirus mit 750 Milliarden Euro, die der französische Präsident Emanuele Macron und Angela Merkel gemeinsam schon am 18. Mai 2020 für Europa geschnürt hatten. Mit dem Geld soll insbesondere die Digitalisierung auf dem Finanzsektor, im Gesundheitswesen und der "Green Deal" gegen existenzielle Bedrohungen aus dem Klimawandel und Umweltzerstörungen für Europa finanziert werden. Die Coronapandemie sei "die schwerste Krise, der die EU in ihrer Geschichte ausgesetzt war", sagte Merkel. Macron sprach von einer Krise "ungeheuren Ausmaßes". Diese erfordere eine "außergewöhnliche, einmalige Kraftanstrengung", so Merkel. Dazu seien Deutschland und Frankreich bereit. Tatsächlich werden zur Finanzierung des Geldes alle Mitgliedstaaten eingebunden, so dass sie in Wahrheit "gemeinsame Schulden" über die EU-Kommission aufnehmen. Ein Novum!

Was verbirgt sich hinter dieser Geberlaune tatsächlich?

Geraten im Staatshaushalt die Staatseinnahmen und Staatsausgaben in ein Ungleichgewicht und führen zu einem Haushaltsdefizit, so kann dieses nur durch die Kreditaufnahme (etwa über Staatsanleihen) ausgeglichen werden, wenn entsprechende Kürzungen der Staatsausgaben kurzfristig nicht möglich und Steigerungen der Staatseinnahmen kurzfristig nicht zu erwarten sind. Anders als bei den übrigen Anleiheschuldnern wird die Bonität von Staatsanleihen nicht durch Jahresabschlüsse gemessen, sondern durch den Staatshaushalt und das zugehörige Länderrisiko. Während alle übrigen Anleiheschuldner aufgrund gesetzlicher Bestimmungen insolvenzfähig sind, gibt es für Staaten zwar keine Insolvenzvorschriften, wohl aber die Möglichkeit eines Moratoriums oder Staatsbankrotts, von denen insbesondere Staatsanleihen betroffen sind. In Kontinentaleuropa werden sie als Inhaberpapiere ("bearer bonds") ausgegeben, wo hingegen der angloamerikanische Rechtsraum Schuldverschreibungen ("registered bonds") bevorzugt, bei denen jeder Gläubiger namentlich in einem Gläubigerverzeichnis geführt wird. Dabei sichert die "Paripassu-Klausel" den Anleihegläubigern absolute Gleichrangigkeit ihrer Forderungen zu. Damit sitzen alle in einem Boot und werden auch der Richtungsvorgabe der Leitländer folgen müssen.

EZB & IWF?

Das fing schon damit an, als die Europäische Zentralbank (EZB) seit März 2015 EU-Staatsanleihen in hohem Umfang aufkaufte. Dieser umstrittene Ankauf von EU-Staatsanleihen durch die EZB auf dem Sekundärmarkt sollte vordergründig der Gefahr einer Deflation vorbeugen, hat jedoch inzwischen

Abb. 99

Macron und Merkel befürworten die Abschaffung von Bargeld.

eine nicht erwünschte Staatsfinanzierung durch die Zentralbank zur Folge. Das tatsächliche Ziel der EZB ist eigentlich die Stabilisierung von riskanten Staatsanleihen und der Finanzmärkte, eine direkte Staatsfinanzierung auf dem Primärmarkt ist ihr nach Art.123 Abs. 1 AEUV (Arbeitsweise der Europäischen Union Vertrag) verboten!

Innerhalb dieser Misspolitik haben die Währungshüter in der EZB bereits 2016 beschlossen, den 500-Euro-Schein aus dem Verkehr zu ziehen, um angeblich Kriminalität, Terrorfinanzierung und Schwarzarbeit zu erschweren. Tatsächlich legte ein Text des IWF 2020 offen, worum es beim "Kreuzzug gegen das Bargeld" in Wirklichkeit geht: das Tor in eine Welt von Minuszinsen aufzustoßen! In dieser schönen bargeldlosen Welt gibt es keine Untergrenze mehr für den Zins. Eine Zentralbank kann dort den Leitzins beliebig senken, um einer schweren Rezession entgegenzuwirken, und "ohne Bargeld müssten die Menschen den negativen Zinssatz zahlen, um ihr Geld von der Bank verwahren zu lassen", schreibt der IWF-Text. Denn ist der einzige "Fluchtweg in das Bargeld" dem Sparer erst einmal verbaut, kann er sein Bankkonto nicht mehr einfach leer räumen und das Geld unters Kopfkissen, ins Schließfach oder den hauseigenen Tresor packen. Entweder muss man tatenlos zusehen, wie sich die Ersparnisse auf der Bank jedes Jahr in Luft auflösen, oder man "verprasst" seine Rücklagen für sinnlose Anschaffungen. Beinahe aus dem Nichts entstünde so ein riesiges Konjunkturprogramm, das nicht mehr vom Staat finanziert würde, sondern direkt von den Bürgern. Allerdings entsteht

Wohlstand nicht durch Konsum, sondern durch Produktion. Der Konsum ist lediglich die Folge von Wohlstand. Deshalb sorgt die Maßnahme, den Konsum zu erhöhen, nicht unbedingt dafür, uns wohlhabender zu machen und sie lindert auch keine Krisen. Ganz im Gegenteil!

Konsum Wohlstand?

Eine Gesellschaft wird nur dann reicher, wenn mehr geschaffen wird: Je mehr Produkte und Dienstleistungen entstehen, desto stärker fällt der Preis dieser Güter und Leistungen, was dazu führt, dass sich immer mehr Menschen diese Dinge leisten können. Erst dadurch steigt der Lebensstandard! Die Produktion von Gütern, mit gleichzeitigem Ausbau von Dienstleistern, erzeugt also erst den Wohlstand – der Konsum ist nur die Folge davon!

Wäre der Konsum tatsächlich die Ursache für Wohlstand, dann wäre eine Hyperinflation der größtmögliche Segen für die Wirtschaft. Denn während einer Hyperinflation spart niemand mehr, und gleichzeitig erreicht der wirtschaftliche Konsum sein Maximum, weil jeder Mensch das Geld sofort loswerden will, da es rapide im Wert fällt. Die Wahrheit ist jedoch, dass eine Hyperinflation die Zerstörung und Verarmung jeder Gesellschaft bedeutet, was belegt, dass Wohlstand eben nicht erst aus Konsum resultiert!

Noch ist in einem Land wie Deutschland, wo sich das Bargeld größter Beliebtheit erfreut, ein Verbot von Scheinen und Münzen ohne Widerstände kaum vorstellbar. Laut einer Umfrage von Bitkom Research in Berlin, sprechen sich drei von vier Deutschen "gegen" die Abschaffung des Bargelds aus. Kein Wunder angesichts von 5,5 Billionen Euro Vermögen, die aktuell auf deutschen Konten gehalten werden. Die Einführung von

Negativzinsen, gekoppelt mit einem Verbot, Barreserven zu halten, würde die Menschen hierzulande also besonders hart treffen. Der Aufschrei und die Empörung wären gewaltig. Aus diesem Grund haben sich die IWF-Experten etwas anderes einfallen lassen. Anstatt ein gesetzliches Verbot auszusprechen, wollen sie Bargeld in Zukunft wie eine eigene Währung behandeln.

Einerseits wird es einen Währungskurs für elektronisches Geld und andererseits einen Kurs für Bargeld geben. Zwischen "E-Geld" und "Bargeld" wird dann ein Wechselkurs eingeführt, nach dem umgetauscht wird. Diesen Kurs kann die jeweilige Zentralbank dann je nach Wunsch variabel gestalten. Sollten die Banker Negativzinsen erheben wollen, werteten sie die Barwährung gegenüber dem "E-Geld-Kurs" beliebig ab. Eine Finanzrepression durch die Hintertür wäre damit perfekt. Die auf uns zukommenden Schwierigkeiten erkennt man heute schon, wenn Sie Bargeldscheine in einer Bankfiliale nur kleiner wechseln möchten. Führen Sie kein Konto bei dieser Bank, verweigert man Ihnen diese Dienstleistung!

Entwertung Vermögen?

Eine Zweiklassengesellschaft ist die Folge, in der Bargeld und elektronisches Geld vollkommen unterschiedliche Werte bilden. Solche Maßnahmen funktionieren wiederum nur dann, wenn auch der ganze Handel mit einbezogen ist und Preise für Barzahler und Kartenzahler bietet. In einem Supermarkt wären dann an allen Regalen nicht nur zwei Preise ausgewiesen, sondern dieser vermeintliche Mehraufwand würde zudem auf die Verbraucher umgelegt. Der IWF hält dieses Szenario jedenfalls durchaus für umsetzbar. Die doppelte Bepreisung hätte nicht nur bei der Einführung des Euro sehr gut funktioniert, sondern würde auch heute in kleineren Reiseländern noch immer praktiziert, wenn man für Touristen Waren in Hart- und Heimatwährung auspreise.

Wolfgang Schäubles Mann fürs Grobe, Finanzstaatssekretär Michael Meister, warb noch Ende Februar 2020 für die Beschränkung des Bargeldeinsatzes mit den Worten: "Ich bin der Meinung, wir müssen etwas dagegen tun, dass

Abb. 100
Wolfgang Schäuble

Deutschland ein Hort von Kriminellen ist." Einige Tage zuvor hatte sich auch die SPD in einem Papier mit dem Titel "Bekämpfung von Geldwäsche und Terrorismusfinanzierung" gemeldet und eine Obergrenze für Bargeldzahlungen von 5.000 Euro gefordert. Doch in Wahrheit geht es den Koalierenden um etwas ganz anderes: einen wehrlosen Sparer in eine bargeldlose Gesellschaft zu zwingen, wo ihm Staat und Banken gegenüberstehen. Nur einige wenige Fakten reichen eigentlich schon aus, um zu erkennen, warum dies gerade jetzt so ungeheuer wichtig für die EZB und die Regierungen ist. Über das Bargeldverbot darf sich nämlich vor allem die Politik am meisten freuen, wenn sie unter dem Deckmantel der Bekämpfung von Kriminalität, Terror, Schwarzarbeit und anderen Szenarien auch trübe Konjunkturaussichten und Staatsverschuldungen elektronisch beeinflussen kann. Denn bereits Ende 2018 summierten sich die Schuldenstände von Staaten, Firmen und Privathaushalten rund um den Globus auf gewaltige 183 Billionen US-Dollar, was den höchsten Wert aller Zeiten darstellt. Während der Coronapandemie sind noch einmal mindestens fünf Billionen US-Dollar hinzugekommen. Insbesondere mussten sich viele Staaten kräftig verschulden, um die während der Pandemie heruntergefahrene Wirtschaft wiederzubeleben und entgangene Steuereinnahmen auszugleichen.

Schuldenuhr defekt?

Alle Hoffnung, die Schulden später durch höheres Wachstum, gepaart mit Rezession, Inflation und Sparmaßnahmen, abzubauen, ist allerdings nur eine Illusion, wie die letzten Jahrzehnte gezeigt haben. Wenn Sie auf die europäische Schuldenuhr mit einem Minus von etwa 11,5 Billionen Euro schauen, sind 24 von 27 Staaten rot gezeichnet, was gleichbedeutend ist mit "kein Schuldenabbau". Das Problem, das entsteht, wenn man versucht, mit Negativzinsen das System am Laufen zu halten, ist: Wer "Schulden entwertet", muss auch "Vermögen entwerten". Und ohne die Einschränkung der Bargeldnutzung ist das nahezu ausgeschlossen! "Um Minuszinsen durchzusetzen, reicht die Abwertung des Bargelds nicht aus", sagt Rahim Taghizadegan als Co-Autor des Buches "Die Nullzinsfalle". "Offenbar müsste es konsequent abgeschafft und verboten werden, ebenso wie Gold und Kryptowährungen."

Die langfristigen Folgen wären allerdings verheerend: Der Absolutismus führt zwangsläufig zu einer Spaltung der Wirtschaft wie zu besten DDR-Zeiten, als die D-Mark gegenüber der DDR-Mark in einem 1 zu 20 Wechselkurs getauscht wurde. Es entstünde bei Bargeldverbot also ein "weißer Markt" mit gesetzlich durchgesetzten offiziellen Wechselkursen und ein "schwarzer Markt" mit inoffiziellen, höheren Tauschkursen, weil sich der freie Markt schneller auf die Veränderungen einstellen würde. Erneut entstünde somit auch eine neue Schattenwirtschaft, in der das Bargeld durch seine Knappheit auf Zeit sogar an Kaufkraft gewinnen könnte gegenüber dem E-Geld. Ist es also wirklich alles nur ein Zufall, dass sich immer mehr Vertreter des Establishments gegen das Bargeld aussprechen? Wohl kaum!

Alles Zufall?

Bevor der Brite John Cryan am 8. April 2018 seinen Posten im Vorstand der Deutschen Bank mit sofortiger Wirkung (zum 30. April 2018) räumen musste und noch am selben Tag durch Christian Sewing ersetzt wurde, sagte er am 20. Januar 2016 voraus: "In zehn Jahren wird Bargeld mit hoher Wahrscheinlichkeit nicht mehr existieren." Es sei nicht nur "schrecklich ineffizient", sondern auch nicht mehr zeitgemäß, sagte Cyran, der wegen seiner "Unfähigkeit, einen Weg in eine profitable Zukunft einzuschlagen" entlassen wurde. Aber auch Peter Bofinger von der Universität Würzburg, der noch bis vor kurzem zu den Wirtschaftsweisen in Deutschland zählte, bemerkte im Mai 2015: "Bei den heutigen technischen Möglichkeiten sind Münzen und Geldscheine tatsächlich ein Anachronismus." Später forderte Bofinger von der Bundesregierung sogar, auf internationaler Ebene für die Abschaffung des Bargeldes zu werben. Ein Jahr vor Bofinger sagte es allerdings der amerikanische Ökonom Kenneth Rogoff bereits auf der Ifo-Instituts-Veranstaltung in München vom 18. November 2014 am deutlichsten: "Die Zentralbanken könnten auf diese Weise leichter Negativzinsen durchsetzen, um die Wirtschaft anzukurbeln."

Tatsächlich gehört zur Wahrheit auch, dass 28 Prozent der Weltwirtschaft derzeit bereits negative Leitzinsen der Notenbanken oder Strafzinsen für die Banken aufweisen, wenn sie ihr Geld bei einer Zentralbank parken. Das Bargeldverbot wird schon allein deshalb eingeführt, weil Politik und Zentralbanken die Menschen dringend dazu bewegen möchten, mehr Geld auszugeben, um daraus ihre Staatshaushalte zu sanieren. Dazu setzt die Europäische Zentralbank seit geraumer Zeit natürlich auf Negativzinsen, wodurch Geldsparen keinen Zinsertrag generiert, sondern "Geld, Geld kostet" und dadurch an Wert verliert. Sollte ein Bankinstitut in Zukunft Gelder einsparen

Die EZB druckt Geld nach Gutdünken.

wollen, werden die Anleger auf Knopfdruck und ungefragt einfach negativ verzinst. Umso tiefer der Negativzins fällt, desto eher müssen bald auch private Anlagevermögen auf Sparbüchern negativ verzinst werden. Der Kunde muss also neben den üblichen Kontoge-bühren zusätzlich noch Negativzinsen dafür bezahlen, ein Guthaben auf dem Konto zu besitzen.

Wirtschaft Spaltung?

Das alte Konzept von positiven Zinsen ist in den letzten Jahren mit der Entscheidung von Mario Draghi im Namen der EZB für Guthaben massiv künstlich runtergefahren worden. Dadurch erhalten Sie für Bankeinlagen oder Anleihen nahezu keine Zinsen mehr, da ohnehin zu viel Kapital auf dem Finanzmarkt vorhanden ist. Ohne rechtliche Grundlage belegen bereits jetzt immer mehr Banken fast unbemerkt bundesweit den Sparer mit Negativzinsen. Damit versuchen die Banken, die eigenen Kosten durch Negativzinsen auszugleichen – Kosten, die dafür anfallen, dass sie Geld bei der Europäischen Zentralbank parken. Dafür müssen Banken zurzeit einen Zinssatz von 0,5 Prozent zahlen. Es sind immerhin mindestens 38 Institute in Deutschland, die seit Jahresbeginn 2020 Strafzinsen erheben bei Privatkunden für Tagesgeldeinlagen ab 100.000 Euro (vor allem Volksbanken und Sparkassen). Auch wenn nicht jeder über solche Beträge verfügt, "frisst" allein schon die jährliche Inflation von mindestens 2,0 Prozent auch geringeres Guthabenkapital auf!

Während Olaf Scholz als Vizekanzler angeblich "ein Verbot von Negativzinsen prüft", empfiehlt Ministerpräsident Markus Söder, "Strafzinsen steuerlich absetzbar zu machen". Beide Vorschläge sind inakzeptabel! Damit stellt sich die Frage: Was ist wirklich geplant für die neue Welt bezüglich der Misswirtschaft?

Abb. 102

Olaf Scholz

Tatsächlich verhalten sich nicht nur die europäischen Regierungen wie jemand, der "pleite" ist, sondern auch die übrige Welt. Nur deshalb werden ungezügelte Konjunkturpakete wie die zwei Billionen US-Dollar für die USA oder die 750 Milliarden für Europa geschnürt, weil in Wahrheit keiner der Beteiligten wirklich vorhat, das Geld an irgendjemanden zurückzuzahlen. "Ein Investitionsniveau wie in Kriegszeiten", sagte deshalb Mitch McConnell, der republikanische Mehrheitsführer im US-Senat, als er am 25. März 2020 die Einigung über die neuen US-Schulden verkündete. "Die Hilfen sollten nicht von denen zurückgezahlt werden, die sie erhielten", sagte auch Macron am 18. Mai 2020 nur versehentlich, nachdem der österreichische Bundeskanzler Sebastian Kurz den Plan kritisiert hatte: Österreich halte an seiner Position fest, dass von der EU nur "rückzahlbare Kredite und keine Zuschüsse an Krisenstaaten vergeben" werden sollten, sagte Kurz. Nur einige Tage später forderten die "sparsamen vier", Österreich, Schweden, Dänemark und die Niederlande, die Nothilfen aus dem EU-Wiederaufbaufond auf zwei Jahre zu befristen, weil sie eine Schuldenunion befürchteten. "Eine Einigung zwischen Deutschland und Frankreich ist keine Einigung der 27 Mitgliedsstaaten. Aber es gibt keine Einigung zwischen den 27, wenn Deutschland und Frankreich sich nicht vorher geeinigt haben", sagte Macron dazu. Europas Dauerbremser Deutschland in Spendierlaune? Was verbirgt sich tatsächlich dahinter?

Neues Geldsystem?

Die EU-Richtlinie "Payment Services Directive" (PSD) stellt sicher, dass alle EU-Bürger auch Zugang zu einer elektronischen Zahlungskarte bekommen. Seit dem 14. September 2019 wurde diese Richtlinie um einen Sicherheitsaspekt erweitert, so dass der Inhaber einer Kreditkarte eine TAN per SMS geschickt bekommt oder eine Transaktion per Fingerabdruck in einer App auf dem Smartphone bestätigen kann. Jede Zahlung muss von der Kreditkartengesellschaft überprüft und aufgezeichnet werden. Demnächst soll das System zwar durch "3D Secure" abgelöst werden, dennoch könnte auch dieses digitale System ausfallen oder ausspioniert werden und wird immer noch nicht besonders sicher sein im Vergleich zu Bargeld. Darüber hinaus wird der gesamte "Cashflow" des heutigen Bankensystems in zentralisierten Systemen erfasst, die weiterhin anfällig für äußere Manipulationen bleiben.

Bevorzugt wird daher eine neue Digitalwährung (Krypto), weil die Welt der digitalen Währungen keine zentrale Organisation hat, die Transaktionen erst bestätigen muss. In dieser Welt bezeichnet der Begriff "Mining" (Geld/Gold schürfen) den Prozess der Validierung von Transaktionen, die darauf warten, in die "Blockketten-Technologie" (Blockchain) aufgenommen zu werden, was eine Art dezentrales Digitalgeld-Rechenzentrum mit "Minern" auf der ganzen Welt ist. Diese sind auf die Zuarbeit von "Digitalgeld-Minern" angewiesen, die durch ihre Arbeit neues Digitalgeld erstellen. Wie echte Minenarbeiter einer Goldmine müssen auch "Miner" in der digitalen Welt einen gewissen Aufwand betreiben, um den Rohstoff zu gewinnen, der in den Augen der Menschen dann einen Wert hat. Der Werte-Abbau findet dabei bislang vollständig in der virtuellen Welt statt. Die erfolgreichsten "Mi-

Mining-Pool-Steuerung

ner" werden dafür mit neuem Digitalgeld belohnt, wenn sie einen neuen "Block" zu einer "Blockkette" hinzufügen.

Heutzutage wird der Preis von Digitalgeld allerdings nie von einer einzigen Person entgegengenommen, weil niemand auf der Welt bislang über genügend Rechenleistung verfügt, um die komplexen mathematischen Operationen zu lösen, die für einen erfolgreichen "Block" notwendig sind. Die "Miner" fusionieren daher zu sogenannten "Mining-Pools" und arbeiten mit "vereinten Kräften" zusammen. Diejenigen, die einen größeren Aufwand an Rechenleistung haben, erhalten einen höheren Preis.

Neben dem ersten "Block" Nummer 0 ("Genesis-Block") aus dem die "Blockkette" entsteht, gibt es auch die "Blockhöhe" (Blockheight), wenn eine Abzweigung in Form eines "Soft-Fork" oder "Hard-Fork" ansteht. Die "Blockhöhe" wird aber auch verwendet, um dem Gegenüber zu sagen, in welchem "Block" genau die eigene Transaktion erfasst wurde. Besteht die Digitalgeld-Blockkette zum Beispiel aus 100 "Blöcken", können die "Digitalgeld-Miner" ein Update einfordern und danach die mögliche "Blockhöhe" 120 in die "Blockkette" mit einspielen lassen. Aus dem Ergebnis lässt sich dann ein Wechselkurs ermitteln für Digitalgeld und nichtdigitale Werte (Konsumgüter). Der Nachteil in diesem System ist allerdings, dass eine Erhöhung der Anzahl der "Miner" auch die Schwierigkeit des "Minings" erhöht und dadurch die Rentabilität verringert. Eine höhere Schwierigkeit bedeutet theoretisch einen geringeren Gewinn für die "Miner".

Neue Goldgräber?

"Der Hauptkonkurrent, den wir haben, ist Bargeld. Derzeit werden 85 Prozent der weltweiten Transaktionen in bar abgewickelt. Genau das versuchen wir jetzt anzugreifen", sagte Dan Schulmann, CEO von PayPal. Er erklärte: Bis April 2018 hatte sich das Volumen digitaler Zahlungen zwar verdoppelt, aber gleichzeitig war der Bargeldumlauf Ende Mai 2019 um mehr als 22 Prozent gestiegen. Tatsächlich sollte der Einsatz von Bargeld bis 2021 2,45 Billionen US-Dollar erreichen – gegenüber 1,5 Billionen US-Dollar im Jahr 2016 –, obwohl digitale Zahlungen in den letzten drei bis vier Jahre voranschreiten.

Ein Konsortium aus Mächtigen folgt nun den Vorschlägen des Milliardärs Bill Gates und denen seines Unterstützerteams, die das Bargeld weltweit abschaffen und durch eine rein digitale Währung ersetzen wollen. Dazu gehören in den USA längst Maßnahmen des US-Finanzministeriums oder der USAID, bei Massenarbeitslosigkeit oder nach Einführung universeller Grundeinkommenssysteme diese ausschließlich mit digitalen Zahlungssystemen zu verbinden. Bill Gates ist eindeutig ein Patriot, dem die nationalen Sicherheitsinteressen der USA sehr am Herzen liegen. Und diese werden natürlich durch mehr Daten und mehr Kontrolle darüber, was der Rest der Welt tut, unterstützt. Gates sagt dazu: "Es ist kein großer 'Sprung des Vertrauens' erforderlich, um zu verstehen, wie in einem vollständig digitalen System 'Finanzströme' blockiert werden könnten."

Im September 2018 war von Microsoft Technology ein neues "Digital-Mess-System" veröffentlichungsfähig geworden, dass die Aktivität des menschlichen Körpers bis in den kleinsten Nanobereich erfasst, diesen darüber hinaus "Hardware-kompatibel" macht und aus den unterschiedlichsten Körperaktivitäten Aufgabenbewältigungen entnimmt und diese dann zeitsynchron auswertet. Die neue Technik ist nicht nur unendlich erweiterbar, sondern wurde von Anfang an zur Bearbeitung durch "Quanten-Computer" ausgelegt. Im Unterschied zum klassischen Computer arbeitet dieser nicht auf der Basis der Gesetze der klassischen Physik (Informatik), sondern auf Basis der Quantenmechanik, die auch Raum und Zeit erfasst.

Quanten-Computer?

Aufgaben, die die allerbesten herkömmlichen Computer in 10.000 Jahren erledigen könnten, bewältigt ein "Quanten-Computer" in 200 Sekunden, sagt Google-Chef Sundar Pichai. Google, IBM und Microsoft haben im September 2019 die Fertigstellung ihres Quanten-Computers "Sycamore" bekanntgegeben und eine "neue Welt" für die Zukunft angekündigt. Mit den Worten "Wir haben damit unseren nachhaltigen Beitrag für die 'neue Welt' geleistet", haben Larry Page und Sergey Brin, die vor 21 Jahren in einer Garage im kalifornischen Menlo Park den heutigen Weltkonzern "Google" gegründet haben, Abschied von ihren Führungsaufgaben beim Mutterkonzern Alphabet genommen und sind zurückgetreten.

Als die erste Patenanmeldung für "Cryptocurrency System unter Verwendung von Körperaktivitätsdaten" von Microsoft Technology am 26. Juni 2019 veröffentlicht wurde, lautete die Patentnummer am Anmeldetag US16138518. Die Veröffentlichungsnummer am 26. März 2020 hingegen war WO/2020/

060606. Wörtlich bedeutet die Nummer: World Organisation, Year 2020, 060606. Darin wollen einige Beobachter kryptographische Informationen erkennen, wie den Beginn der "neuen Weltordnung" im Jahre 2020 sowie das Zeichen des Antichristen in der 666. Der Begriff Antichrist (Widerchrist, Endchrist) aus dem Neuen Testament ist eine Figur der Endzeit und die Gegenmacht zu Jesu Christi, dessen Wiederkunft von vielen Gläubigen erwartet wird. Dazu sollte man wissen, dass die politische Entwicklung in den USA während und nach dem erfolgreichen Unabhängigkeitskrieg (1775-173) wesentlich durch Freimaurer wie George Washington (1732-1799), Benjamin Franklin (1706-1790) oder Thomas Jefferson (1743-1826) geprägt wurde. Das gemäßigt freimaurerische Element (ohne antireligiöse Stoßrichtung) gehört bis heute zum zentralen Erbe der amerikanischen Revolution und konnte sich auch in der Folge, ungeachtet politischer und religiöser Vorbehalte anderer Gruppen, auf breiter Basis ungehindert entfalten.

Cryptocurrency-Mining-System?

Microsoft hat mit seinem neuen Patent für CMS (Cryptocurrency-Mining-System) unter anderem ein vollkommen neues Abbausystem für Digitalgeld schützen lassen, das menschliche Aktivitäten wie Gehirnwellen und Körperwärme nutzt, wenn Onlineaufgaben wie die Verwendung von Suchmaschinen, Chatbots oder das Lesen von Anzeigen ausgeführt werden. "Ein Benutzer kann das rechnerisch schwierige Problem unbewusst lösen", heißt es dazu. Im Klartext bedeutet das, dass das CMS das gesamte emotionale Verhalten des Users studiert. Diese Aktivitätsnachweise werden dann als Arbeitsschritte entschlüsselt, die automatisch bewertet werden. "Ein Sensor, der kommunikativ mit dem Gerät des Benutzers gekoppelt ist oder in diesem enthalten ist, kann die Körperaktivität des Benutzers erfassen. Körperaktivitätsdaten können, basierend auf der erfassten Körperaktivität des Benutzers, erzeugt werden. Das Kryptowährungssystem, das kommunikativ mit dem Gerät des Benutzers gekoppelt ist, kann überprüfen, ob die Körperaktivitätsdaten eine oder mehrere vom Kryptowährungssystem festgelegte Bedingungen erfüllen", heißt

Abb. 104

Undurchsichtiges Wirken der Stiftung von Bill Gates

es weiter. Auch wenn das Microsoft-Patent gerade mal am 26. März 2020 von der Weltorganisation für geistiges Eigentum veröffentlicht wurde, sind bereits einige Größen der Digitalwährungsbranche mit an Bord. Unter anderem hat der Milliardär Ben Delo mit seinem Unternehmen BitMEX als Digitalwährungsaustauscher der Bill & Melinda Gates Stiftung 2,5 Millionen US-Dollar gespendet.

Wie die Körperaktivität und Biometrie des Benutzers an Server und Digitalwährungshardware übertragen werden soll? Mit einem "Sensor, der kommunikativ mit dem Gerät des Benutzers gekoppelt ist. Alle Körperaktivitäten des Benutzers müssen dabei keinen Vorgaben folgen, sondern werden in seinen natürlichen Abläufen erfasst. In der Patentschrift sind einige Beispielsensoren aufgeführt, die bei der Datenerfassung verwendet werden können, wie ein "fMRT-Scanner, Elektroenzephalographie (EEG)-Sensoren, Herzfrequenzmonitore, Sensoren für Nahinfrarotspektroskopie (NIRS), Wärmesensoren, optische Sensoren, Hochfrequenzsensoren, Ultraschallsensoren, Kameras oder andere Sensoren und auch einige Scanner.

Patent bizarr?

Diese Liste von Beispielen ist die Methode von Microsoft, um sicherzustellen, dass sie alle anwendbaren Elemente dieses Systems besitzen. Die eigentliche Technologie mit einem Sensor, der speziell für die Erfassung der menschlichen Biometrie entwickelt wurde, ist ein Mikrochipimplantat, das von einem dänischen Microsoft-Partner namens BEHZ International entwickelt worden ist. Der Chip ist ein winziges elektronisches

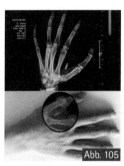

Abb. 105

Menschen werden gechipt.

Gerät, das in einem Glaszylinder eingeschlossen ist und unter die Haut an der Führungshand injiziert wird. Schließlich ist ein Mikrochipimplantat der beste Sensor für die Biometrik, da es sich buchstäblich im Körper befindet. Das Mikrochipimplantat von BEZH kann nicht nur biometrische Daten speichern und übertragen – einschließlich medizinischer und genetischer Daten –, sondern ergänzt auch den gesamten "Cryptocurrency-Mining-Aspekt" des Microsoft-Patents, da es über eine eigene "Cryptocurrency", eine eigene Kryptowährung verfügt.

Neben diesem auf Biometrie basierenden CMS-Patent gibt es andere Mikrochipprojekte, wie das vom MIT und das an der Rice University entwickelte "Birth Control Mikrochip Implantat" sowie die implantierbaren "Quantenpunkt-Impfprotokolle". Dabei werden auflösbare Mikronadeln auf Zuckerbasis aufgetragen, die einen Impfstoff und fluoreszierende "Quantenpunkte" auf Kupferbasis enthalten, die in biokompatiblen Kapseln im Mikrometerbereich eingebettet sind. Nachdem sich die Mikronadeln unter der Haut aufgelöst haben, hinterlassen sie die eingekapselten Quantenpunkte, deren Muster ge-

lesen werden können, um den verabreichten Impfstoff zu identifizieren.

Digitale Versorgung?

Dass auch Deutschland von solchen Maßnahmen betroffen
sein wird, ist keine Science-Fiction, sondern baldige Realität.
Dafür sind seit dem 1. Januar 2020 eigens das Digitale-Versorgung-Gesetz (DVG) und die Digitale-Gesundheitsanwen-
dungen-Verordnung (DiGAV) in Kraft getreten, für die Bundesgesundheitsminister Jens Spahn die rechtlichen Grundlagen
geschaffen hat. Darin heißt es zum Beispiel: "Eine DiGA [Di-
gitale Gesundheitsanwendung] ist ein Medizinprodukt, das
folgende Eigenschaften hat:

- Medizinprodukt der Risikoklasse I oder IIa
  (nach MDR oder, im Rahmen der Übergangs-
  vorschriften, nach MDD).

- Die Hauptfunktion der DiGA beruht auf digitalen Technologien.

- Der medizinische Zweck wird wesentlich durch
  die digitale Hauptfunktion erreicht.

- Die DiGA unterstützt die Erkennung, Überwachung, Behandlung oder Linderung von Krankheiten oder die Erkennung, Behandlung, Linderung oder Kompensierung von Verletzungen
  oder Behinderungen.

- Die DiGA wird vom Patienten oder von Leis-
  tungserbringer und Patient gemeinsam genutzt.

Digitale Gesundheitsanwendungen (DiGA) eröffnen viel-
fältige Möglichkeiten, um bei der Erkennung und Behandlung

von Krankheiten sowie auf dem Weg zu einer selbstbestimmten gesundheitsförderlichen Lebensführung zu unterstützen."

Es geht also nicht nur um eine "App auf Rezept" für Patientinnen und Patienten, sondern um bereits geplante Anwendungen, die zum Teil nur theoretisch existieren und sich in der Praxis noch bewähren müssen. Um jene Zukunftstechnologie also, die sich Microsoft ebenfalls gerade hat patentieren lassen und die weitreichende Anwendungsmöglichkeiten bietet. Mit dem Inkrafttreten des Digitale-Versorgung-Gesetzes (DVG) "haben ca. 73 Millionen Versicherte in der gesetzlichen Krankenversicherung einen Anspruch auf eine Versorgung mit DiGA, die von Ärzten und Psychotherapeuten verordnet werden können, schreibt das Bundesgesundheitsministerium. Auch die im Juni 2020 von SAP und Telekom unter dem Motto "Diese App kann nichts, außer Leben retten" entwickelte "Corona-Warn-App" ist ein Bestandteil des DVG und dient alleine dem geplanten neuen Überwachungssystem in Deutschland. "Diese Zeit brauchten wir für die Entwicklung, weil wir hohe Anforderungen stellen: Die App muss auf allen Endgeräten genutzt werden können und soll beispielsweise auch dann messen, wenn man mit dem Handy Musik hört", sagte Spahn.

2019-nCoV & ID2020?

Ein weiteres ehrgeiziges Projekt von Microsoft Technology in diesem Zusammenhang ist ID2020. Es soll das Problem von über einer Milliarde Menschen lösen, die ohne anerkannte Identität leben. Im vergangenen Jahr gab ID2020 bereits die Zusammenarbeit mit der Regierung von Bangladesch bekannt. Das Programm sieht vor, jedes Neugeborene zu impfen und es bei der Gelegenheit zur Identifizierung mit einem biometrischen Chip ("infant biometric technologies") zu versehen. Da-

mit sieht es so aus, als wäre Bill Ga-
tes der produktivste kybernetische
Biohacker der Welt. Nicht einmal
Elon Musks Neuralink hat das
Mainstreaming von Biohacking so
schnell beschleunigt.

So will man gleichzeitig Leuten
wie Josiah Zayner jede Entwick-
lungsmöglichkeit nehmen, um in

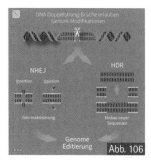

Do-it-yourself-CRISPR-Kits

naher Zukunft keine unliebsame Konkurrenz auf dem Forschungsgebiet zu bekommen. Weil Zayner sich um ein Ungleichgewicht sorgt und nicht will, dass nur Elite-Unis der Reichen und die Pharmaindustrie in diesen Forschungsbereichen
arbeiten, hat er für nur $ 1843,- US-Dollar mit DIY (Do-it-your-
self-CRISPR-Kits) eine Genschere für zu Hause entwickelt, was
sonst Millionen kostet. Während sich die Fachwelt über den
unethischen Einsatz der revolutionären Technologie besorgt
äußerte, hat Zayner ganz andere Bedenken: "Ich glaube, jeder
sorgt sich um die Gefahren genetischer Manipulation und wie
sie die Menschen verletzen könnten. Doch niemand sorgt sich
darum, was passiert, wenn wir den Menschen keine Gentechnik
zur Verfügung stellen."

Tatsächlich beginnt mit der 2019-nCoV-Pandemie ganz offensichtlich gegenwärtig die Zukunft, die von Bill Gates angeführt wird. Gates möchte dabei die öffentliche Gesundheit
und die Humanbiologie durch Biohacking und implantierbare
Technologie revolutionieren und der Nachwelt seinen Stempel
aufdrücken. Allerdings gibt es noch keine zeitlichen Hinweise
darauf, wie das CMS-Projekt von Microsoft mit den Mikro-
chipprojekten verbunden sein wird. Aufgrund der Coronaviruspandemie werden die implantierbaren Quantenpunkt-Impf-
protokapseln und ID2020 offenbar zusammengeführt, um die

digitalen Zertifikate zu erstellen, die Gates als Nachweis für die Impfung gegen 2019-nCoV haben möchte. Dies eröffnet die Möglichkeit, auch die beiden Projekte mit dem von BEZH entwickelten biometrischen Mikrochipimplantat zusammenzuführen – da biometrische Daten bei gesundheitsbezogenen Ereignissen wie Pandemien am wichtigsten sind.

Neue Welt?

Es wird interessant sein zu sehen, wie Bill Gates und ID2020 all dies umsetzen werden, denn viele Christen und überraschenderweise auch eine wachsende Zahl schiitischer Muslime sind sehr gegen die Idee des Mikrochips und jede Form von körpereigener Identifizierungstechnologie. Einige Politiker in den Vereinigten Staaten haben sogar versucht, alle Formen von menschlichen Mikrochips zu verbieten. Aber andererseits ist dies die perfekte Gelegenheit für Bill Gates, die Projekte zu Ende zu führen, denn während sich das Coronavirus weiter ausbreitet und immer mehr Menschen an der Pandemie sterben, wird die breite Öffentlichkeit immer offener für Problemlösungstechnologien, die angeblich die Verbreitung des Virus eindämmen sollen.

Der Hauptgrund dafür, dass viele Christen und einige schiitische Muslime sich gegen körpereigene Identifizierungstechnologien aussprechen, so hilfreich solche Technologien zur Verhinderung von Pandemien auch sein mögen, liegt darin, dass sie glauben, dass solche Technologien das "Zeichen Satans" sind, das in der Bibel und einigen Prophezeiungen des "Mahdi" erwähnt wird. Im Buch der Offenbarung des Neuen Testaments ist es jedem, der dieses "Zeichen" nicht hat, auch nicht erlaubt, etwas zu kaufen oder zu verkaufen. Im November letzten Jahres musste das dänische Technologieunternehmen BEZH, das bereits Verträge zur Herstellung von Mikrochipimplantaten für die dänische Regierung und die US-Marine unter Dach und Fach hatte, den Start seines "revolutionären" Mikrochipimplantats absagen, nachdem christliche Aktivisten die Büroräume des Unternehmens in Kopenhagen angegriffen haben. Wie seine Muttergesellschaft Microsoft arbeitet BEZH gleichzeitig an anderen Projekten, wie beispielsweise ein intelligentes Landwirtschaftssystem für das Internet namens "Cybernated Farm Systems" und die Einrichtung einer digitalisierten Mikronation. Was will man mit diesen digitalisierten Mikronationen wirklich erreichen?

Chinas Schachzug?

Als aufgrund der Situation im Januar 2020 in Wuhan die chinesische Währung zu sinken begann, unternahm die chinesische Zentralbank seltsamerweise so gut wie nichts, um diesen Sinkflug zu verhindern. Damit waren auch Gerüchte verbunden, dass China nicht einmal über ausreichende Gesichtsmasken verfügen würde, um das Coronavirus wirksam zu bekämpfen. Die negativen Gerüchte und Xi Jinpings Erklärung, dass Peking bereit sei, die Einwohner von Wuhan durch die Blockade der Grenzen zu schützen, haben zusätzlich für einem starken Rückgang der Aktienkurse geführt, chinesische Technologie und chemische Industrie fielen um bis zu 44 %. Finanzjongleure auf der ganzen Welt fingen an, sämtliche chinesischen Aktien zu verkaufen, aber weil sie niemand kaufen wollte, wurden sie unverhältnismäßig abgewertet. Die ganze Welt spürte schließlich allmählich die globalen Auswirkungen, die von der 2019-nCoV-Krankheit ausgingen. Wer hat sich von den Auswirkungen aber als Erstes erholt? Seltsamerweisc war es China selbst!

Ganz interessant und bemerkenswert ist zudem das Tempo, indem sich China in der öffentlichen Wahrnehmung vom Ausgangspunkt der 2019-nCoV-Pandemie in einen "Retter in der Not" verwandelt hat. Der überschwängliche Dank des serbischen Präsidenten Aleksandar Vučić für chinesische Hilfe und sein verbitterter Abschied vom "Märchen" europäischer Solidarität sorgten dafür, dass aus vielen Teilen Europas Bitten um Unterstützung bei der chinesischen Führung in Peking eingingen – zuletzt sogar aus dem nordrhein-westfälischen Landkreis Heinsberg.

Auch die Auswirkungen des Coronavirus – innerhalb eines Monats – auf die Börsen weltweit verwirrten die Beteiligten: Australien -24 %, Arabische Emirate -19 %, Brasilien -27 %, Großbritannien -26 %, Indien -14 %, Japan -25 %, Hongkong -12 %, Russland -20 %, Singapur -17 %, Südafrika -16 %, Südkorea -17 % und USA -26 %. Die Volksrepublik China verzeichnete im selben Zeitraum hingegen + 0,3 %! Wie war das möglich?

Chinas Reibach?

Die Heimat Xi Jinpings gilt als vermeintlicher Verursacher der Pandemie, hat sich aber auf wundersame Weise nicht nur "erholt", sondern auch als erstes Land beinahe keine Fälle von Neuinfektionen mit 2019-nCoV zu verzeichnen. Während die USA kaum mit der Pandemie fertig wurden, schien es, wenn auch langsam, in der EU ebenfalls allmählich vorwärts zu gehen. So scheint es, dass 2019-nCoV eine Reaktion der chinesischen Regierung auf den Handelskrieg mit den Vereinigten Staaten war – mit dem Ziel, die Welt in eine Rezession zu stürzen!

Als Xi Jinping eine ganze Woche wartete und auf Pressekonferenzen nur lächelte, als ob nichts Besonderes passiert wäre, bereitete er zu diesem Zeitpunkt ganz offensichtlich einen riesengroßen Schritt vor: Mit dem Erreichen der erlaubten Preisuntergrenzen an den Börsen ordnete Peking den Kauf aller europäischen und amerikanischen Aktien gleichzeitig an. China kaufte dabei alles, was es Abgewertetes an den Börsen der Welt gab. Xi Jinping stellte dafür zusätzlich 20 Milliarden US-Dollar bereit und übernahm bei diesen Transaktionen unge-

Abb. 107

Xi Jinping übernahm 30 Prozent der Aktien westlicher Unternehmen.

fähr 30 Prozent der Aktien westlicher Unternehmen. Mit dieser Aktion wurden die Chinesen nicht nur Eigentümer vieler globaler Unternehmen, die bereits in China sind, sondern das investierte Geld musste China dabei nicht einmal verlassen! Die westlichen Aktien gehören nun chinesischen Unternehmen, wodurch sie zu Eigentümern wirtschaftlich relevanter Unternehmen geworden sind, von der die EU, die USA und die ganze Welt abhängig sind. Hatte das niemand kommen sehen?

Dabei ist das ziemlich gut in einem Papier, das der Bundesverband der Deutschen Industrie vor gut einem Jahr veröffentlicht hat, beschrieben worden. Gewarnt wird die europäische Politik darin davor, "das chinesische Streben nach wirtschaftlicher und technologischer Dominanz nicht zu unterschätzen". Mit dem Projekt der neuen Seidenstraße ringt China schon seit geraumer Zeit um Einfluss in Europa, wobei es stets auch auf Spaltung gesetzt hat. Xi Jinping hat mit seiner Aktion die Europäer und die "intelligenten" amerikanischen Demokraten übertroffen, als er ein geniales Spiel vor den Augen der ganzen Welt spielte. China geht es eben schon lange nicht mehr nur um wirtschaftlichen Aufstieg, sondern um Geländegewinn im Systemwettbewerb.

China unschuldig?

Auch in der Weltcoronakrise möchte China die Überlegenheit der Diktatur gegenüber der Demokratie unter Beweis stellen. Die amerikanischen und europäischen "Finanzjongleure" verhielten sich wirklich dumm und ließen die Chinesen in wenigen Minuten die meisten ihrer Aktien einsammeln, die nun Milliarden von US-Dollar an Gewinnen produzieren. Als sie erkannten, dass sie offenbar "betrogen" wurden, war es zu spät, denn alle Aktien waren bereits an China übergegangen, das zu diesem Zeitpunkt nicht nur 2.000 Milliarden US-Dollar verdiente, sondern dank der Simulation Mehrheitsaktionär der von Europäern und Amerikanern gebauten Unternehmen geworden ist. Von nun an wird China den Preis bestimmen, und die Einnahmen seiner Unternehmen werden die chinesischen Grenzen nicht verlassen, sondern in der Heimat bleiben, die so auch alle chinesischen Goldreserven behalten wird. Eines ist gewiss: Man wird sich noch lange Zeit an diesen brillanten Schachzug in der Geschichte des Aktienmarktes erinnern!

Kapitel 8

UNSICHTBARE ORDNUNG

Der türkische Astrologe Dinçer Güner berichtete am 31. Dezember 2019 in einer kleinen Talkrunde des Fernsehsenders "Türk Haber" über die aktuellen Sternenpositionen sowie Horoskope und was die Menschen im neuen Jahr zu erwarten hätten. Er erzählte über das neue Zeitalter in 2020 und was uns noch alles an Veränderungen erwarten würde. Es werde "eine Krankheit die Welt bis zum März 2020 in ihren Zangengriff nehmen", sagte Güner und dass alle Vergnügungsstätten sowie Restaurants schließen müssten. Als der Moderator fragte, warum denn Restaurants schließen sollten, verwies Güner auf das Zeichen Ziegenfisch Oğlak (Steinbock), der gegen jede Art der Verköstigung und gegen das Vergnügen sei. In diesem Zeichen würden in diesem Jahr Pluto, Saturn und Jupiter stehen, Pluto und Saturn würden zudem eine Konjunktion eingehen, also zusammenstehen, was zuletzt 1568 eingetreten wäre.

Weiter erklärte der Astrologe, dass bei der Neuordnung der Welt insbesondere die USA viele ihrer alten Territorien verlieren würden und große Macht einbüßen müssten. Die Chinesen hingegen würden an Macht gewinnen und ihre Technologie auf einen Höhepunkt hieven. Russland würde den Chinesen dicht folgen und ebenfalls an Einfluss gewinnen. Die Türkei und Europa würden bei der Neuordnung anhaltende wirtschaftliche Rezessionen durchleben und mit vielen Schwierigkeiten zu kämpfen haben.

Im letzten Quartal des Jahres 2020 würden die "wahren Lehrer" in Erscheinung treten und mit neuem Wissen das bisherige alte Wissen ablösen. Dann würde jeder "den Grund des Grundes" für die Veränderungen der Weltordnung erkennen.

Schritt voraus?

Diese Jahresprognose des Astrologen fand gegen 21.00 Uhr in einer Live-Sylvester-Sendung 2019 statt – die WHO informierte die Welt aber erst drei Monate später über die eingetretene Pandemie mit 2019-nCoV. Gibt es Menschen, die drohende Gefahren schon viel früher erkennen können? Steht das Schicksal der Menschen tatsächlich in den Sternen?

Als man die Zahlen der Menschen, die in Deutschland von 2019-nCoV betroffen waren, über die TV-Bildschirme veröffentlichte, hieß es zum Beispiel am 14. Mai 2020 noch immer: 174.478 Erkrankte, 150.300 Genesen, 7.884 Todesfälle. Das Erste, was ein belesener Mensch in dem Augenblick macht, ist, dass er/sie die Zahlen addiert und in seinem "Kleinhirn" eine Zahl ablegt, die über 300.000 liegt. Die tatsächliche Zahl der bestätigten Fälle am 14. Mai betrug jedoch lediglich 16.294 Fälle, von denen noch einmal 12,5 Prozent Schätzung in Abzug zu bringen waren. Dann hätten wir nur um die 14.000 Infizierte gehabt – bei einer Bevölkerung von 82 Millionen Einwohnern in Deutschland. Die Sat1-Nachrichten meldeten am Morgen des 15. Mai sogar nur 13.600 bestätigte Fälle inklusive +380 Neuinfektionen, die hinzugekommen seien. Sind die Einschränkungen und Maßnahmen für Bevölkerung und Wirtschaft also begründet gewesen? Warum hat man in der

Zahlenanalyse dann aber nicht die bereinigte Zahl von 14.000 Fällen an erste Stelle gerückt, sondern mit Horrorzahlen herumhantiert?

Coronazahlen (RKI 30.04.2020)

Bei der Diskussion um das Ausmaß der Lockerungen spielen die Infektionszahlen eine wichtige Rolle. Aber gerade dabei gab es am 30. April 2020 eine falsche Angabe aus dem Bundesgesundheitsministerium. Auf dem "Bund-Länder-Gipfel" verkündete eine Sprecherin von Jens Spahn fälschlicherweise 40.000 Akut-Infizierte, obwohl das RKI für diesen Tag von 29.000 Personen gesprochen hatte. Auch Angela Merkel nannte die falsche Zahl, nachdem ein Journalist sie zu den Parametern für eine mögliche Lockerung gefragt hatte. Die Kanzlerin sagte: "Heute liegen wir aktuell bei 40.000 Infizierten und einer Gesamtzahl von 150.000 bis 160.000."

Falsche Zahlen?

Angeblich war die falsche Zahl durch eine Rechnung entstanden, die Spahn bereits einen Tag zuvor aufgestellt hatte. Der Minister rechnete 157.000 Infizierte abzüglich 120.000 Genesene und kam dabei auf 37.000 Akut-Infizierte, was im Grunde nicht einmal grob gerechnet den angegebenen 40.000 Infizierten entsprach. Jens Spahn soll bei seiner Rechnung offenbar die rund 6.000 Corona Todesopfer vergessen haben, doch selbst wenn man diese abzieht, lag das Bundesgesundheitsministerium mit 5.000 angeblich existierenden infektiösen Corona-Patienten über den 29.000 vom RKI gemeldeten Fällen. Ganz offensichtlich war das kein Fehler, sondern eine vorsätzliche Falschmeldung von Spahn, weil dieser unbedingt die "vier" vor der gemeldeten Zahl halten wollte. Das erklärt auch, warum der Minister sich bis zum 3. Mai 2020 Zeit ließ, um seinen Fehler zu korrigieren. Allerdings lag die Zahl der infektiösen Personen an diesem Tag nur noch bei 25.000.

Professor Christof Kuhbandner von der Universität Regensburg machte darauf aufmerksam, dass schon die vom RKI bekannt gemachte Reproduktionszahl (R) ebenfalls nicht stimmte. Obwohl auch der R-Wert sich am 10. März 2020 bereits deutlich im Sinkflug befand, war das RKI in den Medien mit der Nachricht unterwegs, dass dieser angeblich wieder steige. Warum war das RKI aber auf eine derartige Irreführung des Bürgers aus?

Nachdem das RKI am 6. Mai 2020 die Richtlinien bezüglich der Testverfahren änderte, wurden alle Personen mit respiratorischen Symptomen jeder Schwere getestet, unabhängig davon, ob es irgendwelche zusätzlichen Risikofaktoren gab oder nicht, was die Zahlen unnötig in die Höhe trieb. Vor der Änderung musste eine Person zusätzlich zu Symptomen Risikofaktoren aufweisen, um in die Statistik einzufließen. Mit den neuen Richtlinien wurde dann aber zunehmend in der Breite und unabhängig von Symptomen getestet, wie die Medienberichte zu Testungen im Bereich des Sports und im Bereich der Schlachthöfe zeigten. Insbesondere Schleswig-Holstein ließ in diesem Zusammenhang die Belegschaften aller großen Schlachthofbetriebe im Land testen. Durch die deutliche Ausweitung der Tests konnten auch mehr Infektionen entdeckt werden. Deswegen hatten sich allerdings nicht mehr Personen als vorher angesteckt, sondern die erhöhte Anzahl an gefundenen Infektionen spiegelt somit nur die Ausweitung der Tests wider – zuvor wurden 60 % der Kapazitäten nicht genutzt. Daher war es absolut irreführend, wenn das RKI von einem "gestiegenen

R" sprach. In Wirklichkeit spiegelte das gestiegene R lediglich die Ausweitung der erhöhten Tests wider.

RKI Panikmacher?

Frappierenderweise war all das dem RKI durchaus bewusst. Die Autoren eines Fachartikels zum "Nowcasting-Modell" des RKI, auf dem die Schätzung des R beruht, schrieben in ihrem Fachartikel am 9. April 2020 im Epidemiologischen Bulletin: "Ein weiterer Aspekt ist aber auch, dass in Deutschland die Testkapazitäten deutlich erhöht worden sind und durch stärkeres Testen ein insgesamt größerer Teil der Infektionen sichtbar wird. Dieser strukturelle Effekt und der dadurch bedingte Anstieg der Meldezahlen kann dazu führen, dass der aktuelle R-Wert das reale Geschehen etwas überschätzt."

Tatsächlich waren die Zahlen nicht nur "etwas" überschätzt, sondern vollkommen! Man hat also von Seiten der Politik und Wissenschaft alles Erdenkliche getan, um die Zahlen möglichst hoch erscheinen zu lassen – höher, als sie in der Realität tatsächlich waren. Es ist ein echter Skandal, dass das RKI nach wie vor bei der Schätzung der Reproduktionszahl R den Faktor der Testanzahl nicht berücksichtigt. Denn dann würde man nicht nur sehen, dass das R in Wirklichkeit im März kaum gestiegen ist, sondern auch, dass das R in Wirklichkeit aktuell immer weiter sinkt.

Weltweit werden seit Beginn der Pandemie überwiegend die Zahlen der Johns Hopkins University (JHU) zitiert, wenn es um die Infizierten und Toten durch 2019-nCoV geht. Seltsamerweise sind die Zahlen immer etwas höher als die zeitgleichen Zahlen der zuständigen Landesbehörden, etwa die des RKI. Wie kommt das? Und wieso ist die private Universität in Baltimore/Maryland wichtiger als die Landesbehörden?

Abb. 109

Campus Johns Hopkins University

Tatsächlich holt sich die Johns Hopkins University nicht nur die Daten des RKI und der WHO, sondern recherchiert selbst zeitnah bei lokalen Gesundheitsbehörden, Krankenhäusern, bei Forschungsinstituten und Testlabors sowie bei den Presseämtern von Städten wie Berlin, München und Köln - daneben bei den Infektionszentralen oder in Interviews von Virologen, in Fachzeitschriften und dergleichen. Niemand kennt diese Landschaft so genau wie das "Center for Systems Science and Engineering" (CSSE) der Johns Hopkins University. Nach diesem Schema verfährt das CSSE nicht nur in Deutschland, sondern ebenso in Frankreich, Italien, Spanien, England, dem Kosovo, in China und auch in den USA selbst: Die Einrichtung arbeitet gleichzeitig in 195 Staaten der Erde. Und soll das jetzt deshalb schlecht sein? Die Menschheit muss doch über sich möglichst genau unterrichtet werden und gut Bescheid wissen, gerade bei gefährlichen Krankheiten, die sich auf der ganzen Erde ausbreiten können - oder nicht?

Johns Hopkins University?

Allerdings muss man deshalb noch lange nicht davon ausgehen, dass Daten wissenschaftlichen Standards genügen, nur weil sie von einer Institution kommen, die sich wissenschaftlich nennt. Und gerade die JHU-Daten verletzen eine Grundregel: Bei einer ärztlich-amtlichen Todesbescheinigung muss immer die Hauptursache des Todes angegeben werden. Das geschieht bei den JHU-Todeszahlen nicht, hier ist unklar: War 2019-

nCoV nur "ein Beifang" oder die Haupttodesursache der Verstorbenen?

Was das bedeutet, geht beispielsweise aus den 2019-nCoV-Zahlen in Italien hervor: Nach dem nationalen Gesundheitsinstitut "Istituto Superiore di Sanità (ISS)" betrug das Durchschnittsalter der positiv Getesteten 81 Jahre. 80 Prozent der Verstorbenen hatten zwei oder mehr chronische Vorerkrankungen (Herz-Kreislauf, Diabetes, Atemprobleme, Krebs), 50 Prozent hatten drei oder mehr solcher Krankheiten. Nur bei weniger als einem Prozent der Verstorbenen handelte es sich tatsächlich um gesunde Personen. Deshalb sollten wir, ohne die schwer fassbaren Gefahren von 2019-nCoV zu leugnen, auch der Frage nachgehen: Aus welchen Gründen wurden hier "hochwissenschaftlich" die berechtigten Ängste in der Bevölkerung noch zusätzlich gesteigert?

Insbesondere auf dem Gebiet von Krankheiten, Gesundheitspolitik, Epidemien sowie Pandemien betreibt die JHU auch Institute für "Global Health", "Health Security" und dergleichen, die zudem mit nationalen und internationalen Institutionen vernetzt sind. Das begann schon vor über hundert Jahren im Ersten Weltkrieg, bereits 1916 wurde an der JHU die "School of Public Health" gegründet. Das meiste Geld kam von der damals größten Unternehmensstiftung, der Rockefeller Foundation. Der Gründungspräsident war der Pathologe und Hygieniker William Henry Welch (1850-1934) von der privaten Elite-Universität Yale. Im Gründungsjahr beschlossen die USA auf Drängen der Wall Street und der Industrie, entgegen dem Friedens- und Neutralitätsversprechen von Präsident Woodrow Wilson, der ein Absolvent der Johns Hopkins University war, in den Krieg in Europa einzugreifen.

Guatemalainfizierung?

Dabei kümmerte sich die Regierung auch um die Gesundheit der künftigen Soldaten, und Welch wurde zu einem der Chefberater der Army ernannt. Er wurde durch seine Funktion nicht nur zu einem der führenden Wissenschaftler, sondern entwickelte auch eine Strategie bei der Bekämpfung der "Spanischen Grippe" 1918. Welch war allerdings gleichzeitig bis 1932 auch Präsident des "Rockefeller Institute for Medical Research".

William H. Welch, John D. Rockefeller und die Johns Hopkins University/School of Public Health haben mit Ende des Ersten Weltkrieges die Einbindung in die globale US-Strategie begonnen, etwa mit Hilfe des Union Medical College in Peking. Westliche, vor allem US-Medizin sollte in den Entwicklungsländern verbreitet werden. Dafür förderte man Militärs und Kriegstreiber wie Chiang Kai-shek (1887-1975) in China und versprach den Medizinern aus solchen Staaten, Stipendien für das Studium in den USA zu bekommen.

Im Januar 2019 entschied ein US-Richter, dass sich die JHU – neben dem Pharmakonzern Bristol-Myers Squibb und der Rockefeller Foundation – für Versuche vor Gericht verantworten müsse, bei denen ab den 1940er Jahren nicht informierte Menschen in Guatemala mit Syphilis oder anderen Geschlechtskrankheiten infiziert wurden, um die Wirksamkeit von Penicillin zu testen. Die Anklage lautet, dass von 1946 bis 1948 insbesondere JHU-Mediziner in Guatemala mit Beteiligung der beiden anderen Angeklagten 1.500 guatemalische Gefängnisinsassen, Geisteskranke, Heimkinder (Waisenkinder), Prostituierte und andere Frauen sowie Soldaten niedriger Ränge ohne deren Wissen mit Geschlechtskrankheiten infiziert haben, dazu zählten vor allem Syphilis, Tripper und Weicher Schanker. Während der ersten Phase animierten die Mediziner die Gefängnisinsassen für ihre Studien sogar zu Sextreffen mit bereits infizierten Prostituierten. Danach injizierten die Mediziner die Bakterien immer wieder direkt in die Probanden, um eine neue Penicillinmischung als Medikament zu testen. Die Auswertung von 5.128 Testpersonen dauerte bis 1953. Durch diese Tests starben zudem nachweislich 83 Personen im unmittelbaren

Abb. 110
Kriegstreiber
Chiang Kai-shek

Zeitraum danach. Spätfolgen bei den Betroffenen oder ihren Nachkommen wurden nicht genau erforscht.

Serum-Roulette?

Die Testpersonen wurden für das aus den westlichen Laboren stammende "Serum-Roulette" mit armseligen Geschenken wie Zigaretten gelockt. Die Führungsleute der guatemalischen Einrichtungen, wie das Gefängnis oder ein von christlichen Nonnen geführtes Kinderheim mit angeschlossenem psychiatrischen Hospital, bekamen hingegen Spenden. Zudem wurden manche der Versuchspersonen unter Fantasienamen gelistet, etwa "die Stumme von St. Marcos", weil die US-Amerikaner ganz genau wussten, dass sie hier etwas Illegales durchführten. Immerhin beteiligten sich 12 US-Mediziner, die als Absolventen mehrheitlich von der JHU kamen. Sie traten bei ihren kriminellen Handlungen wie "echte" Ärzte mit weißen Kitteln auf, verletzten dabei aber massenhaft nicht nur den Hippokratischen Eid, sondern auch nachhaltig humanitäre internationale Gesetzgebungen!

Hintergrund für die Experimente war ein Auftrag der US-Army, der schon während des Zweiten Weltkrieges von der

US-Regierung unter Präsident Roosevelt vorbereitet wurde: In dem Arbeitspapier ging es um Forschungen zu "medizinischen Problemen, die die nationale Verteidigung berühren". Wegen sexueller Bedürfnisse der US-Soldaten bei ihren weltweiten Einsätzen machte sich die US-Regierung sorgen, weil man aus früheren Kriegen wusste, dass die Soldaten oft mit Geschlechtskrankheiten in die Heimat zurückkamen. Die Militärführung hat wegen der Bedrohung durch Geschlechtskrankheiten auf eine "verminderte Einsatzfähigkeit" der Soldaten plädiert und ein Medikament gegen mögliche Ausfälle gefordert. Das Impfprogramm wurde nach dem Zweiten Weltkrieg in vielen weiteren Einsätzen in Asien (Vietnam, Korea, Laos, Kambodscha) mit ähnlich nachteiligen Folgen für die heimische Bevölkerung fortgeführt, ist aber bislang offiziell unentdeckt geblieben. Was Guatemala betraf, wurde Charles Cutler nach seinem Tod in den US-Medien noch als "Pionier der Prävention von Geschlechtskrankheiten" gewürdigt. Doch 2014 entschuldigten sich die damalige Außenministerin Hillary Clinton und US-Präsident Barack Obama offiziell bei der Regierung in Guatemala-Stadt.

Unerwünschte Schwangerschaft?

Dass die Rockefeller Foundation und sogar die Bill &-Melinda Gates Foundation sich aus drohenden Gerichtsverfahren nicht sehr viel machen, bewies vor einigen Jahren ihr "Attentat" auf schwarzafrikanische Frauen. Mit der WHO und der UNICEF als "Handlanger" führten diese angeblich "humanitären Helfer" zwischen 2013 bis 2015 eine Impfaktion gegen Tetanus im ostafrikanischen Land Kenia durch, die zu großen Teilen von den genannten Stiftungen finanziert wurde. Rund eine Million Frauen und Mädchen im gebärfähigen Alter von

12 bis 49 Jahren wurde bei der Aktion nur gegen Tetanus geimpft – angeblich!

Bevor dieses "kriminelle" Impfprogramm zum Stillstand gebracht werden konnte, hat man die Frauen und Mädchen getäuscht. Bei dieser Maßnahme waren von der

Abb. 111

Nazis als Vorbild für die USA

WHO fünf Impfungen je Proband in einem Abstand von sechs Monaten vorgesehen. Keinen Impfstoff gab es allerdings im gleichen Zeitraum für Männer oder Jungen aus dem Gebiet, die sich genauso oft mit dem natürlich im Boden vorkommenden "Clostridium tetani" (Tetanus) infizieren und Wundstarrkrampf hätten bekommen können, der durchaus tödlich verlaufen kann.

Tatsächlich deckten eine Ärztevereinigung und die katholische Kirche in Kenia zwischen März und Oktober 2014 eine "verborgen durchgeführte Impfung gegen Schwangerschaft" in afrikanischen Ländern auf: Die Impfstoffampullen der WHO enthielten einen heimlichen Zusatz vom Schwangerschaftshormon Beta-HCG (ß-hCG, humanes Choriongonadotropin). Das Hormon Beta-HCG bildet sich während der Schwangerschaft vermehrt im menschlichen Mutterkuchen. Wird Beta-HCG Frauen allerdings kombiniert mit dem "Tetanus Toxoid" (TT) verabreicht, produziert der weibliche Körper nicht nur eine Abwehrreaktion gegen Tetanus, sondern auch gegen Beta-HCG: Es macht das geimpfte Mädchen oder die geimpfte Frau zeitweise unfruchtbar. Je häufiger (5 Mal!) diese Impfung jedoch wiederholt wird, desto länger bleiben die sich bildenden Antikörper gegen das Schwangerschaftshormon aktiv. Dadurch bleibt die geimpfte Person länger unfruchtbar, unter Umständen jahrelang.

Geburtenkontrolle USA?

Ärzte unter der Leitung von Alfred Rotich und Cardinal John Njue, die katholische Kirche vertretend, haben sich selbst um Proben des Impfstoffes bemüht und sie von vier unabhängigen staatlichen und privaten Laboren in Kenia und im Ausland testen lassen. Die Ergebnisse gaben die Ärzte und Kirchenvertreter zusammen mit einem von 29 Personen unterzeichneten offenen Brief bekannt – aber erst einmal geschah nichts. Diese unbelesenen Frauen konnten auf einmal keine Kinder mehr bekommen und wussten nicht, warum. Das ist eine soziale Katastrophe oder sogar ein Jahrhundertverbrechen. Doch außerhalb Kenias schweigen nicht nur die Leitmedien zu dem Fall, sondern auch die katholische Kirche in Rom sagt nichts dazu. Der Vatikan schweigt, obwohl 21 seiner afrikanischen Bischöfe und der Apostolische Administrator als lokaler Vertreter des Papstes in Kenia den offenen Brief unterzeichnet haben. Darin steht: "Der vom Gesundheitsministerium und dem parlamentarischen Gesundheitsausschuss vorgelegte Bericht über 'die Sicherheit des Impfstoffs ist falsch' und ein 'bewusster Versuch', die Wahrheit zu verschleiern."

Die WHO hat später mit Gefälligkeitsgutachten und anderen Zusagen gegenüber der Regierung versucht, die Impfaktion anders darzustellen. In dem offenen Brief ist allerdings zu lesen: "Wir sind überzeugt, dass es sich bei der Tetanus-Impfkampagne um ein verschleiertes Programm zur Geburtenkontrolle handelt."

Aus welchem Grund sollten die Rockefeller Foundation und die Bill & Melinda Gates Foundation so etwas Kriminelles überhaupt unterstützen? Das bereits in Kapitel 6 angesprochene National Security Study Memorandum (NSSM) 200 befasst sich mit der weltweiten demografischen Bevölkerungsentwicklung, wie sie 1974 prognostiziert wurde.

In dem Bericht werden 13 Länder als besonders problematisch in Bezug auf US-Sicherheitsinteressen genannt: Indien, Bangladesch, Pakistan, Indonesien, Thailand, die Philippinen, die Türkei, Nigeria, Ägypten, Äthiopien, Mexiko, Kolumbien und Brasilien. Die Länder sollen 47 Prozent des gesamten Weltbevölkerungswachstums ausmachen. Es wird empfohlen, dass die US-

National Security Study Memorandum

Führung "die nationalen Führer beeinflusst" und dass "eine verbesserte weltweite Unterstützung für bevölkerungsbezogene Bemühungen durch eine stärkere Betonung der Massenmedien und anderer Programme zur Aufklärung und Motivation der Bevölkerung durch die Vereinten Nationen, den Informationsdienst USIA (United States Information Agency) und USAID angestrebt werden sollte", heißt es im NSSM weiter.

Nur Wirtschaftsinteressen?

Das heute noch rechtskräftige Arbeitspapier ist in zwei Hauptabschnitte unterteilt: Es gibt einen analytischen Abschnitt und die politischen Empfehlungen in Abschnitt zwei. Die US-Politik misst den Maßnahmen zur "Bevölkerungskontrolle im Ausland" und der Förderung der Empfängnisverhütung "höchste Bedeutung" bei: "Die US-Wirtschaft wird große und zunehmende Mengen an Mineralien aus dem Ausland benötigen, insbesondere aus weniger entwickelten Ländern. Diese Tatsache gibt den USA ein verstärktes Interesse überall dort, wo eine Verringerung des Bevölkerungsdrucks durch verringerte Geburtenraten die Aussichten auf eine solche Stabilität erhöhen kann. [...] Es wirft auch die Frage auf, ob die

USA eine bevorzugte Aufteilung der überschüssigen Nahrungsmittel auf Staaten in Betracht ziehen sollte, die als konstruktiv bei der Anwendung von Maßnahmen zur Bevölkerungskontrolle gelten." (NSSM)

Es gab in Kenia also weder einen medizinischen noch einen technischen Grund, weshalb in den Impfstoffampullen Beta-HCG enthalten war. Ganz offensichtlich sollte die durch Stiftungen finanzierte Impfkampagne lediglich einer neuen Maßnahme zur Geburtenkontrolle im Interesse der US-Regierung dienen. Die Regierung Kenias und das Landwirtschaftsministerium einerseits sowie die Kirche und Ärzte andererseits einigten sich schließlich auf eine erneute Überprüfung in einem gemeinsam ausgewählten Labor. Das Ergebnis der Untersuchungen blieb gleich: Es befanden sich Beta-HCG Schwangerschaftshormone im Impfstoff.

Eher lautlos brachen die WHO und UNICEF kurz darauf die "Tetanus-Impfaktion" noch 2014 – während der dritten (von fünf) Impfungen – ab. Aufklärung über die Hintergründe der Aktion: Fehlanzeige! Die Tetanusimpfungen erfolgen im Erwachsenenalter in der Regel alle 10 Jahre und Nebenwirkungen sind dabei sehr selten. Unfruchtbarkeit gehört jedenfalls nicht dazu! Die in Kenia erfolgte zeitliche Abfolge der Impfung passt allerdings zu einer Impfformel von Professor Gursaran Prasad Talwar, der 1994 mit dieser Kombination Frauen in Indien impfte, um damit eine Schwangerschaft verhindern zu können.

Heiliger Bill Gates?

Für die Betrachtung eines Milliardärs wie Bill Gates bietet die Gesellschaft viele Perspektiven, man kann ihn mit oder ohne Brille sehen. Je nachdem, wen wir fragen, ist er entweder ein Computergelehrter, ein genialer Geschäftsmann oder ein "heiliger" Philanthrop. Doch all diese Blickwinkel wurden uns in erster Linie nur durch PR-Agenturen vermittelt, die entweder von der Bill & Melinda Gates Foundation gegründet oder finanziert wurden. Was motiviert diesen Mann tatsächlich, ein riesengroßes Netzwerk über unsere Gesundheitsbehörden aufzubauen und all das zu kontrollieren?

Der Hellseher

Aus den anfangs etwa 50 Konzernbeteiligungen bei Coca Cola, Goldman Sachs, McDonald's, Nestlé, Rio Tinto Bergwerke oder Unilever sind inzwischen über 9.600 geworden. Die Bill & Melinda Gates Foundation kann sich zwar sogar mit dem Menschenrechtsimage der UNO schmücken, lehnt aber im Gegenzug jede Verpflichtung auf die "Einhaltung der Menschenrechte" ab – frei nach dem Motto: "Transform the World through Business!" Wie wir bislang sehen konnten, kontrolliert Bill Gates unsere Identitäten, unsere Vermögenstransaktionen und demnächst auch unseren Körper, um wahrscheinlich auch über die Lebenserwartungen der Menschen zu bestimmen. Dazu gibt es eine ganze Infrastruktur mit Forschern, Laboratorien, Unternehmen, Regierungsbehörden und öffentlichen Gesundheitseinrichtungen, die in den meisten Fällen von Gates finanziert wird, aber in der Menschen arbeiten, die von der Überzeugung angetrieben werden, wirklich "im besten Interesse der Menschen" zu handeln.

Ein einzelner Mann wie Bill Gates, wie reich er auch sein mag, könnte jederzeit leicht aufgehalten werden. Doch selbst wenn Bill Gates gestern gestorben wäre, würde heute die von ihm bereits in Gang gesetztc Agenda weitergeführt werden.

"Die Pandemie wird erst beendet sein, wenn ein Impfstoff existiert", wusste Bill Gates in seinem Interview mit der ARD am 12. April 2020 zu berichten. Angeblich könnte der Coronaimpfstoff bereits im September 2020 bereitstehen. Sogar von der "gestarteten Produktion" war die Rede, und seit dem 9. Juli 2020 startete man sogar die Informationskampagne, dass Antikörper bei leicht Infizierten nach etwa vier Wochen angeblich nicht mehr vorhanden sind. Warum will man unbedingt mit halbfertigen Impfmitteln sogar bereits Genesene gegen 2019-nCoV impfen?

Ohne Heiligenschein?

Der normale Prozess zur Herstellung eines Impfserums dauert in der Regel 15 bis 20 Jahre, um alle möglichen Nebenwirkungen aus dem Weg zu räumen. Wie wir in Kapitel 4 bei Ebola gesehen haben, konnte die Rekordzeit von nur fünf Jahren nur deshalb eingehalten werden, weil das Ebolaimpfserum nicht funktionierte und zudem alle Geimpften krank gemacht hat. Selbst wenn einige den Zeitraum von September 2020 auf August 2021 ausgedehnt haben, sollte man eine Impfung mit dem "Gift-Cocktail", den Gates anbietet, möglichst vermeiden. Bill Gates verkündete in seinem ARD-Interview allerdings siegesgewiss: "Wir werden sieben Milliarden Menschen auf der Welt impfen."

Obwohl weder Testergebnisse noch andere nachvollziehbare Studien existieren, lässt der Philanthrop, wie er sagt, wohl bei Biontech bereits einen Impfstoff produzieren. Die Universität Oxford arbeitet mit nie da gewesenen Mitteln ebenfalls daran, hieß es weiter. Die seltsame Bedingung bei dem Impfvorhaben der Bill & Melinda Gates Foundation ist jedoch, dass die jeweilige Landesregierung die impfende Stelle von allen Haftungsansprüchen freistellt. Tatsächlich bestätigte das auch schon der amerikanische Umweltanwalt und Aktivist Robert F. Kennedy Jr., als er sagte: "Gates ist so besorgt über die Gefahr unerwünschter Ereignisse, dass er unbedingt will, dass die Impfstoffe erst verteilt werden, wenn die Regierungen einer Entschädigung gegen Klagen zugestimmt haben." Sind die noch zu retten?

Im Übrigen ist Robert F. Kennedy Jr. einer jener Anwälte, der gegen Monsanto die Schadenersatzprozesse gewonnen hat und zudem umweltbewusst und absolut kritisch gegenüber der Ölindustrie eingestellt ist. "Die Bill & Melinda Gates Foundation und ihre globale Impfagenda haben bereits viel zu verantworten", sagt Kennedy Jr. weiter. Anstatt Projekte zu priorisieren, die nachweislich Infektionskrankheiten eindämmen könnten und die Gesundheit verbessern, wie sauberes Wasser, Hygiene, Ernährung und wirtschaftliche Entwicklung, gibt die Gates Stiftung, so der Umweltanwalt, lediglich etwa 650 Millionen US-Dollar ihres 5-Milliarden-Dollar-Budgets für diese Bereiche aus. R. F. Kennedy Jr. sagt weiter über Bill Gates: "Zum Beispiel ist er ein wichtiger Geldgeber der Weltgesundheitsorganisation und spendet an andere wichtige Akteure in der 2019-nCoV-Saga, nicht zuletzt an das Imperial College London, dessen Neil Ferguson äußerst fehlerhafte Daten vorlegte (...)."

Vetternwirtschaft?

In Deutschland sieht es nicht viel anders aus: Wer hat in Deutschland die Koordination der Pandemiebekämpfung? Das Robert Koch Institut! Wer ist der Obervirologe? Christian Drosten von der Charité! Wer prüft in Deutschland Impfstoffe bereits am Menschen? Die Firma "Biontech" aus Mainz! Wer übernimmt diese Aufgabe in England? Die Universität Oxford! Und wer produziert bereits einen Coronaimpfstoff, obwohl die Testphasen

Serum Institute of India

gerade erst begonnen haben? Die weltgrößte Impfstoffherstellerin "Serum Institute of India"! Hinzu kommt, dass, während die Impfstoffe in Deutschland 20-mal teurer verkauft werden im Vergleich zum Einkaufspreis, das indische Unternehmen "Serum Institute of India" noch weit unter dem Einkaufspreis produzieren muss, um ebenfalls Gewinne zu erwirtschaften. Und was alle diese Institutionen und Firmen gemeinsam haben, ist ebenfalls interessant: Sie alle werden von der Bill & Melinda Gates Foundation finanziert!

Alleine die Universität in Oxford erhielt in den letzten Jahren 133 Spenden von der Gates-Stiftung! Das Schlimmste an dem Ganzen ist, dass nach einer Umfrage der Bundeszentrale für gesundheitliche Aufklärung zum Coronavirus über das Meinungsforschungsinstituts YouGov vom 1. Juni 2020 jeder zweite Deutsche sich gegen das Coronavirus 2019-nCoV impfen lassen will, wenn es einen Impfstoff gibt! Dabei hat die Bill & Melinda Gates Foundation für das Jahr 2019 ebenfalls einen Gewinn von 7,2 Milliarden US-Dollar angegeben und braucht dafür nicht einmal Steuern zu zahlen, weil es sich ja angeblich um eine gemeinnützige Stiftung handelt. Und die Stiftungseigner dürfen sich jedes Jahr 15 Prozent Aufwandsentschädigungen aus diesen Gewinnen herausziehen, was für 2019 demnach 1,08 Milliarden US-Dollar entspricht. Ist doch selbst für einen "Menschenfreund" wie Bill Gates nicht schlecht, oder?

Was hat es eigentlich mit Organisationen wie GAVI oder CEPI auf sich? Um neue Impfstoffe zu entwickeln oder vorhandene auch in die letzten Winkel eines Entwicklungslandes zu bringen, benötigt es nicht nur Geld, sondern auch politische Unterstützung. Dazu gründete die Bill & Melinda Gates Foundation im Jahr 2000 in Genf (Schweiz) die "Global Alliance for Vaccines and Immunisation" (GAVI) und im August 2016 die "Coalition for Epidemic Preparedness Innovations" (CEPI) in Oslo (Norwegen). In diesen globalen Allianzen versammeln sich private Geldgeber, Unternehmen und Regierungen, um den Kampf gegen Infektionskrankheiten zu koordinieren. Seit ihrer Gründung habe GAVI nicht nur 760 Millionen Kinder gegen diverse lebensbedrohliche Krankheiten geimpft, sondern laut Auskunft der Organisation auch etwa 13 Millionen Leben gerettet. Dennoch stehen beide Organisationen seltsamerweise stets im Zentrum diverser Verschwörungstheorien. Wie kann das sein?

Keine Kontrolle?

Die von Bill Gates und Microsoft Technology unterstützte Initiative ID2020 hat angesichts der 2019-nCoV-Pandemie in einigen Kreisen große Skepsis ausgelöst. 2019 gab ID2020 nicht nur die Zusammenarbeit mit der Regierung von Bangladesch bekannt, sondern sie wollten auch jedes Neugeborene impfen und bei der Gelegenheit zur Identifizierung mit einem biometrischen Chip versehen. Dazu heißt es: "Mit der Möglichkeit der Impfung als Plattform für die digitale Identität nutzt das Programm bestehende Geburtsregistrierungs- und Impfoperationen, um Neugeborenen eine tragbare und dauerhafte biometrisch verknüpfte digitale Identität zu bieten. Das Programm wird auch mehrere führende biometrische Technologien für Säuglinge untersuchen und bewerten, um von Geburt an eine dauerhafte digitale Identität zu bieten und ein potenzielles globales öffentliches Gut freizusetzen."

Verantwortlich für die Ausführung ist GAVI, die sich insbesondere die Impfung der Menschen in Entwicklungsländern zur

Aufgabe gemacht hat. "Da bis zu 89 Prozent der Kinder und Heranwachsenden in den Ländern über keine Möglichkeit verfügen, sich digital zu identifizieren, können sie auch nicht am Gesundheitssystem teilhaben, erklärt der GAVI-Geschäftsführer Seth Berkley diese Maßnahme. Bevor Berkley 2011 zur GAVI kam, war er zunächst in der US-Gesundheitsbehörde CDC tätig und danach acht Jahre in der Rockefeller-Stiftung als Abteilungsleiter der "Health Sciences Division". Er ist Mitglied im Council on Foreign Relations und im Aufsichtsrat des Pharmakonzerns Gilead.

Ganz offensichtlich wird in den Entwicklungsländern nur geübt, bevor alle Menschen auch bei uns mit diesen Maßnahmen versehen werden sollen. Immer häufiger testen Pharmakonzerne auch ihre Medikamente zum Beispiel in Indien. Als GAVI 2012 Schulmädchen gegen krebserregende Viren impfen ließ, kam es dabei zum Eklat. Sieben Kinder starben, ohne dass die Eltern vor der Kampagne nach ihrem Einverständnis gefragt worden waren. Ihre Tochter sei seltsam gewesen, als sie in den Ferien nach Hause kam, sagte Ventkatama Kudumula. Am nächsten Morgen war die 14-Jährige tot. Das Kuriose dabei: Der impfende Arzt gab eine Impfung gegen Malaria an, nicht ungewöhnlich in Indien. Doch tatsächlich enthielt das Serum eine Mischung "gegen Gebärmutterhalskrebs". Bereits 2009 hat die von der Bill & Melinda Gates Foundation finanzierte Organisation PATH für eine HPV-Beobachtungsstudie bei 24.000 mit "Gardasil" (Merck) und "Cervavix" (GlaxoSmithKline) geimpften 10- bis 14-jährigen Mädchen Probleme verursacht, wobei es ebenso zu Todesfällen kam. Die Gutachter schrieben später, dass kein unabhängiger Prüfer die Todesfälle je untersucht habe. Schafft Gates mit seinem Einsatz in Wahrheit nur ein billiges Testfeld für die Pharmakonzerne?

Lügende Presse?

Der ebenfalls von Bill Gates beein-
flusste GHIT-Fonds (Global Health In-
novation Technology) ist der erste öffent-
lich-private Partnerschaftsfond, an dem
eine nationale Regierung, eine UN-Agen-
tur, ein Konsortium von Pharma- und
Diagnostikunternehmen sowie internationale philanthropische Stiftungen beteiligt sind; er ist in Japan angesiedelt.

Abb. 115

Global Investigative
Journalism Network

Gates stellte vorher fest, dass GHIT auf die immense Innovati-
onsfähigkeit der japanischen Pharmaunternehmen, Universitäten
und Forschungseinrichtungen zurückgreift, um die Entwicklung
neuer Impfstoffe, Medikamente und Diagnosewerkzeuge für
die globale Gesundheit zu beschleunigen. Bei dem Organisati-
onsziel geht es angeblich vornehmlich um ansteckende und bisher vernachlässigte Krankheiten in Entwicklungsländern, die
dadurch stärker bekämpft werden sollen als bisher. GHIT wurde
2013 von der Bill & Melinda Gates Foundation, dem britischen
"Wellcome Trust" des Pharmakonzerns GlaxoSmithKline und
den wichtigsten Pharmakonzernen Japans gegründet.

Um dies in den Medien richtig vertreten zu wissen, wurde
von der Bill & Melinda Gates Foundation und der Open Society
Foundation des US-Hedgefonds-Spekulanten George Soros
2003 das "Global Investigative Journalism Network" (GIJN)
mit Sitz in Maryland/USA gegründet, das seitdem Journalis-
tentools, Journalistenhandbücher sowie große Schulungskon-
ferenzen anbietet, an denen bisher über 5.000 Journalisten aus
100 Ländern teilgenommen haben. GIJN ist zudem der Mitor-
ganisator einer alle zwei Jahre stattfindenden "Global Investigative Journalism Conference" (GIJC), auf der insbesondere investigative Journalisten aus der ganzen Welt zusammenkommen,

um ihr Wissen und ihre Expertise miteinander zu teilen und grenzüberschreitende Netzwerke für gemeinsame Berichterstattung und Empfehlungen zu bilden. Dort vergibt GIJN dann den "Global Shining Light Award" für herausragende Leistungen in der investigativen Berichterstattung. Die Organisation stellt auch für die 2019-nCoV-Pandemie ein 2019-nCoV-Management und extra dafür organisierte Trainingsprogramme sowie aufbereitete Pressematerialien zusammen. Das ist auch mit einer der Gründe dafür, warum die allgemeine Presse jede kritische Frage zu 2019-nCoV inzwischen als Verschwörungstheorie abhandelt.

Reichen Kapital?

Die Weltbank (World Bank) bezeichnet die in der US-amerikanischen Hauptstadt Washington, D.C. angesiedelte Weltbankgruppe (International Development Association, IDA/ International Finance Corporation, IFC/ Multilateral Investment Guarantee Agency, MIGA/ International Centre for Settlement of Investment Disputes, ICSID), eine "multinationale Entwicklungsbank". Die gemeinsame Kernaufgabe dieser Institutionen ist es, die wirtschaftliche Entwicklung von weniger entwickelten Mitgliedsstaaten durch finanzielle Hilfen, Beratung sowie technische Hilfe zu fördern und so zur Umsetzung der internationalen Entwicklungsziele beizutragen. In der Vergangenheit gab es oft Kritik, dass die Weltbank gemeinsam mit dem monetären System, dessen Teil sie ist, die weltweite Inflation und "eine Welt, in der der internationale Handel von Staaten dominiert", fördere. Obwohl die Bank 188 Länder repräsentiert, wird sie von einer kleinen Zahl von Ländern angeführt. Die Bank wurde aufgrund der ungleichen Machtverteilung bei den Stimmrechten zugunsten der westlichen Länder und ihrer Rolle in Entwicklungsländern auf eine Stufe gestellt mit der Development Bank of Southern Africa während des Apartheidregimes.

Seit 2017 hat auch die Weltbank erkannt, dass Pandemien ein neues Geschäftsfeld sind. Sie stellte einen Kredit über 500 Millionen US-Dollar zur Bekämpfung von ansteckenden Krankheiten zur Verfügung, insbesondere für arme Staaten. Die Kredite werden vergeben, wenn Influenza-A-Viruen, SARS, MERS, Ebola, Marburg und andere beteiligt sind. Die Gelder werden über die Münchener-Rückversicherung, Swiss-Re und Guy Carpenter ausgegeben. Der jeweils größte Aktionär der Münchener-Rückversicherung und Swiss-Re ist BlackRock. Im Dezember 2019 kritisierte US-Präsident Donald Trump, dass China als zweitgrößte Volkswirtschaft der Welt Kredite in Höhe von vier Milliarden US-Dollar von der Weltbank erhalten habe, obwohl deren Aufgabe angeblich die Bekämpfung von Armut sei.

Keine Interessengemeinschaften?

Darüber hinaus gibt es das Weltwirtschaftsforum (WEF), das von Klaus Schwab 1971 als gemeinnützige Stiftung in Genf gegründet wurde und seit 2015 den offiziellen Status einer internationalen Organisation besitzt. Die WEF wird von seinen rund 1.000 Mitgliedsunternehmen finanziert, die jeweils mindestens einen Jahresumsatz von 5 Milliarden US-Dollar nachweisen müssen. Insbesondere war die WEF ein Mitveranstalter von "Event 201" am 18. Oktober 2019. Das "Center for Health Security" der JHU in New York organisierte das Planspiel gemeinsam mit der Bill & Melinda Gates Foundation.

Im "Event 201" wurde ein Zukunftsszenario ausgearbeitet, wie ein neuartiges aggressives SARS-Co-Virus (2019-nCoV?), das zuvor von Fledermäusen auf Schweine und dann auf Menschen übertragen wurde, schließlich von Person zu Person

Event201

übertragbar wird. Das führt schließlich zu einer schweren Epidemie in südamerikanischen Großstädten: "Wenn es beginnt, sich in den einkommensschwachen, dicht gedrängten Vierteln einiger Megastädte Südamerikas effizient von Mensch zu Mensch zu verbreiten, explodiert die Epidemie", heißt es in den Event-201-Unterlagen.

Danach gelangt das SARS-Co-Virus durch Flugreisende nach Portugal, in die USA und nach China und von dort in die ganze Welt. Obwohl einige Länder zunächst in der Lage sind, es zu kontrollieren, breitet es sich weiter aus und wird erneut in die bereits betroffenen Länder eingeführt, und schließlich kann kein Land mehr die Kontrolle über das SARS-Co-Virus behalten!

Es besteht keine Möglichkeit, dass im ersten Jahr ein Impfstoff verfügbar ist. Es gibt ein fiktives antivirales Medikament, das dem Kranken helfen kann, aber die Ausbreitung der Krankheit nicht signifikant einschränkt. Da die gesamte menschliche Bevölkerung anfällig ist, steigt in den ersten Monaten der Pandemie die Anzahl der Fälle exponentiell an und verdoppelt sich jede Woche. Und wenn sich dann auch die Todesfälle häufen, werden die wirtschaftlichen und gesellschaftlichen Folgen immer schwerwiegender. Das Szenario endet in dem Planspiel nach 18 Monaten mit 65 Millionen Todesfällen. Die Pandemie beginnt, sich aufgrund der abnehmenden Anzahl anfälliger Personen zu verlangsamen. Gleichzeitig werden die wirtschaftlichen und sozialen Folgen der "Seuche" immer heftiger. Die Pandemie wird in gewissem Maße andauern, bis es einen wirksamen Impfstoff gibt oder bis 80 bis 90 Prozent der Weltbevölkerung exponiert sind. "Ab diesem Zeitpunkt handelt es sich wahrscheinlich um eine endemische Kinderkrankheit", heißt es in dem Arbeitspapier!

Meisterübung?

Chris Elias, Präsident für globale Entwicklung bei der Bill & Melinda Gates Foundation, bemerkte: "Event 201 und seine Vorgängersimulationen wie Clade X sind entscheidende Werkzeuge, nicht nur um zu verstehen, was erforderlich ist, um effektiv auf globale Krisen im Bereich der öffentlichen Gesundheit reagieren zu können, sondern auch, um die Konsequenzen dessen, was wann passiert, abschätzen zu können. Wir sind nicht vorbereitet."

Unter der Leitung von Tom Inglesby nahmen am "Event 201" die Weltbank, die PR-Agentur Edelman, der Pharma- und Medizingerätehersteller Johnson & Johnson, die NBC Universal Media, die Medical Group Henry Schein, Lufthansa Airlines, der Logistikkonzern UPS, die Hotelkette Marriott, die US-Gesundheitsbehörde CDC und ein Ex-Direktor der CIA sowie ein Ex-US-Sicherheitsberater teil. Tatsächlich ist die CIA seit langer Zeit Partner der JHU. Der US-Geheimdienst organisiert in der Universität unter anderem öffentliche Rekrutierungsevents. Diese finden in der Washingtoner Niederlassung der JHU Paul Nitze School of Advanced International Studies statt. In der "career week" können sich dann Studenten unter dem Motto "learn about working at the Central Intelligence Agency" über die Karrieremöglichkeiten informieren.

Das "Event 201" war dem "World 101" von 2003 nachgebildet, das von der "Council of Foreign Relations" (CFR) gegen Einflüsse von Terrorismus, Migrationsströme und den damit verbundenen Bedrohungen durch Infektionen sowie ansteckende Krankheiten ausgearbeitet worden war. Die Studie

Studie World 101

zu "World 101" finanzierte neben der US-Regierung ebenfalls die Bill & Melinda Gates Foundation.

Die am 18. Oktober 2019 durchgeführte Pandemieübung zu Veranstaltung #201 sollte eine Reihe wichtiger Lücken in der Vorbereitung auf Pandemien sowie einige Lösungen für den öffentlichen und privaten Sektor veranschaulichen. Das "Johns Hopkins Center für Gesundheitssicherheit", das WEF und die Bill & Melinda Gates Foundation schlugen daher gemeinsam Folgendes vor: "Regierungen, internationale Organisationen und Unternehmen sollten jetzt planen, wie wesentliche Unternehmensfähigkeiten während einer groß angelegten Pandemie genutzt werden sollen. [...] Medienunternehmen sollten sich ihrerseits dafür einsetzen, dass maßgebliche Nachrichten priorisiert und falsche Nachrichten unterdrückt werden, auch durch den Einsatz von Technologie."

Kein Zufall?

Interessanterweise brach nur zwei Monate später in der chinesischen Millionenstadt Wuhan die 2019-nCoV-Erkrankung aus, die, wie wir in Kapitel 3 gesehen haben, durchaus aus den USA nach Wuhan gebracht worden sein könnte. Es habe sich beim "Event 201" nicht um eine Voraussage gehandelt, sondern um eine Fiktion, erklärt das JHU jedoch: "Vor kurzem hat das 'Center for Health Security' Fragen erhalten, ob die Simulation den aktuellen Ausbruch des neuartigen Coronavirus in China vorhersagte. Um klar zu sein, haben das Zentrum für Gesundheitssicherheit und seine Partner während unserer Tischübung keine Vorhersage getroffen. Für das Szenario haben wir eine fiktive Coronaviruspandemie modelliert, aber wir haben ausdrücklich angegeben, dass dies keine Vorhersage ist. Stattdessen diente die Übung dazu, die Herausforderungen in Bezug auf Bereitschaft und Reaktion hervorzuheben, die bei einer sehr schweren Pandemie wahrscheinlich auftreten würden. Wir sagen jetzt nicht voraus, dass der Ausbruch von 2019-nCoV 65 Millionen Menschen töten wird. Obwohl unsere 'Tabletop-Übung' ein neuartiges Coronavirus enthielt, sind die Eingaben, die wir zur Modellierung der möglichen Auswirkungen dieses fiktiven Virus verwendet haben, nicht mit 2019-nCoV vergleichbar."

Komisch an dieser Erklärung ist wiederum, dass nur zwei Monate später die JHU bekanntgab, dass sie bereits einen 2019-nCoV-Test entwickelt habe. Wie war das so schnell möglich? Solche Erkenntnisse sind wiederum Nahrung für jeden Verschwörungstheoretiker. Was hält eigentlich Bill Gates selbst von den Verschwörungstheorien, die sich um ihn ranken? "Alles, was wir tun, ist Geld ausgeben und unsere Meinung kundtun", entgegnet der Philanthrop. "Letztlich sind nicht wir es, die die Entscheidungen fällen." Wirklich nicht?

Amerika First?

"Die nächste schwere Pandemie wird nicht nur große Krankheiten und Todesfälle verursachen, sondern auch schwerwiegende wirtschaftliche und gesellschaftliche Folgen haben, die erheblich zu den globalen Auswirkungen und Leiden beitragen können", steht in den #201-Unterlagen. Schon seit der Gründung von GAVI im Januar 2.000 prophezeit Bill Gates das baldige Eintreten von mehreren Pandemien mit Millionen von Toten, so wie im Oktober 2019 beim "Event 201", das nach einer 3,5 Stunden-Präsentation immerhin 65 Millionen Tote

Kriege interessieren Gates nicht.

beziffert, die einem Coronavirus erlagen. "Während meiner Kindheit war ein Atomkrieg die Katastrophe, vor der wir die meiste Angst hatten", verkündet der Milliardär in seiner Rede. "Heute sieht das Risiko einer globalen Katastrophe anders aus. Inzwischen sind es keine Raketen mehr, sondern Mikroben!"

Für diese Spekulation leugnet der "Seuchenfanatiker" Gates nicht nur den "Welthunger", dem täglich ungleich mehr Menschen zum Opfer fallen und der vom Babyalter an krank macht, sondern er leugnet auch die Gefahr von gegenwärtigen und möglichen kommenden Kriegen. Bill Gates hat zu keiner Zeit die 737 aktiven Militärbasen der USA rund um den Globus oder einen angezettelten Krieg durch die US-Regierung gerügt. Gerade die Coronakrise tarnte die Truppenbewegung von 40.000 Soldaten und über 20.000 Militärfahrzeugen, Panzern und anderem Kriegsgerät in Deutschland, um am 12. März 2020 das NATO-Manöver "Operation Defender" zu starten. Während des als "Übung" deklarierten Manövers wurden die aus den US-Kriegsmaterial-Depots in Deutschland und Belgien stammenden Waffenarsenale nach Bergen, Grafenwöhr und Polen verlegt und gegen den vermeintlichen Feind in Richtung Russland ausgerichtet. Während der zweiten Phase dieser Übung (?) im Mai 2020 wurde zusätzlich weiteres Personal und Material von den USA nach Europa verlegt. Tatsächlich wurden bei der Aktion weitere Kriegsmaterialien und Truppen insbesondere aus Deutschland fest nach Polen verlegt. Auch wenn die Streitkräfte der USA bis Juli 2020 eine Rückverlegung an ihre Heimatstandorte ankündigten, sieht es in Wahrheit nicht so aus, als ob sich die USA daran halten würden. Dagegen spricht auch, dass aus den USA verlegte Material und die Soldaten.

Die Guten?

Die USA sehen sich trotz solcher aggressiven Handlungen stets als Hort der Gerechtigkeit sowie der Freiheit und führen das immer wieder auf ihre Verfassung zurück: "Wir, das Volk der Vereinigten Staaten, von der Absicht geleitet, unseren Bund zu vervollkommnen, die Gerechtigkeit zu verwirklichen, die Ruhe im Innern zu sichern, für die Landesverteidigung zu sorgen, das allgemeine Wohl zu fördern und das Glück der Freiheit uns selbst und unseren Nachkommen zu bewahren, setzen und begründen diese Verfassung für die Vereinigten Staaten von Amerika [...]." In der Realität haben die US-Amerikaner das System USA aber gerade mit Lügen, Folter und Kriegen etabliert. Die USA verkaufen zum Beispiel gerne mal Waffen an den eigenen Feind (Iran) und somit an Gegner eines Landes (Irak), das sie eigentlich unterstützen, doch genau mit diesen Erlösen finanzieren sie wieder Aufständische in einem anderen Land wie Nicaragua. Die Aufständischen "Contras" in Nicaragua führen aber nicht nur einen fragwürdigen Bürgerkrieg, sondern schmuggeln sogar Drogen in die USA, was durch die US-Regierung geduldet und finanziert wird. Nebenbei verstößt die US-Regierung damit einfach mal gegen einen Beschluss des eigenen Kongresses und zweckentfremdet Geld, das eigentlich für den Freikauf eigener Bürger, die im Libanon als Geiseln gehalten wurden, vorgesehen war. Dabei führten alle von Bill Gates bisher gestützten US-Regierungen zudem immer wieder zahlreiche todbringende Kriege rund um den Erdball und

Abb. 119

Gates verschaukelt den
US-Präsidenten

stellen jetzt auch atombestückte Raketen gegen inszenierte alte und neue Feinde (Russland und China) auf dem Boden, in der Luft und auf den Meeren auf. Den "Menschenfreund" Bill Gates scheinen solche Drohgebärden seltsamerweise recht wenig bis gar nicht zu interessieren!

Dass Bill Gates kein besonders großer Freund von US-Präsident Donald Trump wird, ist kein Geheimnis. Der Philanthrop traf Trump im Dezember 2016 zum ersten Mal in New York und erinnerte sich: "Als ich zum ersten Mal mit ihm sprach, war es tatsächlich beängstigend, wie viel er über das Aussehen meiner Tochter wusste." So lehnte der Microsoft-Gründer nach eigener Aussage die Stelle des Wissenschaftsberaters im Weißen Haus mit der Begründung ab: "Das wäre keine gute Verwendung meiner Zeit."

Im März 2017 haben sich Gates und Trump ein zweites Mal im Weißen Haus getroffen, erzählt Gates: "Bei diesen beiden Treffen fragte er mich, ob Impfstoffe nicht 'eine schlechte' Sache seien, weil er die Gründung einer Kommission in Betracht ziehe, um die negativen Auswirkungen von Impfstoffen zu untersuchen, und jemand – ich glaube, es war Robert Kennedy Jr. – sagte ihm, dass Impfstoffe schlimme Dinge verursachten. Und ich sagte nein, das ist eine Sackgasse, das wäre eine schlechte Sache, tu das nicht."

Keine Freunde?

Auf dem Treffen der Bill & Melinda Gates Foundation im Mai 2018 erzählte Gates schließlich über Trump auch: "Beide Male wollte er wissen, ob es einen Unterschied zwischen HIV und HPV gebe, also konnte ich erklären, dass diese selten miteinander verwechselt werden." Ganz offensichtlich kümmert es Bill Gates nicht sonderlich viel, dass durch die HPV-Impfungen zur angeblichen Krebsvorsorge bereits unzählige Menschen verstorben sind und tausende Menschen seit Jahren mit Impfschäden weiterleben müssen. Trotz der 2019-nCoV-Pandemie trafen sich Gates und Trump seit 2017 nicht mehr persönlich. Was war der tatsächliche Grund für diese Entscheidung?

Im Februar 2020 erklärte Mick Mulvaney, damals noch Kabinettsmitglied von Trump im Weißen Haus, auf die Frage, ob es in den USA eine "verborgene Regierung", einen "Deep State" gebe, der gegen US-Präsident Donald Trump arbeite, dass dies "absolut zu hundert Prozent der Wahrheit" entsprechen würde! Laut dem Politikwissenschaftler George Friedman besteht dieser "Deep State" seit 1871 und wird unter jeder aktuellen Bundesregierung weitergeführt, um die Politik zu kontrollieren und häufig auch um sie umzugestalten. Aus der Sicht von Friedman wurde in den USA einst nur deshalb der öffentliche Dienst geschaffen, "um die Macht des Präsidenten einzuschränken": "Vor 1871 konnte der Präsident Bundesangestellte auswählen, die alle zur Freude des Präsidenten dienten. Dies ist nicht mehr der Fall."

Der NSA-Leaker Edward Snowden hat den Begriff ebenfalls allgemein verwendet, um den Einfluss von ausgewählten Beamten zu bezeichnen: "Der Deep State ist nicht nur der Geheimdienst, er ist in Wirklichkeit auch eine Art, sich auf die Karrierebürokratie der Regierung zu beziehen. Diese Regierungsbeamten sitzen in mächtigen Positionen und gehen nicht, wenn Präsidenten das tun [...]. Diese haben schon viele Präsidenten kommen und gehen sehen und beeinflussen die Politik und die Präsidenten." Der US-amerikanische Senator Rand Paul bestätigte das am 20. März 2018 ebenfalls: "Es gibt absolut einen Deep State in Form der staatlichen Geheimdienste, die ohne echte Aufsicht im Verborgenen ein machtvolles Eigenleben führen."

Austauschbarer Trump?

Das erklärt gleichzeitig die Distanzierung von Bill Gates gegenüber Donald Trump: Während der Philanthrop in der Öffentlichkeit kaum für seine Gewitztheit bekannt war, hat er bei seiner Stiftungsveranstaltung im Mai 2018 das Publikum gleich mehrfach zum Lachen gebracht. In einer Anekdote zu seinen Treffen mit Trump sagte er: "Als ich hereinkam, brachte mich sein erster Satz ziemlich durcheinander. Er sagte: 'Trump hört, dass Sie nicht mögen, was Trump tut.' Und ich dachte: 'Wow, aber du bist Trump.' Ich wusste nicht, dass ich in der dritten Person von mir reden sollte: 'Gates sagt, dass Gates weiß, dass Sie die Dinge nicht richtig machen.'"

Trump Art, sich in der dritten Person auf sich selbst zu beziehen, ist mittlerweile bekannt. Dass Gates den US-Präsidenten durch den Kakao zieht, verdeutlicht allerdings nur eines: Donald Trump ist weder für Bill Gates noch für die US-Regierung von besonderer Wichtigkeit und kann jederzeit ausgetauscht werden!

Die JHU entstand 1876 aus Vermögen des Eisenbahnunternehmers und Multimillionärs Johns Hopkins (1795-1873) als eine private Universität und ist heute wie eine Dachorganisation, die direkte Beziehungen zum Militär und zur US-Außenpolitik unterhält. Dem Organigramm der Johns Hopkins University gliedert sich auch die "Nitze School of Advanced International Studies (SAIS)" an. Sie ist benannt nach dem Investmentbanker Paul Henry Nitze (1907-2004), der in den 1950er Jahren Marine- und stellvertretender Verteidigungsminister der USA war und als "Abrüstungsexperte" dann mit Ronald Reagan für die Stationierung der Mittelstreckenraketen in Westeuropa eintrat. Er

Der America-First-Gedanke ist alt.

setzte auf militärische Stärke als Basis für Verhandlungen und sah dabei Abschreckung als Notwendigkeit an, um die Sowjetunion von möglichen Aggressionen abzuhalten.

Die nach ihm benannte private, unternehmens-, militär- und regierungsnahe Universität handelt deshalb immer im "nationalen Interesse" der USA. Dieses ergibt sich aus dem Verbund mit Regierungsinstitutionen, Konzernen, Banken, reichen StifterInnen, anderen Elite-Universitäten, Militärs und dem State Departement: Auch die Gesundheit und Krankheit aller Menschen der Erde sind wichtig für das Wohlergehen, die Sicherheit (und die Geschäfte) der "einzigen Weltmacht", wie es der Berater mehrerer US-Präsidenten formulierte. "America First" ist also ein geistiges Kind der US-Geschichte und keine Erfindung des jetzigen US-Präsidenten Donald Trump.

Regierung & Militär?

Gemäß der Vorgaben der NSSM ("National Security Study Memorandum") Kissingers, befasst sich die JHU auch mit der weltweiten Bevölkerungsentwicklung. Dazu organisiert sie Familienplanung und "sozialen Wandel" in 30 ausgesuchten Ländern, vor allem in Asien, dann in Afrika, Lateinamerika und dem Mittleren Osten. An der JHU werden Wissenschaftler von dort mit Stipendien bedacht, in "strategischer Führerschaft" ausgebildet und dann in ihren Herkunftsländern als medizinische Führungskräfte eingesetzt. Darüber hinaus gründet die JHU in Staaten, die den USA besonders nahestehen, Zentren für "reproductive health" ("Fortpflanzungsgesundheit"), mit dem Ziel eines sicheren Sexuallebens mit freier Entscheidung über Geburten. Angeblich soll so besonders die Übertragung von AIDS, Hepatitis und Syphilis von der Mutter aufs Kind verhindert werden. Tatsächlich geht es aber um Geburtenkontrolle!

Dazu werden 9 Fakultäten mit 30 Zentren und Instituten betrieben: das schon erwähnte CSSE, Globale Gesundheitssicherheit, Globale Gesundheitsprävention, Risikobewertung, Gesundheitsinformatik, Biomedical Engineering, Medizinische Ethik, Angewandte Verhaltensanalyse, Verhaltensbiologie, Biotechnisches Unternehmertum und Ähnliche, es gibt auch ein eigenes Krankenhaus für Erwachsene und Kinder. 35 Nobelpreise landeten in dieser Einrichtung.

Beim Erstellen ihrer sektenartigen Vorgaben wird die JHU stets unterstützt von der Gates-Stiftung, der Robertson-Stiftung (Julian Robertson/Tiger Management), vom "Open Philantropy Project" des Facebook-Mitgründers Dustin Moskovitz, von der "Economist Intelligence Unit" und der "Nuclear Threat Initiative" (Robert Edwardg "Ted" Turner/CNN) und Senator Sam Nunn. Zu den Experten gehören neben Wissenschaftlern der JHU auch Vertreter der Gates-Stiftung, der General-Electric-Stiftung, der Weltbank, des Economist Intelligence Unit, der Georgetown University, der Columbia University und zahlreiche Vertreter aus Finnland und Japan sowie den Entwicklungsländern Indonesien, Liberia, Pakistan und Uganda. Die weltweiten Gesundheitsprojekte von Bill Gates und seinen Kooperationspartnern handeln alle als Akteure von "America First"!

Verschaukelter Präsident?

Als Donald Trump Anfang Februar 2020 über die drohende Pandemiegefahr mit 2019-nCoV für die USA befragt wurde, berief er sich auf den "Global-Health-Security-Index" der JHU, der ausgerechnet 2019 zum ersten Mal erstellt wurde: "Und das Johns Hopkins Institut ist eine hochrespektierte, große Institution, glaube ich", lobte Trump die Ergebnisse des aktuellen Index. Das Ranking wurde mit Unterstützung der Bill & Melinda Gates Foundation erstellt und sollte untersuchen, welche Länder am besten auf eine Pandemie vorbereitet sind. Herauskam, dass die Gesundheitssysteme im Durchschnitt "sehr schlecht" vorbereitet sind mit 40,2 von 100 möglichen Punkten. 75 Prozent der Gesundheitssysteme, vor allem die der Entwicklungsländer, seien sogar in einem "katastrophalen" Zustand, wusste Trump. Aber die USA mit ihrem Gesundheitssystem seien darauf am besten vorbereitet und stünden deshalb auf Platz 1!

Was Donald Trump nicht wusste, war, dass "Bill Gates & Konsortium" den US-Präsidenten ganz offensichtlich "verschaukelt" hatten! Das von "Bill Gates & Konsortium" angegebene "sicherste Gesundheitssystem der Welt" gibt in ihrem Bericht folgende Daten bekannt: 2,8 Krankenbetten pro 1.000 Einwohner, das ist ähnlich wie in Großbritannien und knapp vor den Entwicklungsländern. Zum Vergleich: Russland sowie Deutschland verfügen über 8 Betten und Frankreich über 6 Betten je 1.000 Einwohner. Hinzu kommt, dass 27,5 Millionen US-AmerikanerInnen ohne jegliche Krankenversicherung sind. Diese offiziell angegebene Zahl ist überdies viel zu niedrig, denn Millionen Illegale, die in privaten Haushalten, in der Gastronomie und anderen Betrieb arbeiten, sind ebenfalls nicht versichert.

Des Weiteren haben etwa 100 Millionen US-AmerikanerInnen gar keine Vollversicherung und müssen die meisten Ärzteleistungen durch hohe Zuzahlungen ausgleichen, worauf in aller Regel verzichtet wird. Denn 60 Prozent der Privatinsolvenzen in den USA gehen auf teure medizinische Behandlungskosten zurück.

Abb. 121

USA und 2019-nCoV

Nach der Privatisierung und den hohen Versicherungsprämien ist das Gesundheitssystem bei weitem das teuerste Pro-Kopf-System der Welt, obwohl Millionen schwerer Krankheiten bei einem Teil der Bevölkerung in den USA gar nicht behandelt werden. Die USA verfügen über die höchste Kindersterblichkeit und die niedrigste Lebenserwartung im Vergleich aller entwickelten Staaten. Selbst den Menschen in Kuba geht es in der Gesundheitsversorgung im direkten Vergleich mit einem US-Amerikaner um ein Vielfaches besser.

Desolate Nummer 1?

Selbst ohne die 2019-nCoV-Pandemie starben während des Normalbetriebs des Gesundheitssystems (im Vergleich zu anderen entwickelten Staaten) doppelt so viele AmerikanerInnen an im Grunde beherrschbaren Infektionskrankheiten wie Lungenentzündung.

So und sogar noch etwas schlimmer sieht die von "Bill Gates & Konsortium" gepriesene Gesundheitssituation der "Number 1" in der Realität aus, die angeblich bestens gegen Epidemien oder Pandemien aufgestellt ist. Auch wenn Donald Trump von den Medien oft als alleiniger Versager bei der Bewältigung von 2019-nCoV in den USA dargestellt wird, sollte man also auch ein wenig auf "Bill Gates & Konsortium" herumtrampeln.

Weil die WHO und die JHU-Institute für das Management des globalen privaten Gesundheitsbetriebs nicht ausreichend

Durchschlagskraft besitzen, gründen "Bill Gates & Konsortium" nun seit über zwei Jahrzehnten weitere Organisationen und bauen Kooperationen nach dem Muster "Public Private Partnership" auf. Dass hier sehr wohl ein kommerzielles Interesse nicht von der Hand zu weisen ist, sollte jedem klar sein. Deshalb war es auch kein Zufall, als Die ZEIT im April 2017 titelte: "Der heimliche WHO-Chef heißt Bill Gates." Inzwischen zählt die ZEIT allerdings ebenfalls zu den Empfängern von Sponsorengeldern des "Bill Gates & Co"-Apparates, so dass solche Artikel zur Mangelware zählen werden.

Wissenschaftler, Vordenker und wissenschaftliche Experten trafen sich am 26. Juli 2019 in Washington DC, wo die JHU in Zusammenarbeit mit dem Tianjin University Center eine gemeinsame Veranstaltung geplant hatte. Führende Experten und aufstrebende Führungskräfte aus China und den USA kamen zusammen, um positive und negative Wege über die synthetische Biologie zu diskutieren, die nachhaltig die sozialen und wirtschaftlichen Rahmenbedingungen der modernen Menschheit verändern kann. Mit solchen Veranstaltungen erhalten die Tentakel der Philanthropen natürlich ein immer größer werdendes Netzwerk, das in naher Zukunft in allen Positionen nur noch mit dem eigenen Nachwuchs besetzt sein wird und der Öffentlichkeit dann immer dieselbe Meinung vorkaut. Wie soll man als Laie dann noch entscheiden können, ob die Staatsanwältin, der Richter, die Sprecher von Nachrichten, die Schreiber von Zeitungsartikeln, der Gutachter, der begutachtende Arzt usw. alle derselben Organisation angehören?

Auch das JHU bekommt auf diese Weise sehr tiefe Einblicke in die Verhältnisse aller beteiligten Staaten und wertet diese für zukünftige Projekte aus – zu seinem eigenen Nutzen. So bekommt niemand mit, was dort wirklich vor sich geht. Kritiker kommen heute nicht immer zwangsläufig ins Gefängnis, sondern werden mit Desinformationskampagnen einfach als "Verschwörungs-theoretiker" oder "Spinner" verunglimpft. Heute sind wir längst so weit, dass selbst die größte Sensation in keiner Nachrichten-anstalt gesendet wird, wenn es nicht in die Vorgaben der "Men-schenfreunde" passt.

Kapitel 9

VERÄNDERTE WELT

Als nach dem Zweiten Weltkrieg am 7. April 1948 die WHO gegründet wurde, war das vordergründige Ziel dieser 194 Mitgliedsstaaten umfassenden Einrichtung, für alle Völker der Erde das höchstmögliche Gesundheitsniveau zu erreichen. Das 73. Jahrestreffen am 16. Mai 2020 in Genf fand wegen der Coronapandemie nur virtuell und nur für zwei Tage statt, obwohl sonst immer eine volle Woche veranschlagt wurde. Wer das Treffen verfolgte, hat schnell gemerkt, dass die WHO lediglich die Rolle eines Sekretariats für ihre Mitglieder übernimmt. Sie darf die globalen Leitlinien und die Vorschriften der Finanzstärksten für die aktuelle Gesundheitsversorgung übernehmen. Dazu gehören insbesondere auch saisonale Impfempfehlungen, die der WHO zuvor von den Finanziers vorgegeben wurden.

Nachdem der US-Präsident die Zahlungen an die WHO stoppen ließ, drohte er in einem nächsten Schritt weiterzugehen. Am 14. April 2020 warf Donald Trump der WHO vor, dass ihre Reaktion bei der Bekämpfung der Coronapandemie zu langsam gewesen sei und zu parteiisch mit Blick auf China. Einen Tag zuvor hatte wiederum der Berater des US-Präsidenten, Anthony Fauci, für die Coronapandemie einen aktuellen Bericht bestätigt, wonach die USA selbst viel zu spät auf die Viruskrise reagierten. "Es hätten Leben gerettet werden können, wenn öffentliche Einrichtungen früher geschlossen worden wären", sagte Fauci. Trump bemängelte allerdings die RT-PCR-Messungen, die seiner Meinung oft ungenau waren, und kündigte an, den Zahlen der WHO und JHU in Zukunft mit unabhängigen Messergebnissen begegnen zu wollen. Dabei suchte der US-Präsident gleichzeitig nach eigenen Wegen, um sich vor einer Ansteckung mit 2019-nCoV zu schützen.

WHO-Ultimatum?

Sollte sich die WHO innerhalb der kommenden 30 Tage nicht zu "wesentlichen Verbesserungen" verpflichten, werde Trump die US-Zahlungen an die Organisation endgültig einstellen und die Mitgliedschaft der USA in der WHO überdenken, hieß es in einem Schreiben Trumps an WHO-Chef Tedros Adhanom Ghebreyesus. Ist das nur Maskerade oder steckt da etwas Größeres dahinter?

"Wir werden heute unsere Beziehung zur Weltgesundheitsorganisation beenden", sagte Trump am 29. Mai 2020 bei einer kurzfristig anberaumten Pressekonferenz im Weißen Haus dann tatsächlich und machte offenbar ernst. Dass es in den Vereinigten Staaten eine parteiübergreifende Unterstützung gibt, die Bill Gates an der Spitze der WHO installieren möchte, pfeifen die Tauben bereits von den Dächern – selbst konservative Republikaner wie Senator Lindsay Graham fordern, dass Gates zum Chef der WHO ernannt wird, was Donald Trump ganz offensichtlich nicht wusste. "Die WHO ist wichtig für die gesamte globale Gesundheitsarbeit, die wir leisten", reagierte Bill Gates nämlich nur einige Tage später gegenüber Reportern auf die Ankündigung des US-Präsidenten: "Jeder sollte sicherstellen, dass wir das tun, wenn wir die WHO verbessern müssen, aber nur wenn wir zusammen bleiben." Gates sagte, er habe noch

nicht mit Trump über den angekündigten Rückzug von der WHO
gesprochen, könnte dies aber bald
tun. Er fügte hinzu, dass er hoffe,
Trumps Entscheidung könne zu-
rückgenommen werden. "Ich bin
zuversichtlich, dass daraus eher
ein Wunsch nach Verbesserung als
ein Rückzug wird", sagte Gates.
Wer ist eigentlich der Präsident in
den USA?

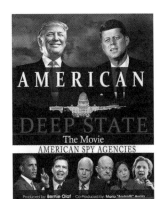

Jährlich ziert ein Deep-State-
Filmplakat die USA.

Laut einer Umfrage unter US-
Amerikanern vom April 2017 glaubte etwa die Hälfte (48 Prozent) der Beteiligten, dass es einen "Deep State" in den USA
gibt und definierte diesen als "Militär-, Geheimdienst- und Regierungsbeamte, die versuchen, die Regierung heimlich zu manipulieren", während etwa ein Drittel (35 Prozent) von allen
Teilnehmern einer Verschwörungstheorie nachgingen und der
Rest (17 Prozent) keine Meinung dazu hatte. Von denjenigen,
die glauben, dass ein "Deep State" existiert, gab mehr als die
Hälfte (58 Prozent) an, dass dies ein großes Problem für die
USA sei.

Deep State?

Professor Jason Royce Lindsey argumentiert, dass der Begriff
"Deep State" auch ohne einen verschwörerischen Anstrich
treffend sei, um Handlungen des nationalen Sicherheitsinstituts
mit Schwerpunkt auf den USA in Industrieländern zu verstehen.
Lindsey sagt, dass der "Deep State" seine Macht insbesondere
aus den nationalen Sicherheits- und Geheimdienstgemeinschaften bezieht und dass er ein Bereich sei, in dem Geheimhaltung

I WANT YOU
FOR U.S.ARMY
NEAREST RECRUITING STATION

Abb. 123

Uncle Sam

eine Quelle der Macht ist. Ganz offensichtlich wird selbst der US-Präsident in bestimmte Machenschaften dieser Geheimdienstgemeinschaften nicht einbezogen. Auch Professor Michael J. Glennonan von der Tufts University behauptet, dass es schon Präsident Barack Obama nicht gelungen sei, sich der sogenannten "Doppelregierung" zu widersetzen, das bestehende "verborgene Netzwerk für Verteidigung und nationale Sicherheit zu ändern oder aufzulösen". Wer plant die Weltpolitik tatsächlich?

Hinter den Kulissen in Genf verwies man darauf, dass die US-Amerikaner in der Vergangenheit insbesondere deshalb freiwillig viel mehr Geld als andere Länder an die WHO bezahlt hätten, weil sie seit Jahrzehnten auch "immer Inhalt und Wortwahl von WHO-Resolutionen beeinflussen" wollten. "Und das haben sie auch regelmäßig geschafft", sagte ein WHO-Mitarbeiter. Eine Menge Geld fließe dabei zweckgebunden in Nebentöpfe wie die Impfallianz GAVI, sagte der Generalsekretär des Weltärztebundes Otmar Kloiber. Dennoch müsse untersucht werden, wo das Coronavirus seinen Ursprung nahm, hatten etliche Länder gefordert und damit nicht nur Peking unter Druck gesetzt.

Während Trump der WHO Chinahörigkeit vorwarf, hatte Chinas Generalsekretär Xi Jinping zum Auftakt der WHO-Tagung zu größerer Unterstützung der WHO aufgerufen und die Bereitstellung von zusätzlich zwei Milliarden US-Dollar (1,85 Mrd Euro) als Coronahilfe für die ärmeren Länder angekündigt. Jinping hatte sich für die Vorwärtsverteidigung entschieden, um so auch der internationalen Kritik an der anfänglichen Vertuschung der Epidemie den Wind aus den Segeln zu nehmen. Zwar haben andere Länder, darunter Frankreich, schon ein stärkeres finanzielles Engagement bei der WHO in Aussicht gestellt, aber konkrete Zusagen liegen noch nicht vor. Auch aus der Sicht unabhängiger Beobachter wäre es ein Eigentor, falls Trump seiner Austrittsdrohung Taten folgen ließe: "Die Expertise der WHO und ihrer wissenschaftlichen Arbeitsgruppen kommt auch dem amerikanischen Gesundheitssystem zugute, zum Beispiel wenn es um die Behandlung chronischer Krankheiten geht", sagte Maike Voss.

China lernt?

Xi Jinping formulierte einen klaren Führungsanspruch für internationale Gesundheitspolitik und reagierte damit auf internationale Forderungen, die Lieferketten für relevante medizinische Güter zu diversifizieren, um die Abhängigkeit von China zu verringern. Er sagte zu, dass China im Falle eines Durchbruchs bei der Entwicklung eines Impfstoffs diesen als "globales öffentliches Gut" zur Verfügung stellen werde. China verstehe es als seine Verantwortung, nicht allein für die Gesundheit der eigenen Bürger zu sorgen, und verkniff sich damit eine direkte Kritik an Trump und den Vereinigten Staaten. Auf der virtuellen Jahrestagung der WHO stimmten die Teilnehmer für eine Resolution, in der eine "unparteiische, unabhängige und umfassende Evaluierung" der internationalen Reaktionen auf die Pandemie gefordert wird. "Trump hätte seine Vorstellungen gegenüber den anderen 193 WHO-Mitgliedern äußern müssen", hieß es.

Denn nur sie könnten gemeinsam Reformen beschließen. Das geeignete Forum dafür wäre die WHO-Jahresversammlung gewesen. Das Problem dabei ist allerdings, dass die USA mit

Abb. 124

WHO-Verwaltung in Genf

China einen Konkurrenten auf gleicher Augenhöhe bekommen hat, der ebenfalls gerne die Richtung bei der Organisation vorgeben will.

Bislang bezieht die Organisation 75 Prozent ihrer Mittel nicht von den Mitgliedsstaaten, sondern aus freiwilligen Beitragszahlungen. Ein Großteil davon ist zweckgebunden und fließt in bestimmte Tätigkeitsbereiche der Organisation. Diese Spenden kommen im Unterschied zu den Pflichtzahlungen sowohl von Mitgliedsstaaten als auch von Organisationen – wie etwa der Impfallianz GAVI, der Weltbank, den Rotariern International und von der Bill & Melinda-Gates Foundation als einem der größten Geldgeber natürlich.

Tatsächlich gibt es schon seit langem geheime Pläne, wonach die WHO neu strukturiert und mit mehr Macht gegenüber den anderen Mitgliedsländern neu aufgestellt werden soll. Nicht nur Deutschland bekommt eine Digitale Gesundheitsanwendung, sondern die ganze veränderte Welt wird davon betroffen sein. Medizinprodukte der Risikoklasse I oder IIa soll in Zukunft auch die WHO ihren Mitgliedern empfehlen, und die Übereinstimmung mit der medizinischen Zweckbestimmung wird dabei durch neue digitale Hauptfunktionen erreicht.

Big Brother?

Die Früherkennung, Überwachung, Behandlung oder Linderung von Krankheiten soll in Zukunft auch digital unterstützt werden. Wenn man ins Ausland fährt, weiß man schon vorher, in welche Länder eine Einreise genehmigt wird – abhängig vom persönlichen Gesundheitszustand. "Ein Sensor, der kommunikativ mit dem Gerät des Benutzers gekoppelt oder in diesem enthalten ist, kann die Körperaktivität des Benutzers erfassen. Körperaktivitätsdaten können basierend auf der erfassten Aktivität des Benutzers erzeugt werden", heißt es in der Patentschrift No. PCT/US2019/038084 von Microsoft Technology. Tatsächlich geht das neue Microsoft-Patent viel weiter und soll ein System bedienen, in dem auch Körperwärme oder Gehirnwellenaktivität angewandt werden können. Bill Gates erklärte am 18. März 2020 in einer Diskussion, dass das System über die "registrierten Personen in Zukunft digitale Zertifikate erstellen" werde, in denen alle bereits durchstandenen Erkrankungen, aktuell festgestellte und zu erwartende aufgeführt werden. Auch alle bestehenden und ausstehenden Impfungen werden gelistet werden und Bestandteil dieser Technik sein. Überdies unterstützt die Bill & Melinda Gates Foundation mit 3,8 Millionen US-Dollar auch eine neue Verhütungsmethode mithilfe von Mikrochips, die Bill Gates persönlich eingefallen ist. Das etwa 1,6 x 1,8 Zentimeter kleine Im-

Abb. 125

Gates' digitale 16 Jahre-Verhütung

plantat wird einmal unter die Haut gepflanzt, per Fernbedienung aktiviert und gibt dann über 16 Jahre hinweg Hormone ab. "Der Verhütungschip enthält einzelne Dosen eines bereits breit eingesetzten Progestins", erklärt Robert Farra von der Firma MicroChips, die von Wissenschaftlern des Massachusetts Institute of Technology (MIT) in Cambridge gegründet wurde und das Implantat entwickelt hat. Progestine sind heute bereits in Antibabypillen, Hormonspiralen und Verhütungsstäbchen enthalten. Sie hemmen den Eisprung und schützen so vor einer Schwangerschaft. Demnach richtet sich die Erfindung vor allem an Frauen in Entwicklungsländern, wo Verhütungsmittel oft noch rar sind. Aber auch in westlichen Staaten soll der Chip eine zuverlässige und vor allem komfortable Alternative sein, hoffen die Forscher.

Neue Technik?

Um all das und über 7 Milliarden Menschen zu verwalten, ist allerdings selbst der leistungsstärkste Supercomputer der Welt, der "Summit" von IBM, nicht gut genug. Für solche betreuungsintensiven Aufgaben bedarf es "Quantencomputern", die zurzeit in einer Art Wettlauf tatsächlich entwickelt werden. In der EU ist das ehrgeizige Gemeinschaftsprojekt am 30. Oktober 2018 mit 5.000 Forschern und einer Milliarde Euro Fördermitteln gestartet, so dass der "OpenSuperQ" mit 100 Qubits bis 2021 fertiggestellt werden soll. Er werde europaweit der erste Quantencomputer auf diesem Level sein und unter vergleichbaren Systemen weltweit führend, sagte der Koordinator des Projekts, Physikprofessor Frank Wilhelm-Mauch von der Universität des Saarlandes in Saarbrücken. Auch in China wird diese Linie der Computerzukunft mit staatlicher Hilfe längst unter Hochdruck vorangetrieben. Dort heißt dieser Computer "BigData" und Guoping Guo, Professor an der Universität für Wissenschaft und Technologie in China und Gründer des Start-ups "Origin Quantum", sagt, dass diese Errungenschaft von "epochaler Bedeutung" sei. Aber auch Indien entwickelt, mit Unterstützung von Microsoft, in den nächsten fünf Jahren seinen "Quantencomputer". Doch was ist ein Quantencomputer überhaupt?

Auch wenn herkömmliche Computer heute inzwischen immer kleinere Bauteile verwenden, bei denen Quanteneffekte ebenfalls eine besondere Rolle spielen, so basiert ihre Funktionalität doch prinzipiell auf der klassischen Physik. Allen aktuell verwendeten Computern liegt die sogenannte "Von-Neumann-Architektur" zugrunde, um Aufgaben universell zu lösen. Dazu gehört, dass codierte Daten und die zugehörigen Programme im Rechner selbst gespeichert werden können. Sie wer-

Abb. 126

Googles Quantencomputer

den also nicht nur extern gelagert, sondern können zum Teil übersprungen werden, so dass auch die Programmdaten selbstständig änderbar bleiben. Die Rechenschritte werden dabei einzeln und sequenziell, also Bit für Bit abgearbeitet. Diese kleinstmöglichen Informationseinheiten nehmen bei dem Rechenprozess dann jeweils entweder einen wohldefinierten Zustand von 1 oder 0 an.

Geheimnis Quantencomputer?

Quantencomputer verwenden dagegen in ihrem Kern direkt die Eigenschaften der Quantentheorie, womit sie einer völlig anderen "Informationstheorie" unterliegen. Die Entsprechung des klassischen Bits in Quantencomputern ist das bemerkenswerte "Quantenbit" ("Qubit"): Diese Qubits können zum Beispiel nicht nur verschiedene Zustände von 0 und 1 simultan annehmen, sondern auch alle dazwischenliegenden Werte wie "halb 1" oder "halb 0". Das liegt an den Überlagerungen gleicher physikalischer Größen in einem System, das verschiedene Möglichkeiten von Quantenzuständen verursacht und in "Superpositionen" sich gegenseitig klassisch ausschließenden Zuständen existiert. Genau diese bizarre Eigenschaft von Quantenteilchen war einst unter den Vätern der Quantenphysik

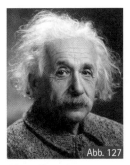

Abb. 127

Albert Einstein

immer Auslöser hitziger Diskussionen, die ihren Ausdruck zuletzt in dem bekannten Gedankenexperiment von "Schrödingers Katze" fanden. Das Gedankenexperiment beruht darauf, dass immer, wenn ein System zwei verschiedene Zustände einnehmen kann, auch die kohärente Überlagerung der beiden Zustände einen möglichen Zustand darstellt. Hinzu kommt, dass sich verschiedene Quantenteilchen in "verschränkte Zustände" bringen lassen, was eine Eigenschaft ist, die wir in unserer dreidimensionalen Welt nicht kennen. Das muss man sich bildlich so vorstellen, als ob die Qubits mit einer unsichtbaren Feder aneinandergekoppelt wären. Im "verschränkten Zustand" stehen alle Qubits direkt und ohne jede Kraftweinwirkung in Kontakt miteinander: Jedes einzelne "weiß" dabei, was die anderen gerade treiben.

Albert Einstein (1879-1955) hielt Verschränkung für physikalisch unmöglich und nannte sie spöttisch "spukhafte Fernbeziehung".

Verschränkte "Qubits" liegen also in einer "Superposition" unendlich vieler verschiedener Zustände zugleich vor, die parallel durch ein unsichtbares und unmessbares Band miteinander verbunden sind. Einfach gesagt: Dieses "Vielteilchensystem" nimmt simultan alle möglichen Zustände ein. Einzelne physikalische Zustände werden (mit einer jeweiligen Wahrscheinlichkeit) erst bei einer Messung realisiert. Vorher sind sie objektiv unbestimmt – auch das ist wieder so eine merkwürdige Eigenschaft in der Quantenwelt. Im Klartext bedeutet es, dass die Verschränkung beendet wird, sobald man eines der Teilsysteme auf einen bestimmten Zustand festlegt. Dann geht sofort auch ein anderes Teilsystem, das durch die Verschränkung mit dem ersten Teilsystem verknüpft war, in denjenigen Zustand über, der dem durch die Beobachtung festgestellten Zustand des ersten Teilsystems zugeordnet war.

Neue Welt?

Der Zustand des Gesamtsystems zeigt dann keine Verschränkung mehr, denn beide Teilsysteme für sich betrachtet sind nun in einem je eigenen bestimmten Zustand. Mithilfe eines entsprechenden Algorithmus lassen sich nun verschränkte "Qbits" allesamt gleichzeitig verarbeiten – und in dieser Parallelverarbeitung liegt die Stärke des Quantencomputers. Denn je mehr "Qubits" miteinander verschränkt sind, desto mehr Zustände können parallel verarbeitet werden. Ein Quantencomputer wird durch das Zusammenschalten mit anderen Quantencomputern zu einem "Giga-Quantencomputer", wie eine immer länger werdende Produktionsstraße, das parallel über noch weitere Produktionsstraßen verfügt. Alle gerade entwickelten Quantencomputer werden dazu bis 2040 weltweit zusammengeschaltet.

Anders als in herkömmlichen Computern, deren Rechenleistung linear mit der Anzahl der Rechenbausteine steigt, erhöht sich damit die Leistung eines Quantencomputers exponentiell mit der Anzahl der eingesetzten Qubits. Die Leistung eines Quantencomputers verdoppelt sich also nicht erst, wenn zu 100 Qubits weitere 100 Qubits hinzugeschaltet werden, sondern bereits wenn nur ein einziges Qubit zu den 100 Qubits hinzugefügt wird. Kommen 10 dazu, vertausendfacht (genauer 1024-fach) sich seine Leistung, bei 20 neuen Qubits ist der Quantencomputer bereits eine Millionen Mal so schnell, bei 50 neuen Qubits eine Millionen Milliarden Mal. Und bei 100 neuen Informationsträgern, wenn sich die Leistungsfähigkeit eines klassischen Computers gerade mal verdoppelt hat, lässt sich die Erhöhung

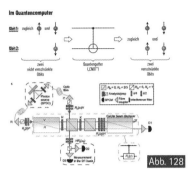

Ein neues Zeitalter beginnt.

Abb. 128

der Leistungsfähigkeit eines "Quantencomputers" kaum mehr in Zahlen benennen!

Mit dieser enormen Macht der Parallelrechnung ließen sich Probleme lösen, die selbst für die heute in Physik, Biologie, Wetterforschung und anderswo eingesetzten "Supercomputer" noch bei weitem zu schwierig zu verarbeiten sind. Information, die in verschränkten Systemen gespeichert und verbreitet wird, ist sehr verschieden von der Information, die von gewöhnlichen digitalen Computern verarbeitet wird. Quantencomputer arbeiten nicht im wörtlichen Sinne parallel, sondern sie organisieren die Information so, dass diese über sehr viele verschränkte Komponenten des Gesamtsystems verteilt ist.

Alles verstanden?

Man stelle sich ein Buch mit 100 Seiten vor – immer wenn man eine Seite liest, hat man ein Prozent des Buchinhalts erfasst. Nachdem man alle Seiten einzeln gelesen hat, weiß man alles, was im Buch steht. Bei einem "Quantenbuch", in dem die Seiten miteinander verschränkt sind, liegen die Dinge anders. Betrachtet man darin die Seiten einzeln, sieht man nur "zufälliges Kauderwelsch", und nachdem man alle Seiten nacheinander gelesen hat, weiß man immer noch sehr wenig über den Inhalt des Buches. Denn in einem "Quantenbuch" ist die Information nicht auf den einzelnen Seiten aufgedruckt, sondern fast ausschließlich in der Korrelation der Seiten untereinander kodiert. Wer das Buch lesen will, muss also die Bestandteile aller Seiten gleichzeitig betrachten. Was der Quantencomputer im Einsatz kann, soll mit folgenden Beispielen verdeutlicht werden.

Das Penrose-Dreieck (Tribar) ist eine unmögliche Figur.

1. Kryptographie: Gängige Verschlüsselungen beruhen heute in der Anwendung der Produkte auf der Re-Faktorisierung zweier sehr großer Primzahlen. Erreicht die Aufgabe eine bestimmte Zahlengröße, ist die Lösungssuche für einen klassischen Computer nicht mehr gegeben. Der Informatiker Peter Shor entwickelte 1994 einen Algorithmus, mit dessen Hilfe ein Quantencomputer die größten Produkte heute verwendeter Primzahlen innerhalb von Sekunden in ihre Teile faktorisieren kann. Um eine Zahl "N" mit "n" zu faktorisieren, verwendet ein Quantencomputer ein Register, dessen Größe mindestens linear mit der Zahl der Binärstellen wächst. Der ursprüngliche Algorithmus von Shor benötigt $3n$ Qubits, die beste bekannte Variante kommt mit $2n+3$ Qubits aus.

2. Komplexe Optimierungsaufgaben: Aus vielen Möglichkeitsvarianten die optimale Lösung zu finden, gilt unter Mathematikern als besonders knifflig. Oft treten solche Aufgaben bei Problemlösung in der industriellen Logistik, im Design von Mikrochips oder auch in der Optimierung von Verkehrsflüssen auf. Bereits bei einer geringen Zahl von Möglichkeitsvarianten sind klassische Computer bei ihren Berechnungen für optimale Lösungsansätze schnell überfordert. Quantencomputer hingegen können solche Optimierungsprobleme nicht nur in vergleichsweise kurzer Zeit lösen, sondern können die gesamte Menschheit erfassen, einschließlich ihrer Variantenvielfalt wie Person, Gesundheit, Beruf, Kaufverhalten etc., das gesamte Lebensumfeld.

3. Darüber hinaus könnten Quantencomputer in der Zukunft Anwendungen liefern zur Erweiterung von Künstlicher Intelligenz: Die dort verwendeten "neuronalen Netzwerke" sind mit harten kombinatorischen Optimierungsproblemen verbunden, die von Quantencomputern weitaus schneller gelöst werden können als von klassischen Computern, was Maschinen noch einmal um ein Vielfaches "schlauer" und leistungsfähiger machen könnte.

4. Datenbanksuche: Bei der Suche in unsortierten Datenmengen muss ein klassischer Computer jeden Datenpunkt einzeln betrachten. Deshalb steigt die Suchdauer linear mit der Anzahl der Datenpunkte, und damit wird die Anwendung in großen Datenbanken für einen klassischen Computer schnell zu viel. Der Informatiker Lov Grover entwickelte 1996 den "Grove-Algorithmus" ($12*\sqrt{2N}$ 1 2 * 2 N) für einen Quantencomputer. Das nennt man auch eine "quadratische Beschleunigung". Während ein herkömmlicher Computer für eine "Brute-Force-Suche" (Ausdruck für den Fall, dass es keinen effizienten Algorithmus gibt; dann probiert man alle potenziellen Lösungen durch, bis die richtige gefunden ist) eine Million Rechenschritte benötigen würde, brauchte ein Quantencomputer danach nur noch 1.000 Rechenschritte, eine fantastische Verbesserung.

Es funktioniert?

Mit dem Quantencomputer "Sycamore" behauptet Google nun, die Quantenüberlegenheit als Erste erreicht zu haben: den Punkt also, an dem ein Quantencomputer Berechnungen durchführen kann, die alles übertreffen, was die fortschrittlichsten Supercomputer heute können. "Die Quantenüberlegenheit ist der Wendepunkt, der die Überlegenheit von Quantencomputern gegenüber klassischen Computern bewiesen hat", sagt der Chinese Guo dazu. Auch Richard Feynman von IBM sagte: "Wenn man denkt, man versteht die Quantenmechanik, versteht man die Quantenmechanik nicht." Wohin wird das die bekannte Welt hinführen?

Tatsächlich sollen alle Quantencomputer (EU, Indien, China, USA etc.) nach und nach zusammengeschaltet werden, wonach Giga-Rechenprozessoren die Welt beherrschen, aber nach wie vor von jenen 200 Akteuren gelenkt werden, die bereits seit Jahren im Verborgenen unser Finanzsystem bestimmen. Doch einige dieser in dem Verbund beteiligten Akteure wie Michael Bloomberg erkennen auf einmal neue Gefahren für ihre geplante Weltordnung und sehen in Deutschland nicht mehr einen Verbündeten, sondern eine Zerreißprobe. Insbesondere in den aufgelegten Staatshilfen mit dem Wirtschaftsstabilisierungsfonds (WSF) für die EU durch die Bundesregierung und Frankreich will Michael Bloomberg den "radikalen Plan, auch Deutschland zu einem Staatskapitalisten umzuformen" erkennen, "der an Frankreich und China erinnert".

Schon jetzt seien strategische Programme in Planung – darunter solche, die deutsche Unternehmen gegen ausländische Konkurrenz absichern, und solche, die die Abhängigkeit von internationalen Lieferketten reduzieren sollen, "um Deutschlands Wirtschaft zu revolutionieren", sagt Bloomberg. Die transatlantischen Beziehungen seien durch die Trump-Präsidentschaft zerrüttet und China drohe, Deutschland den Rang als Weltmarktführer im Bereich moderner Fertigungstechnologien abzulaufen. Die Antwort der Bundesregierung auf die Coronapandemie ist zum einen mehr Europa, zum anderen aber vor allem: mehr Geld!

Verlust Vertrauen?

Denn hinter dem "fieberhaften Krisenmanagement" der Bundesregierung stecke tatsächlich eine "tiefere Strategie, an der seit Monaten gearbeitet wird", meint Bloomberg. Gemeint ist hiermit die "Nationale Industriestrategie 2030" von Bundeswirtschaftsminister Altmaier, die von den Märkten und Konzernen als zu radikal – heißt: zu staatsverantwortlich – kritisiert wurde. "Die Initiative war tot, bevor sie überhaupt umgesetzt werden konnte", meint Bloomberg. Die Regierungsbeamten in Berlin könnten nun die Gewinner und Verlierer der Krise aussuchen, so Bloomberg weiter. Die Deutschen könnten neue Industriezweige sprießen lassen und nationale Champions aufbauen. Auch der Aufkauf von Unternehmensanteilen durch den Staat sei kein Tabu mehr – und die 9 Milliarden-Beteiligung an der Lufthansa nur ein Anfang. "Wir haben gesehen, dass andere, ob es die USA, Südkorea, Japan oder China waren, sich sehr auf globale Champions verlassen haben", zitiert Bloomberg die Kanzlerin aus der Pressekonferenz zu ihrer und Macrons Forderung. "Ich glaube, dass dieser Ansatz die notwendige Antwort ist." Bloombergs Fazit: "Merkel hat die einmalige Gelegenheit, ihre Fehler der Vergangenheit zu korrigieren." Die von der Bundesregierung bemühten Milliardensummen seien jedoch nur ein Teil des Plans für den Umbau der deutschen Wirtschaft, meint Bloomberg: "Wenn die Kanzlerin fertig ist, dann wird sie in Deutschland einen Staatskapitalismus etabliert haben, der sich stark an Frankreich anlehnt und sogar von Chinas Erfolgen inspiriert ist."

Tatsächlich stammt der Begriff "Public Private Partnership" (PPP) aus den USA und bedeutet "Öffentlich Private Partnerschaft", wo sie seit längerem ein bekanntes Modell ist, um die Strukturen des öffentlichen Sektors mit dem Know-how der Wirtschaft zum gegenseitigen Nutzen zu verbinden. Insbesondere die Verteilung der Risiken wegen künftiger unvorhersehbarer Entwicklungen ist regelmäßig Gegenstand langwieriger Verhandlungen. Zunehmend kristallisieren sich dabei aber auch Standards in einzelnen Bereichen heraus. Dieses Modell nutzen auch Großbritannien, die Niederlande, Schweden, Frankreich und erst viel später wird es auch in Deutschland eingesetzt.

Abb. 130

Public Private Partnership

Mehr Staat?

Auf der Grundlage einer sachgerechten und ausgewogenen Risikoverteilung zwischen öffentlicher Hand und privaten Unternehmen sollen einerseits die Finanzierungskosten der öffentlichen Hand möglichst gering gehalten und mehr Flexibilität bei der Realisierung von Projekten erreicht werden. Andererseits sollen durch PPP-Projekte die Aufgabenfelder für Privatunternehmen erweitert und bei diesen Anreize für Innovationen geschaffen werden. Ziel ist es, die besten Kräfte von Verwaltung und Wirtschaft zu bündeln, um damit Effizienzgewinne zu realisieren. Die Mischformen liegen dabei zwischen den beiden Polen der rein staatlichen Aufgabenerfüllung und der völligen Privatisierung:

- formales Privatisierungsmodell eines öffentlichen Betriebes in Form einer privatrechtlichen Rechtsform (z. B. GmbH).

- Leasingmodell mit der öffentlichen Hand als Leasingnehmer und einem privatem Leasinggeber.

- Betriebsführungsmodell mit durch öffentliche Investitionen geschaffener (und in öffentlicher Hand verbleibender) Infrastruktureinrichtung, deren (Teil-)Betrieb von einem privatrechtlichen Unternehmer aufgrund vertraglicher Vereinbarung geführt wird.

- Kooperationsmodell als gemeinsam gegründete Kapitalgesellschaft (GmbH) oder Stiftung privaten Rechts, wobei die öffentliche Hand zumeist 51 Prozent des Stamm- bzw. Grundkapitals hält.

- Kurz- und langfristiges Betreiber- oder Konzessionsmodell, wobei die öffentliche Hand – neben der Zahlung eines Nutzungsentgelts – nur noch planend bzw. prüfend beteiligt ist.

Die wesentlichen Merkmale einer PPP sind:

- Zusammenarbeit zwischen öffentlicher Hand und Akteuren aus dem privaten Sektor,

- Fokussierung auf die Verfolgung komplementärer Ziele,

- Synergiepotenziale bei der Zusammenarbeit,

- Prozessorientierung (Planung, Finanzierung, Errichtung, Betreiben),

- relativ hohe Identität und gemeinsame Verantwortung der Partner für das jeweilige Projekt und

- die (gesellschafts-)vertragliche Formalisierung der Zusammenarbeit.

"Wir werden alles tun, was notwendig ist", kommentierte Finanzminister Olaf Scholz die Verabschiedung des europäisch historischen Rettungspakets.

Alles schleichend?

Zu diesen Vorhaben wurden und werden zudem nicht nur immer mehr Gesetze erlassen, sondern schon vor und während der Pandemie wurden die notwendigen Weichen gestellt, um auch in Deutschland einen "echten" Überwachungsstaat zu errichten. Dem neuen System gehört auch die 20 Millionen-Euro-Corona-App von Jens Spahn an: Mit der Fertigstellung

Abb. 131

Corona-App registriert jede Bewegung

von "OpenSuperQ" Ende 2021 folgen nicht nur weitere Projekte wie der "Immunitätsausweis", sondern generell neue digitale Eingliederungsmaßnahmen für die Bürger nach chinesischem Vorbild.

Zahlreiche netzpolitische Organisationen kritisierten deshalb den Plan der Bundesregierung, das Softwaregerüst der Initiative PEPP-PT ("Pan-European Privacy-Preserving Proximity Tracing") mit einer zentralen Datenspeicherung zu nutzen. "Die Corona-Tracing-App bringt ein hohes Risiko mit sich, da die anfallenden Daten hochsensibel und besonders zu schützen sind", sagte der Chaos Computer Club (CCC). Außerdem hätten sich die beiden großen Anbieter mobiler Betriebssysteme, Google und Apple, ebenfalls bereits gegen eine Speicherung auf einem zentralen Server entschieden. Auch der Virologe Professor Hedrik Streeck äußerte sich am 11. Juni 2020 zum Nutzen der Corona-Tracing-App skeptisch: "Man weiß nicht einmal, ob sie überhaupt etwas dazu beitragen kann."

Ganz interessant ist an dieser Stelle vielleicht auch die Tatsache, dass SAP dem Milliardär Dietmar Hopp gehört, der zudem mit seiner Firma CureVac und Unterstützung von Bill Gates, Angela Merkel und Jens Spahn, sowie 300 Millionen

Steuergeldern einen Corona-Impfstoff mit entwickeln darf. Hopps bester Freund ist kein Geringerer als der Fleischfabrikant und Milliardär Clemens Tönnies, der Ende Juni 2020 für eine Werbewirksame Corona-Infizierung in seiner Fabrik in Rheda-Wiedenbrück sorgte und 2019-nCoV wieder für jedermann sichtbar ins Gedächtnis gerückt hat. "Ich mach mein Ding", singt Tönnies auf einem am 3. Juli 2020 aufgetauchten Video. "Egal was die anderen labern, was die Schwachmaten einem so raten, das ist egal", trällert er. Tönnies zählt seit Jahren nicht nur zu den Großspendern der CDU, sondern wird demnächst in seiner Rolle als Unternehmensleiter, von seinem Neffen Robert Tönnies abgelöst!

Jens Spahn will jedoch weiterhin an den Plänen der Bundesregierung festhalten. Das alles wurde also nicht erst mit der Coronapandemie in 2020 geplant, sondern 2019-nCoV ist ganz offensichtlich nur ein Werkzeug, um diese alten Pläne schneller umzusetzen. Deshalb hat für dieses Vorhaben jeder Bundesbürger bereits seit 2008 eine "individuelle Steueridentifikationsnummer für das ganze Leben" bekommen. Seit 2016 ist die Steuer-ID auch für das Kindergeld oder für die Freistellungsaufträge bei allen Bankverbindungen in Deutschland sowie für den steuerlichen Abzug von Unterhaltsleistungen nötig und lässt sich übereinstimmend jederzeit überprüfen. Diese Daten sind nicht nur beim Bundeszentralamt für Steuern gespeichert, sondern auch in anderen Ämtern, und sie spielen insbesondere bei der Einspeisung von "Open-SuperQ" zur Überprüfung aller Lebensbereiche (Gesundheit, Finanzen, Reisen, Wohnen etc.) eine zentrale Rolle. "Open-SuperQ" war mit ein Grund für den BREXIT.

Und was passiert mit den gläsernen Daten der Bundesbürger?

Veränderte Welt?

Während die Presse in den westlichen Ländern das chinesische "Sozialkreditsystem" bei ihren Berichterstattungen immer nur als "böses" Instrument der Kommunistischen Partei zur Machterhaltung bezeichnet, wurde über die Pläne der demokratisch gewählten, "guten" Regierungschefs mit den Quantencomputern bislang kaum etwas Negatives berichtet. Dabei wird seit langem sehr genau beobachtet, was die Chinesen bei sich machen, um das System nach westlichen Standards auch auf uns zu übertragen. Tatsächlich hat die Regierung in Peking seit der totalen digitalisierten Einbindung der Bevölkerung in das 5G-System damit begonnen, die Bürger zu folgsamen, vorbildlichen Menschen zu machen und gleichzeitig die Korruption zu bekämpfen.

Für die Chinesen wiederum hängt von ihrer Bewertung in dem 5G-System ab, ob ihr Leben erschwert wird oder ob sie von Vorzügen profitieren können. Keine Science-Fiction, sondern seit Januar 2020 erlebte Realität!

Jeder Bürger startet sein neues digitalisiertes Leben wie in einem Computerspiel mit einer Punktezahl von 1.000. Die höchste Be-

Abb. 132

Metropolis von Fritz Lang, 1927

wertung ist AAA. Dann geht es nach unten weiter mit AA und dann A und so weiter. Die schlechteste Bewertungsstufe ist D, in der man bei unter 599 Punkten liegt. Entweder erhöht sich diese Zahl dann mit der Zeit wieder oder wird noch niedriger, wonach dann "Maßnahmen" zur Wiedereingliederung notwendig werden können.

Auf dieser Grundlage kann der Staat dann bestrafen oder auch belohnen. Zhang Jian weiß zum Beispiel, worauf er im

Alltag zu achten hat. "Wenn ich bei Rot über die Ampel fahre, geht es mit dem Kontostand runter. Wenn man sich in der Öffentlichkeit danebenbenimmt, zum Beispiel in eine Schlägerei verwickelt ist, kommt man sofort auf die schwarze Liste. Auch meine Arbeit im Forstamt fließt in das Sozialkreditsystem ein. Wenn die Bürger mit unserem Service nicht zufrieden sind, können sie sich beschweren. Das hat dann Auswirkungen auf meinen Punktestand."

Unterschiedliche Klassen?

Jian stammt aus der Küstenstadt Rongcheng mit 670.000 Einwohnen und hat bereits 2014 während der Pilotphase des Projekts begonnen, für alle chinesischen Bürger ein Sozialkreditsystemkonto zu führen, um erste praktische Erfahrungen zu sammeln. Je nach finanziellem oder politischem, aber auch sozialem Verhalten können Punkte hinzuverdient oder abgezogen werden. Wer wohltätige Arbeit leistet, Geld spendet, sich um ältere oder arme Menschen in seiner Umgebung kümmert oder seine Schulden pünktlich zurückzahlt, bekommt Zusatzpunkte. Das gilt auch für positive politische Einträge in den sozialen Medien. Als Belohnung winken etwa eine Bevorzugung bei Behörden, die schnellere Bearbeitung von Visa-Anträgen oder die erleichterte Erteilung von Krediten.

Wer dagegen Schulden anhäuft oder Kredite nicht bedient, sich regierungskritisch äußert oder an illegalen Demonstrationen teilnimmt, muss mit dem Abzug von Punkten rechnen. Dies wiederum hat Einfluss auf das tägliche Leben. Ein niedriger Punktestand kann etwa eine Karriere im öffentlichen Dienst, den Eintritt ins Militär oder den Besuch einer renommierten Universität verhindern. Aber auch Vergünstigungen und Zuschüsse können gestrichen und der Kauf von Flug- oder Zugtickets blockiert werden. Noch in der erweiterten Pilotphase 2018 wurden schon 17 Millionen Anfragen für Flugtickets und 5 Millionen Anfragen für Bahnfahrscheine abgelehnt, weil die Käufer zu wenige Sozialpunkte hatten. Hat jemand besonders

Gläserne Zahlenmenschen

wenige Punkte, landet er auf einer "schwarzen Liste", die mit verschiedenen Systemen und Institutionen verknüpft ist. Dazu gibt es die "roten Listen", in denen alle Regimetreuen und besonders vorbildliche Bürger geführt werden. Diese Listen sind zudem für jeden öffentlich einsehbar, als eine Art "moderner Pranger", der so alle Menschen von vornherein von Regelverstößen abhalten soll.

Der Punktewert, den jeder Bürger mit dem Sozialkreditsystem erhält, speist sich aus verschiedenen Quellen und wird auch durch Algorithmen einer Künstlichen Intelligenz errechnet. Die Daten, die teilweise automatisch vom Mobiltelefon, E-Autos, digitalisierter Wohnungseinrichtung, Patientenausweis, Impfpass, Organspenderbereitschaft, Kreditkarten, Kaufverhalten, Internetverbindungen etc. erfasst werden, stammen aus der Zentralverwaltung, daneben aus dem Strafregister oder von Bildungszeugnissen. Insbesondere im Internet eingegebene Suchbegriffe und Einträge in sozialen Netzwerken werden mit erfasst. Hinzu kommt der flächendeckende Ausbau der Kameraüberwachung: Durch eine Gesichtserkennungssoftware werden Verkehrssünder auch als Fußgänger identifiziert und automatisch mit Verwarnungsgeldern bestraft.

Versteckte Kamara?

Das "Sesame-Credit-System" einer Tochtergesellschaft des Großkonzerns Alibaba bewertet schon heute die Kreditwürdigkeit von Millionen Menschen nach ihren Einkaufsgewohnheiten. An die Daten kommt das Kreditsystem etwa über den beliebten Bezahldienst "Alipay" mit seinen 600 Millionen Kunden. Das Prinzip ähnelt der deutschen "Schufa". Doch in China fließen nicht nur die finanziellen Möglichkeiten der Bürger in den Punktestand ein, sondern auch ihre Vorlieben für inländische oder ausländische Produkte – und besonders politische Äußerungen im Internet haben Einfluss auf den Punktestand. Aber auch Firmen leisten ihren Beitrag zur chinesischen Generalüberwachung und werden ebenfalls von der Zentralregierung in Peking bewertet. So werden vom Sozialkreditsystem insbesondere auch ausländische Unternehmen erfasst, die in China mit einer Lizenz tätig sind. Steuerunterlagen, Arbeitsplatzsicherheit, Umweltstandards und andere Elemente fließen in diese Bewertungen penibel ein.

Zur Pflicht wurden seit 2020 zudem Überwachungskameras in Geschäftsräumen, deren Daten automatisch an die Zentralregierung gehen. "Tatsächlich bahnt sich da ein vollständiger Überwachungsstaat an", sagte der Präsident des Bundesverbandes Großhandel, Außenhandel, Dienstleistungen, Holger Bingmann, und schlug bereits Alarm. Während Experten wie Bingmann europäische Firmen ohnehin unzureichend vorbereitet sehen, auf das chinesische System zu reagieren, erkennen sie auch nicht, dass mit dem "OpenSuperQ-Projekt" dasselbe in Europa bevorsteht. Aus Sicht der Zentralregierung in Peking bietet aber gerade die Überwachung von Unternehmen Vorteile. So könnten etwa Kunden durch "schwarze Listen" vor verschuldeten oder betrügerischen Firmen gewarnt werden.

Digitale Spitzel?

Auch Korruption und Vetternwirtschaft sollen durch Listen nicht vertrauenswürdiger Betriebe bekämpft werden. Nach Jahren des "wirtschaftlichen Wildwuchses" strafft Peking die Zügel – und schränkt damit die Macht von regionalen Funktionären ein. Deshalb stößt das neue Sozialkreditsystem auch in der chinesischen Bevölkerung auf Zustimmung, so es denn tatsächlich Regelverstöße und illegale Geschäfte sanktioniert. Zudem ist das Verständnis

Sozialkreditsystem in China

vom Staat als oberstem Kontrollorgan ein ganz anderes als im Westen: Das Vertrauen in staatliches Handeln ist wesentlich größer. Aber selbst in Deutschland gibt es nicht nur Kritiker am Sozialkreditsystem. Laut einer Studie der Versicherungsgruppe Ergo würde jeder Fünfte es begrüßen, wenn der Staat Informationen zu einzelnen Personen sammelt. 68 Prozent wären allerdings dagegen.

Das Sammeln von Daten im chinesischen Sozialkreditsystem ist allerdings auch recht problematisch, insbesondere wegen der gesellschaftlichen Kontrolle, die nicht nur die Machtstellung der Kommunistischen Partei Chinas zementieren soll, sondern auch wegen der Sanktionen kritischer Bürger, die schnell bestraft werden, Andersdenkende werden mundtot gemacht. Ohne einen gesunden Diskurs verkommt eine Gesellschaft aber, verliert ihre Inspiration und ihre Seele. Wer in diesem geplanten System jedoch politisch missliebige Meinungen äußert, kommt auf "schwarzen Listen" – und handele es sich nur um eine Diskussion in einem Chat. Das hat nicht nur starke Auswirkungen für sich selbst, sondern auch für Familienmitglieder.

Damit landet die Gesellschaft schnell bei einer Art Hexenverfolgung.

Dabei ist der technische Aufwand allein schon enorm und natürlich auch äußerst anfällig, sogar für Manipulationen.

Aber kann man durch das Sozialkreditsystem ein Volk tatsächlich zu moralisch guten Menschen erziehen? Und was macht das mit der chinesischen Gesellschaft und ihrer zunehmenden sozialen Kluft?

Keine Punkte?

Experten sind sich da uneins. "Die chinesische Regierung will seine 1,4 Milliarden Bürger angeblich künftig nur deshalb besser und effizienter kontrollieren, um den inneren Frieden zu wahren. Die Führung in Peking hat offenbar verstanden, dass die alten Werkzeuge der Kontrolle nicht mehr greifen: Aufenthaltsregistrierung, Polizei, Personenspitzel. Das reicht nicht im digitalen Zeitalter der sozialen Medien. Die Einstufung der Bürger wie bei Zhang Jian funktioniert nur, weil mehr als 50 Ämter, Behörden und Institutionen Daten liefern: Strafregister, Verkehrsdelikte, Kredithistorie und vieles mehr. Die chinesische Regierung möchte den moralisch einwandfreien Menschen schaffen – guter Bürger oder schlechter Bürger, Belohnung oder Bestrafung.

Zu den Verlierern zählt sich allerdings Murong Xuecun, der keinen guten Stand bei Chinas Behörden hat. Als Blogger, Romanautor und Dissident kritisiert er immer wieder das chinesische System der Zensur und die Unterdrückung der abweichenden Meinungen in der Volksrepublik. Im offiziellen China gilt er deshalb als Störfaktor. Und wenn man Murong Xuecun auf einen Espresso in einem Café in Peking trifft und zu den Themen Überwachung und soziale Kontrolle befragt, verfinstert sich sein Gesichtsausdruck augenblicklich. Laut der Deutschen Handelskammer in Peking waren noch bis ein Jahr vor der geplanten Einführung nur drei von zehn deutschen Unternehmen in China mit dem Sozialkreditsystem im Geschäftskontext vertraut. Die EU-Handelskammer beklagte daher im August 2019 eine fehlende Vorbereitung europäischer Firmen auf das neue chinesische System.

Trotzdem ist der Wunsch nach Kooperation mit den USA stark gesunken, während der zur Zusammenarbeit mit China deutlich stieg. Deutsche befürworten internationale Kooperation und die Globalisierung, weil sie hoffen, dass beide durch die Coronapandemie eher zunehmen als leiden. Unterdessen hat auch Bundeskanzlerin Angela Merkel dazu aufgerufen, zuerst das Virus zu bekämpfen und anschließend Lehren aus dem Umgang mit der Pandemie und den Partnern zu ziehen. "Unsere höchste Priorität gilt dem Schutz von Leben, nicht öffentlichkeitswirksamen Gesten und kleinlicher Politik", ließ darauf US-Außenminister Mike Pompeo verlauten. Benötigt würden aber "funktionierende, verlässliche globale Institutionen, und nicht dysfunktionale, unfähige Bürokratien, die sich der Kommunistischen Partei Chinas auf Kosten von Menschenleben beugen", fügte Pompeo hinzu.

Mehr Sympathie?

Am 11. Juni 2020 unterhielt sich die Bundeskanzlerin dennoch bevorzugt mit Ministerpräsident Li Keqiang der Volksrepublik China über den Re-Start der Wirtschaft und die Lockdown-Auswirkungen, anstatt zum G7-Gipfel in die USA zu fliegen, wohin Präsident Donald Trump Ende Juni eingeladen hatte. Ursprünglich war das G7-Treffen für den 10. bis 12. Juni geplant gewesen. Zunächst schlug Trump seine eigene Hotelanlage

Abb. 135

6G und Quantencomputer bestimmen die Zukunft.

in Florida als Austragungsort vor, doch dann wurde das Treffen bis auf Weiteres verschoben. Tatsächlich belegte eine neue Umfrage der Körber-Stiftung vom 20. Mai 2020, dass die Deutschen inzwischen China beinahe mehr vertrauen als den USA. Zugleich fordern die Deutschen jedoch zu 85 Prozent, dass die Produktion lebenswichtiger Güter und die kritische Infrastruktur nach Deutschland zurückverlagert werden soll, auch wenn das zu höheren Preisen führe. "Wir müssen starke Maßnahmen ergreifen, um mit dem gegenwärtigen Abwärtsdruck fertig zu werden", sagt Li Keqiang. "Das verträgt sich nicht mit dem chinesischen Gesetz, und so benimmt sich China nicht. Wir haben das nicht getan und werden es auch in Zukunft nicht tun."

Als Angela Merkel am 8. Juli 2020 zum ersten Mal wieder aus Deutschland Richtung Brüssel reiste und vor den Abgeordneten des Europäischen Parlaments sprach, sagte sie in ihrer Rede: "Wir wissen, dass sich viele vor der Digitalisierung und Quantencomputing" fürchten. Doch die "damit in Zusammenhang gebrachten Veränderungen werden für noch mehr Sicherheit und Stabilität" in Europa sorgen. Das war der erste mir bekannte öffentliche Kommentar der Bundeskanzlerin zu den geplanten Veränderungen in naher Zukunft!

Während die großen Mobilfunkanbieter seit einigen Monaten auch in Deutschland Kunden für ihre 5G-Netze suchen, wird es bis zu der flächendeckenden Verbreitung noch einige Zeit dauern. Tatsächlich beschränkt sich die Verfügbarkeit bislang weitestgehend nur auf einige ausgewählte Ballungsgebiete, und die breite Masse muss noch warten. Selbstverständlich halten diese unausgegorenen Schritte die Forscher nicht davon ab, jetzt schon an 6G zu arbeiten und damit die Grundlagen für den 5G-Nachfolger zu schaffen.

6G für Qubits?

Theoretisch erwarten die Forscher Geschwindigkeiten von bis zu 1 Terabyte pro Sekunde oder 8.000 Terabit pro Sekunde, was damit 8.000-Mal schneller als 5G wäre. Um diese Zahl verständlicher zu machen, nehmen sie als Beispiel einen Netflix-Stream in der aktuell höchsten Qualität. Dieser benötigt 56 Gigabit pro Stunde. Mit 6G könnte man also mehr als 142 Stunden derartiger Inhalte in einer Sekunde herunterladen.

Selbstverständlich handelt es sich bei den aktuellen Angaben nur um theoretische Werte, die aber mit Unterstützung von Quantencomputern möglich sein werden; dennoch können sich die Werte bis zur Verfügbarkeit noch ändern. Die Entwicklung der neuen Standards dauert rund zehn Jahre. So hoffen die Entwickler auf erste 6G-Netze bereits im Jahr 2030. China ist mit zwei Arbeitsgruppen, bestehend aus mehr als 30 Experten von Universitäten, Forschungsinstituten und Technologieunternehmen, aber nicht alleine. Auch in Japan arbeitet man an den Grundsteinen für den 5G-Nachfolger. Die nächste Generation der drahtlosen Kommunikation soll das Spektrum oberhalb von Millimeterwellen, den Terahertzwellen, von 300 GHz bis 3 THz nutzen. Diese Frequenzen bilden eine wichtige Komponente bei der Bereitstellung von Datenraten von bis zu einem Tera-Bit pro Sekunde.

NACHWORT

Als man mir zum ersten Mal sagte, Bill Gates sei einer "der Bösen", fragte ich völlig ungläubig, ob die Leute noch ganz dicht seien, solch einen Unfug zu behaupten. Doch das, was ich in Rekordzeit aus Primärquellen und eigener Vorortrecherche für dieses Buch zusammentragen konnte, zeichnet nicht nur ein vollkommen anderes Bild über den "Menschenfreund", sondern präsentiert auch Tatsachen über das Drumherum. Das Coronavirus ist leider noch nicht verschwunden, auch wenn dieses Gefühl ab Juni 2020 jedem vermittelt worden ist. Denn ganz offensichtlich ist die 2019-nCo-Virus[1]-Pandemie nicht nur geplant worden, sondern sie dient auch einem vorbestimmten Zweck gewisser Interessengruppen im "Deep State", die damit ihre Ziele durchsetzen wollen.

Am 5. Oktober 1938 wurden die Pässe der Juden in Deutschland für ungültig erklärt, und denen, die einen Pass für die Emigration benötigten, wurde ein Pass mit der Kennzeichnung

---

1) Es gab immer wieder Diskussionen darüber, den neuen Erreger, umgangssprachlich das Coronavirus, in wissenschaftlichen Arbeiten doch lieber SARS-CoV-2 zu nennen. Der Grund dafür ist, so die "synthetische Eigenart" des Virus und die dafür erforderliche Laborarbeit in den Hintergrund treten zu lassen, weshalb ich es in diesem Buch bei der Bezeichnung 2019-nCoV belassen habe. Das Virus ist synthetisch in einem Labor hergestellt worden, und an dieser Tatsache ändert auch eine fortlaufende Nummerierung nichts.

"J" (Jude) ausgestellt. Ein weiteres Gesetz aus dem Jahr 1938 verpflichtete Juden, deren Namen nicht "typisch jüdisch" waren, ihrem Vornamen einen jüdischen Namen hinzuzufügen: Männer wurden gezwungen, den Namen "Israel" hinzuzufügen, und Frauen wurden gezwungen, den Namen "Sarah" anzunehmen, um sie so identifizieren zu können. Heute kann man solche Informationen bereits aus der Steuer-ID entnehmen, und schon bald gibt es "kein Geheimnis" eines Bundesbürgers mehr, das nicht digital in der neu geordneten Welt erfasst worden ist.

Wir haben wieder einmal eine Zeit erreicht, in der eine Gruppe von Menschen zu Göttern stilisiert wird und eine andere Gruppe von Menschen diese vermeintlichen "Götter" in absehbarer Zeit bedrohen wird, wenn sie erneut den "Turm zu Babel" erstürmen. Geschichte ist ein Kreislauf, der sich nur wiederholt, aber der Mensch lernt dabei nie etwas dazu! Eine Handvoll verwilderter Horden wird selbstverständlich überleben und fängt dann von neuem an, die Welt zu erkunden. Während die Welt sich in dieser Zeit biologisch erholen kann, beginnt der Mensch, sich die anderen Lebewesen und die Fauna der Erde wieder untertan zu machen, um sich selbst erneut als "Krone der Schöpfung" zu erheben. Und der fatale Kreislauf beginnt erneut ...

Anhang

BLIND VERTRAUT

Der Hippokratische Eid wird in seiner ursprünglichen Form von Ärzten heute kaum noch geleistet und hat damit auch keine Rechtswirkung. Es hat aber gleichwohl noch immer Einfluss auf die Formulierung moderner Alternativen, wie etwa der "Genfer Deklaration" oder des "Weltärztebundes". Erstaunlich dabei ist allerdings, dass nach einer Studie der AOK aus dem Jahr 2013 die "Lebenserwartung [der Menschen] mit Zunahme der Arztdichte proportional sinkt". Woran liegt das? Auch wenn es im Artikel 1, Abs. 1 des Grundgesetzes (GG) der Bundesrepublik heißt: "Die Würde des Menschen ist unantastbar", hat dieser Wortlaut für den einzelnen Menschen nicht immer die ihm zugesprochene Bedeutung, wie auch Wolfgang Schäuble sehr gut weiß. Obwohl es nicht annähernd so viele Krankheiten gibt, ist die Anzahl der Medikamente seltsamerweise weltweit auf über 300.000 gestiegen. Wozu, wenn es gar nicht so viele Krankheiten gibt? Zur Umsatzsteigerung?

Den Statistiken diverser Pharmakonzerne zufolge hätten seit 1961 unbekannte Krankheiten angeblich sehr wohl zugenommen. Doch tatsächlich resultieren diese erwähnten Zunahmen nur aus den Nebenwirkungen der verabreichten Medikamente und werden nicht durch neue Viren oder Ähnliches hervorgerufen. Dennoch vertrauen viele Menschen diesen vermeintlichen Heilmitteln noch immer nahezu blind.

Hier ein Überblick bis 1970, welche Medikamente den Menschen bislang getötet haben, immer noch töten können und trotzdem weiter verwendet werden:

1970 Die Medikamente "Plaxin" und "Pronap", Beruhigungsmittel, werden in Südafrika vom Markt genommen, weil sie für den Tod vieler Säuglinge verantwortlich waren. Die Idee, dass Vivisektionsergebnisse auf den Menschen übertragen werden, wurde von einigen der einflussreichsten Ärzte der Geschichte immer als "lächerlich" und "Unfug" abgelehnt.

1971 sorgte ein zuvor als "unbedenklich" eingestuftes Schmerzmittel namens "Paracetamol" dafür, dass in Großbritannien über 1.500 Menschen nach einem Kreislaufkollaps in ein Krankenhaus eingewiesen werden mussten, weil der "Rat für Gesundheitserziehung" empfahl, dieses Mittel gegen den Alkoholkater einzusetzen. Studien von Professor Kay Brune aus 2014 bestätigten akute Nebenwirkungen wie Leberversagen oder Bluthochdruck. "Paracetamol ist hochtoxisch und viel gefährlicher, als bisher geglaubt", warnt der Experte.

1972 entdeckten Ärzte, dass das gegen Asthma verschriebene Spray "Isoproterenol" statt zu heilen über 3.500 Menschen getötet hatte. Das Expertengremium des US-amerikanischen Nationalen Asthma-Aufklärungs- und Präventionsprogramms rät von seiner Verwendung als Vernebler bei akuter Bronchokonstriktion ab. Es wird heute zur Behandlung von Herzblockaden und Episoden verwendet, wobei die Todesfälle nicht mehr auffallen.

1973 stellte sich heraus, dass das angeblich Leukämie heilende Medikament "Urethan" nach seiner Einnahme nicht nur völlig nutzlos war, sondern als Nebenwirkung Leber-, Lungen- und Knochenmarkkrebs erzeugte. Auch "Polyurethan" (PU) steckt noch immer in Schuhen, Autos, Surfbrettern, Möbeln und weiteren Produkten. Wenn Obst im Supermarkt in weichem Schaumstoff gepolstert ist, enthält es diesen chemisch hergestellten Kunststoff noch heute, obwohl er nachweislich krebserregend ist.

1974 fand man bereits heraus, dass die Aufputschmittel "Maxiton" und "Preludion", die auch als Appetitzügler verschrieben wurden, zu ernsthaften Schäden an Herz- und Nervensystem führten, so dass beide Medikamente vom Markt genommen werden mussten.

1975 verbot man in Italien "Antiallergicum Trilergan" nicht nur, sondern beschlagnahmte es sogar per Gerichtsbeschluss selbst in den kleinsten Apotheken. Dieses Medikament verursachte besondere Lebererkrankungen und verursachte das Hepatitis C-Virus.

1976 musste das Rheumamittel "Flaminil" (Sandoz) zurückgezogen werden, weil es Gelenkschmerzen und Übelkeit hervorrief und die Patienten bewusstlos werden ließ. Im selben Jahr begann "Imperial Chemical Industries" (ICI) an die Opfer oder deren Hinterbliebene Schadensersatz zu zahlen, die durch das Herzmittel "Eraldin" an den Augen oder dem Verdauungstrakt erkrankten.

1977 musste "Phenformin" (Ciba Geigy) vom amerikanischen Markt zurückgezogen werden. Es ließ sich nicht mehr

verheimlichen, dass das Diabetesmittel seit 1969 jährlich mindestens 1.000 Patienten das Leben gekostet hatte. Trotz des
Skandals erlaubten die deutschen Behörden noch ein weiteres
Jahr den Abverkauf der tödlichen Diabetesmittel "Dipar", "Si-
lubin-Retard", "Sindatil" und anderer.

1978 kommen die deutschen Behörden jedoch nicht umhin,
alle cholesterinsenkenden Arzneien, die "Clofibart" (L. Merckle
KG) enthalten, zu verbieten, da sie tödliche Nebenwirkungen
gezeigt hatten. Zudem verursachte es Krebs, Gallen-, Leber-,
Blasen- und Darmleiden.

1979 wurde beim Schmerzmittel "Amydoprin" festgestellt,
dass es die Bildung weißer Blutkörperchen behinderte, was für
den Menschen durchaus tödliche Auswirkungen haben kann.
Des Weiteren zeigte "Amydoprin", dass es 160 Substanzen enthielt, die in Deutschland verboten waren. Im selben Jahr wurde
offiziell bekannt, dass Valium auch in kleinen Dosen süchtig
machen kann. Damals nahmen mehr als 15 Prozent aller er-
wachsenen Amerikaner Valium. Es kam auch heraus, dass "Bar-
biturate" (Schlafmittel) bei langer Anwendung Schlaflosigkeit
nicht lindern, sondern verschlimmern.

1980 sorgten die überflüssigen Mittel "Oxichinolin" und
"Clioquinol" (Ciba Geigy), die gegen Verdauungsstörungen
empfohlen wurden, für einen weltweiten Skandal: 30.000 Menschen erblindeten oder erlitten Lähmungen der Beine; mehr
als 1.000 Patienten starben allein in Japan. Die Mittel wurden
allein in Japan unter 168 Handelsnamen verkauft.
Die "New York Times" berichtete, dass das Medikament
"Selacryn" (SmithKline) 1980 zurückgezogen werden musste,
nachdem 593 Todesfälle und zahllose Leberschäden (chronische

Hepatitis) bekannt geworden waren. Auch vor dem Contergan-Skandal 1958 versicherte der Hersteller (Grünenthal GmbH) in einem Rundschreiben an 40.000 Ärzte, dass dieses Mittel das beste Beruhigungsmittel für werdende und stillende Mütter sei.

1981 wurden die Schmerz- und Rheumamedikamente "Butazolidin" und "Tanderil" (Alka-Butazolidin, Alpha-Kadol Ambene, Ambene-N Arthrisinal-comp., Benfophen Butazolidin, Butazolidin Salbe Chemirheumin, Delta-Butazolidin, Delta-Demoplas, Delta-Elmedal, Delta-Myogit, Delta-Oxybuton Retard, Delta-Spondyril, Delta-Tomanol, Delta-Tomanol B, Delta Waukobuzon Delphimix) von Ciba Geigy weltweit für den Tod von über 10.000 Menschen verantwortlich gemacht. Aus dem Untersuchungsbericht ging später hervor, dass das Pharmaunternehmen über 1.182 Todesfälle bereits informiert war und seine Mittel dennoch weiter verkauft hat.

1982 musste in Großbritannien das Arthritismittel "Opren", das "Benoxaprofen" enthält, zurückgezogen werden, nachdem hunderte Menschen davon getötet wurden und tausende schwere Schäden erlitten hatten. Das hinderte den Hersteller Eli Lilly & Co aber nicht, unter Verschweigen der britischen Todesfälle, in den USA unter dem Namen "Oraflex" die weitere Zulassung zu beantragen, die auch erteilt wurde. Der Direktor von Eli Lilly & Co war George Bush, der spätere US-Präsident. Er besaß auch Aktien des Pharmaunternehmens.

1983 kostete das Schmerzmittel "Zomax" ("Toratex") nachweislich fünf Menschen das Leben, doch weder der Hersteller noch die FDA wollten das Mittel vom Markt nehmen. Stattdessen empfahl man weitere Studien und verkaufte das Mittel munter weiter. Professor Heinrich Hess, damals Teamarzt der deutschen Fußballnationalmannschaft, bestätigte 1993 an 60 Patienten, dass es keine schädlichen Nebenwirkungen gegeben hatte. Komplikationen, die im Zusammenhang mit einer Toratex-Behandlung (Syntex) tatsächlich auftraten, waren in Wahrheit Lungenentzündungen und Schockzustände, Nieren- und Leberversagen, Magen- und Darmgeschwüre, unstillbare Blutungen sowie Asthmaanfälle bis zum Atemstillstand. Mindestens jeder 10.000. Patient, so schätzen mittlerweile Experten, bezahlt die Toratex-Therapie mit dem Leben.

Der "Daily Telegraph" berichtete 1983 zudem, dass vor dem Medikament "Hypnomydat" gewarnt wurde, nachdem es in einer Glasgower Intensivstation zu einem steilen Anstieg der Todesfälle gekommen war. Die Ärzte weigerten sich allerdings, Schätzungen über die Zahl der Toten anzugeben.

1984 berichtete die Londoner "Daily Mail", dass das Akne Mittel "Roacutan" in den USA bei den Babys von Frauen, die zur Zeit der Einnahme schwanger wurden, schwere Missbildungen hervorgerufen hatte – und zwar fast bei der Hälfte der Neugeborenen. Die "New York Post" meldete, dass sämtliche 852 Patienten, denen man das Herzmittel "Epinepheren" gespritzt hatte, gestorben waren. Nomifensin-haltige Antidepressiva (ALIVAL, PSYTON) der Hoechst AG wurden fast ein Jahrzehnt (bis 1993) unbeanstandet in der Bundesrepublik und in 96 weiteren Ländern vermarktet, obwohl schon frühzeitig (1984) immuntoxische Wirkungen (Fieber, Hepatitis, hämolytische Anämie, Alveolitis etc.) erkannt wurden.

1985 im Januar meldete der "Guardian", dass "Nizoral" (gegen Pilzinfektionen) für 5 Todesfälle und 77 Fälle schwerer Nebenwirkungen verantwortlich sei. Im März desselben Jahres berichtete die "Neue Presse", dass das Malariamittel "Fansidar" schwere Hauterkrankungen mit lebensbedrohlichen Folgen hervorrufen kann. Im Mai hatten die Behörden in den USA und Großbritannien die Verwendung von Wachstumshormonen verboten, da die Patienten auch nach Jahren an einer unheilbaren Infektion erkranken können. Das Hormon wurde aus der Hirnanhangdrüse von Leichen gewonnen.

Im Juli 1985 berichtete der "Guardian", dass Beruhigungsmittel wie "Largactil" vom Markt genommen werden sollen, weil sie weltweit bei 40 Millionen Patienten schwere Hirnschäden verursacht haben. Davon hatten etwa 38 Millionen "tardive Dyskinsie" (Bewegungsstörungen) und mehr als 25 Millionen verloren durch Muskellähmungen für immer die Fähigkeit, den Zungenmuskel oder in vielen Fällen die Muskeln des ganzen Körpers zu kontrollieren.

1986 berichtete der "Guardian", dass das Medikament "Merital" (Hoechst AG) schwere Nebenwirkungen in Form von Nierenversagen, Anämie und Lungenentzündung hervorruft. Im selben Monat berichtete die Zeitung, dass 2.000 Menschen an den schweren Nebenwirkungen des Arzneimittels "Felden" erkrankt sind. 77 starben, fast alle an Darmblutungen oder Darmrissen. Der amerikanische Hersteller Pfitzer meinte trotzdem nach wie vor, das Medikament sei gut verträglich. Im selben Monat wurde bekannt, dass Ciba-Geigy zugeben musste, die Sicherheitsdaten von 46 Antibiotika und anderen Mitteln gefälscht zu haben, die von den japanischen Gesundheitsbehörden angefordert worden waren.

2008 wurde im Sommer bekannt, dass zahlreiche Studien zu "Alev" (Bayer), "Vioxx" (Merck) und "Celebrex" (Pfizer) von Ghostwritern erstellt worden waren, die dann von den Professoren "nur" noch unterschrieben wurden. Die ganze

Klasse dieser Arzneien steht unter dem Verdacht, das Risiko für Herzinfarkte und Schlaganfälle zu erhöhen. Nach drei Untersuchungsjahren stellte sich heraus, dass die Medikamente das Risiko von Herzkreislaufereignissen wie Herzinfarkt oder Schlaganfall je nach Dosis um das 2,5- bis 3,4-fache steigern können. Aufgrund dieser schockierenden Ergebnisse wurde die Studie sofort abgebrochen.

Vorsätzlich verkauft?

Man geht in Deutschland offiziell jährlich von circa 16.000 Toten durch die Nebenwirkungen von Arzneimitteln aus. Manche Experten schätzen diese Zahl auf bis zu 40.000 Tote. Nach Jürgen Fröhlich von der Medizinischen Hochschule in Hannover sterben in deutschen Kliniken weitaus mehr Menschen durch Arzneimittel, als bisher vermutet wurde: "Als Folge von Medikamentennebenwirkungen müssen wir jährlich mit 58.000 Todesfällen allein in der Abteilung für Innere Medizin rechnen, sagt der Leiter des Instituts für klinische Pharmakologie. In einer statistischen Auswertung fanden US-amerikanische Analytiker heraus, dass tödliche Verkehrsunfälle im Jahre 2009 seltener waren als Todesfälle, die von Arzneimitteln verursacht wurden. Innerhalb der letzten 27 Jahre starben allein in den USA drei Millionen Menschen infolge einer Medikamenteneinnahme. An Vitaminpillen starb im selben Zeitraum kein einziger Mensch. Und das, obwohl doch von Seiten offizieller Gesundheitsexperten immer wieder verkündet wird, Vitaminpräparate könnten der Gesundheit schaden und Medikamente seien die einzige wissenschaftlich abgesicherte Möglichkeit, die Gesundheit zu verbessern. So wurde der Topseller unter den verschreibungspflichtigen Medikamenten ("Ritalin"), den täglich Millionen von Kindern schlucken, mit der Entwicklung von Diabetes, aber auch mit Selbstmordgedanken in Verbindung gebracht. Bekannt wurde inzwischen außerdem, dass die Herstellerfirmen von Psychopharmaka einiges zu tun bereit sind, um ihre Umsätze zu sichern und um auch solche Präparate auf dem Markt zu belassen, die bewiesenermaßen tödliche Nebenwirkungen besitzen.

Rendite wichtiger?

So hat der Hersteller des Antidepressivums "Prozac" (Wirkstoff Fluoxetin), Eli Lilly & Co, offensichtlich jahrelang verschwiegen, dass "Prozac" bei Patienten zu ernsthaften Selbstmordabsichten führen kann. Das wussten Eli Lilly & Co übrigens seit den 1980er Jahren, als die entsprechenden Studien genau diesen Schluss nahelegten, sagten allerdings kein Wort darüber und ließen zu, dass "Prozac" annähernd 55 Millionen Mal verschrieben wurde. Erst der Psychiater Martin Teicher von der Harvard University übermittelte die entsprechenden Informationen der Presse und meinte, dass das amerikanische Volk in diesem Falle wohl als Versuchskaninchen in einem langjährigen Großexperiment benutzt wurde. In Kombination mit anderen Medikamenten kann "Prozac" zudem auch auf anderem Wege zum Tode führen.

"Derzeit herrscht in der Medizin das 'Bakteriozentrische Weltbild', das heißt, der Erreger (Virus, Bakterien und Co.) steht im Zentrum der Infektion. Er gilt als der alleinige Verursacher der Erkrankung, und der Mensch ist in diesem Weltbild nur einer, der durch reine Willkür dieses Erregers von diesem zufällig heimgesucht, befallen und ohne irgendeinen inneren Zusammenhang sinnlos krank gemacht wird. Der Erreger ist im Wesentlichen schuld an allem, ohne Erreger gäbe es die ganze Erregung (Entzündung) nicht, ohne ihn hätten wir infektionsmäßig praktisch ein Paradies auf Erden", sagt der Allgemeinmediziner August Zoebel.

1828 kam es in der französischen Stadt Marseille zu einer Epidemie mit 40.000 Pockenfällen. 30.000 Betroffene waren vorher gegen Pocken geimpft worden.

1842 starben in Großbritannien 28.000 Menschen an Pocken. Alle Verstorbenen hatten zuvor eine frühe Form von Schutzimpfung gegen Pocken erhalten.

1865 stellte ein Bericht der französischen "Academie nationale de Medicine" fest, dass in den zehn Departements, in denen am wenigsten geimpft worden war, 16 Tote zu beklagen waren – in den zehn Departements mit der höchsten Impfrate jedoch 106 Tote. Professor Auguste Ambroise Tardieu (1818-1879) erklärte damals völlig richtig: "Man impft seit langem mit schöner Regelmäßigkeit und Systematik, aber wir scheuen uns nicht es auszusprechen: Trotz all unserer Bemühungen nimmt die Seuche weiter ihren Lauf, wird noch stärker und spottete all unserer Impfmaßnahmen. Was hilft es uns, dass wir dauernd betonen, Impfungen seien ein zuverlässiges Gegenmittel? Die Menge der Todesfälle, die jede Woche mehr werden, beweist das Gegenteil."

1867 beschrieb ein neuer Bericht derselben Akademie, dass auf jeden Toten in den Departements mit der niedrigsten Impfrate 49 Tote in den Departements mit der höchsten Impfrate kamen.

1868 traten nach einem amtlichen Bericht die Pocken im 1. Französischen Füsilierregiment auf, nachdem geimpft wurde.

Im 2. Füsilierregiment derselben Kaserne, das nicht geimpft war, traten keinerlei Pockenfälle auf.

1975 wurde in Deutschland die Impfpflicht gegen Pocken aufgehoben. Die Erreger sind Viren der Familie "Poxviridae", die durch Tröpfchen-, Schmier- und Staubinfektion übertragen werden können. Im Vergleich mit Masernviren oder Windpocken sind diese aber viel weniger kontagiös, und eine Übertragung ist nur durch sehr engen Kontakt möglich. Daher wurde eine Übertragung in Bussen, Zügen, Flugzeugen etc., nicht beobachtet, so dass es eher in Krankenhäusern zu Ansteckungen mit Pocken kam. Trotzdem kaufte die Bundesregierung 2001 für 50 Millionen Euro etwa 6 Millionen Impfdosen für den Ernstfall, die angeblich geheim gelagert werden – oder inzwischen in der Mülltonne landeten.

1978 weigerten sich nach einer im Juli durchgeführten Umfrage 45 Prozent der Menschen mit einer Grippeschutzimpfung, sich erneut impfen zu lassen – mit der Begründung, dass sie nach der vorherigen Impfung trotzdem an Grippe erkrankt seien.

1986 kam es nach einer Masernepidemie im US-Bundesstaat Wisconsin zu einer Untersuchung mit dem Ergebnis, dass 83,4 Prozent der Erkrankten zuvor ordnungsgemäß geimpft worden waren.

2002 wurde im Oktober zwischen der Bundesregierung unter Gerhard Schröder und dem Pharmaunternehmen "Bavarian Nordic" ein unsinniger Liefervertrag abgeschlossen, der vorsah, bis Frühjahr 2003 eine Menge von 35 Millionen Pockenimpfstoffdosen bereitzustellen. Dazu sollten weitere 31

Millionen Dosen einen Lagerbestand von 66 Millionen ergeben. Tatsächlich war Gerhard Schröder seltsamerweise nie im Gefängnis. Wie kommt das eigentlich? Noch im selben Jahr erklärte der Vorsitzende der STIKO Professor Andreas Dittmann: "Das gegenwärtig zum Teil noch ungenügende Wissen erlaubt weder die Annahme noch den Ausschluss eines kausalen Zusammenhangs bestimmter Krankheitsereignisse mit bestimmten Impfungen."

2005 Vom Juli 2005 bis zum Juli 2008 wurden 254 plötzliche und unerwartete Todesfälle aus ganz Deutschland auf mögliche Zusammenhänge mit vorausgegangenen Sechsfachimpfungen in der vom RKI durchgeführten TOKEN-Studie untersucht. Das Ergebnis der TOKEN-Studie war wenig überraschend, wenn man daran denkt, wer die Studie in erster Linie finanziert hat: die Impfstoffhersteller selbst! Es wurde so dargestellt, als ob sich Eltern, deren Kind innerhalb weniger Tage nach der Impfung starb, viel häufiger meldeten als andere Eltern. Es kann davon ausgegangen werden, dass das wahre Risiko über den in der Studie berechneten Werten liegt. Wichtig zu wissen: In deutscher Sprache existiert nur eine kurze Zusammenfassung der Ergebnisse.

2006 Nach HPV-Impfungen mit "Gardasil" gab es 2006 drei Todesfälle, ein weiterer 2008 und eines im August 2009. In Großbritannien ist zudem ein 14-jähriges Mädchen kurz nach einer Impfung mit dem HPV-Impfstoff "Cervarix" verstorben. Zwischen 2009 und 2012 sorgte dieselbe Impfung an über 20.000 Jungen und Mädchen in Indien für weitere Todesfälle.

2015 wurden 772 (6,2 %) Masernfälle als schwerwiegend eingestuft. Dazu zählten auch 32 Todesfälle, die angeblich nicht mit der Impfung in Verbindung gestanden haben sollen: "Das Kind im Alter von anderthalb Jahren ist bereits am 18. Februar in einem Krankenhaus der Infektionskrankheit erlegen", sagte Berlins Gesundheitssenator Mario Czaja. Wie es sich angesteckt hat, ist noch unklar. "Das Kind war gegen alles geimpft, nur nicht gegen Masern!" Hier erfährt man, dass das Kind kein ungeimpftes Kind war. Es erfolgten sämtliche Impfungen vorher, und inwiefern das Immunsystem dadurch geschwächt oder geschädigt war, ist unklar. "Außerdem haben wir nur zwei Impfstoffe ausgewählt", sagt die AGI. "Proquad, M-M-RVaxPro oder Masern Mérieux sind in unserer Auflistung NICHT enthalten." Führen wir die Verdachtskomplikationen aller Impfstoffe an, die eine Masernkomponente enthalten, erhöht sich die Zahl auf 18 Todesfallmeldungen und 54 bleibende Schäden, erklärt man weiter. Noch Jahre später können tödliche Folgeerkrankungen auftreten. Die Bundesregierung geht von 280 Fällen aus, die allein zwischen 2007 und 2015 behandelt wurden. Impfkritiker bezweifelten jedoch, dass so viele Menschen an den Spätfolgen der Masern gestorben sind. Jetzt zeigt sich, dass ihre Zweifel berechtigt waren.

Die Bundesregierung stützte sich auf eine andere Datenquelle und verwies auf die Statistik der Todesursachen des Statistischen Bundesamtes. Demnach wurde "in den Jahren 2007 bis 2015 bei insgesamt 29 Personen als Todesursache eine SSPE dokumentiert". Damit unterscheidet sich die Zahl der bestätigten SSPE-Todesfälle von der Zahl der im Krankenhaus dokumentierten SSPE-Behandlungen um den Faktor zehn. Übrigens wird man Todesfälle nach einer Impfung zu keiner Zeit in einer Liste von anerkannten Impfschäden finden. Von diesen wird so gut wie nie gesprochen und sie verschwinden meist in der Versenkung. Gemäß einer neuen Rechtsprechung dürfen nationale Gesetze Patienten die Beweisführung gegen

Pharmakonzerne ab jetzt erleichtern. Das hat der Europäische Gerichtshof (EuGH) in einem Produkthaftungsprozess entschieden. Ein Bündel von Indizien könne ausreichen, um die Haftung von Arzneimittelherstellern zu begründen. Ein auf der wissenschaftlichen Forschung beruhender sicherer Nachweis sei nicht erforderlich, urteilten die Richter (Urt. v. 21.06.2017, Az. C-621/15). Zwar legt Art. 4 der Produkthaftungsrichtlinie 85/374/EWG (ProdHaftRL) dem Anspruchsteller die Pflicht auf, Fehler eines Produktes, den Schadenseintritt und die Kausalität zwischen den beiden Kriterien nachzuweisen. Zur Art und zum Umfang des Beweises schweigt Art. 4 der ProdHaftRL jedoch. Welche Auswirkungen hat also die Auslegung zu Art. 4 der ProdHaftRL auf nationale prozessuale und materielle Beweisregeln? Ganz grundsätzlich gilt: Ein Gericht ist frei in der Würdigung der vorgelegten Beweise. Dem Richter steht es damit prinzipiell frei, bestimmte vorgebrachte Tatsachen und Indizien derart zu werten, dass er den vorgetragenen Sachverhalt als erwiesen ansieht.

Heute werden wissenschaftliche Leistungen in zahlreichen Situationen beurteilt, sei es bei der Auswahl von Bewerbern für eine freie Stelle an einem Forschungsinstitut oder bei der Verteilung von Forschungsgeldern innerhalb einer Fakultät und unter den Antragstellern bei der Deutschen Forschungsgemeinschaft (DFG). Am einfachsten kann man die wissenschaftliche Leistung eines Bewerbers oder einer Institution anhand der entsprechenden Veröffentlichungen beurteilen. Die Lektüre der Fachliteratur ist aber nicht nur anspruchsvoll, sondern vor allem zeitraubend. Hinzu kommt, dass über den Betroffenen oftmals Personen entscheiden müssen, die sich auf dem speziellen Forschungsgebiet nicht gut genug auskennen, um die Qualität der eingereichten Ergebnisse wirklich zuverlässig beurteilen zu können. Deshalb wird häufig einfach die Gesamtzahl der Veröffentlichungen als Qualitätskriterium gewertet. Dies ist sozusagen der Surrogatmarker für die wissenschaftliche Leistung des zu bewertenden Wissenschaftlers. Die Vielzahl der Publikationen ist einfach zu messen, nachzuprüfen und weiterzuerzählen. Auch die Erstellung einer Rangliste nach diesem Kriterium ist nicht sonderlich schwierig und auch für Kollegen jederzeit nachvollziehbar.

Da unter den Wissenschaftlern einerseits der Anzahl der Publikationen zunehmend größere Bedeutung beigemessen wird als dem Inhalt, werden andererseits die Ergebnisse einer Untersuchung in immer kleineren Portionen veröffentlicht. In den Fachkreisen kursiert daher der Begriff der kleinsten publizierbaren Einheit (least publishable unit). Und wer seine Ergebnisse in einem großen, umfassenden Artikel darstellt, kickt möglicherweise die eigene Karriere in den Rinnstein und hilft ungewollt potenziellen Konkurrenten, die aus dem gleichen Material ein ganzes Bündel von Publikationen anfertigen. Man ahnt bereits, dass die Anzahl der Publikationen kein besonderes gutes Kriterium für die Bewertung der wissenschaftlichen Leistungen sein kann; zudem motiviert dieses System nicht gerade dazu, Qualität abzuliefern.

Dennoch haben gerade wir in Deutschland einen ausgeprägten Respekt vor Autoritäten, vor Wissenschaftlern und Professorentiteln. Autoritäten wurden nach Meyers Konversationslexikon aus dem Jahre 1885 wie folgt definiert: "In der wissenschaftlichen Sprache heißen solche Gelehrte Autoritäten, welche in ihrem Fach einen so wohlbegründeten Ruf erworben haben, dass ihre Stimme in Bezug auf die Wahrheit und Sicherheit einer Angabe den Ausschlag gibt." Und daran hat sich bis heute nichts geändert! Seltsamerweise ist die Öffentlichkeit nicht bereit zu sehen, dass das Bild wissenschaftlicher Autoritäten seit Jahren zunehmend ins Schwanken gerät, denn oft genug beruht der wohlbegründete Ruf nur auf bloßem Schein. Zum Beispiel wurde dem hochrangigen britischen Mediziner John Anderton 1997 die Approbation entzogen, weil er im "British Medical Journal" eine komplett frei erfundene Medikamentenstudie veröffentlichte. Noch im selben Jahr wurde einem Genetiker in den USA der Doktortitel verweigert, weil die Daten in seiner Dissertation zu 80 Prozent frei erfunden waren. Damit nicht genug wurde 1998 auch in Deutschland eine Technische Angestellte für Züchtungsforschung des Kölner Max-Planck-Instituts fristlos entlassen, weil sie jahrelang Experimente manipuliert und Daten gefälscht hatte. Mehrere Veröffentlichungen im Fachmagazin "Nature", das als renommiert und seriös gilt, beruhen unter anderem auf diesen gefälschten Daten und mussten korrigiert werden.

Professor Peter Seeburg gestand 1999 als Direktor des Heidelberger Max-Planck-Instituts für medizinische Forschung ein, dass er 20 Jahre zuvor ein von ihm selbst gentechnisch verändertes Bakterium aus dem Labor der Berkeley Universität von Kalifornien für das Unternehmen Genentech gestohlen hat. In seiner Veröffentlichung darüber in "Nature" vom 18. Oktober 1979 machte er vorsätzliche Falschaussagen zu der Herkunft des Klon-Bakteriums, und auch die von ihm beschriebene Sequenzierung hatte niemals stattgefunden. Somit darf man also keinem Akademiker trauen, bloß weil sie/er einen Doktortitel hat oder Arzt ist. Hier die "Schwarzen Schafe", denen wir blind vertraut haben:

Medizin?

Der Arzt John Darsee, der als brillanter Nachwuchswissenschaftler am Lehrstuhl der Harvard University galt, wurde

1981 als Fälscher entlarvt. Mehrere Untersuchungskommissionen beschäftigten sich mit dem Fall Darsee und stellten fest, dass er schon vorher, 1974, an der Emory University systematisch fälschte und damit sogar schon 1969 als Student an der Notre Dame University begonnen hatte.

Dem Radiologen Robert Slutsky (1929-2005) wurde Mitte der 1980er Jahre von der University of California in San Diego nachgewiesen, dass er wiederholt gefälschte Daten in Fachzeitschriften veröffentlicht hatte. Die Fachzeitschrift "Science" berichtete im April 2006, 18 seiner 60 Veröffentlichungen seien wegen gefälschter oder zumindest fragwürdiger Daten widerrufen worden.

Friedhelm Herrmann und Marion Brach waren 1997 die Verursacher der bisher größten Affäre in der deutschen Krebsforschung, in deren Folge sich unter anderem auch Roland Mertelsmann dem Vorwurf der Verletzung seiner Aufsichtspflicht ausgesetzt sah.

Eine medizinische Studie, die eigentlich im Jahr 2.000 die Überlegenheit der "Hochdosis-Chemotherapie" bei Brustkrebs belegen sollte, wurde von Werner Bezwoda gefälscht; was er später auch im "Deutschen Ärzteblatt" offiziell zugab.

Der kanadische Forscher Eric Poehlman vom "Vermont College of Medicine" forschte jahrelang auf dem Gebiet der Menopause, des Alterns und der Fettleibigkeit. Bereits im Jahr 2.000 wurden Vorwürfe gegen die Glaubwürdigkeit seiner Studien laut, aber erst im Jahr 2005 wies ihm eine Untersuchungskommission der University of Vermont nach, dass zehn seiner Veröffentlichungen gefälscht waren. Wegen unkorrekter Angaben in Anträgen auf Forschungsförderung wurden juristische Schritte gegen ihn eingeleitet.

Alexander Kugler, Urologe an der Universität Göttingen, und Gernot Stuhler von der Universität Tübingen wurden

2001 methodische Fälschungen bei "Impfungen gegen Krebs" (vermeintliche Therapie gegen Nierenzellkarzinom) vorgeworfen. Gernot Stuhler wurde vollständig rehabilitiert, während Kuglers Vorgesetzter Rolf-Hermann Ringert 2005 von der DFG für acht Jahre von Drittmitteln und Gutachten ausgesperrt wurde.

Der Immunologe Luk van Parijs, der neben Krebs über RNS-Interferenz geforscht hatte, wurde 2004 von seiner Position im "Massachusetts Institute of Technology" (MIT) suspendiert und 2005 entlassen. Ihm war nachgewiesen worden, dass er während seiner Tätigkeit am MIT erfundene Arbeitsergebnisse in Fachzeitschriften publiziert hatte. Später wurde entdeckt, dass er bereits als Postdoktorant im Labor des Nobelpreisträgers David Baltimore am "California Institute of Technology" gefälschte Daten veröffentlicht hatte.

Dem koreanischen Stammzellforscher Hwang Woo-suk wurde Ende 2005 von einer Untersuchungskommission seiner Hochschule nachgewiesen, einen in der Zeitschrift "Science" veröffentlichten Forschungsbericht über die Kultivierung von elf geklonten humanen Stammzelllinien vollständig gefälscht zu haben. Seinem zeitweiligen Mitarbeiter Park Jong-Hyuk wurde Anfang 2007 von der University of Pittsburgh nachgewiesen, ebenfalls Daten gefälscht und die Untersuchungskommission der Universität belogen zu haben. Park Jong-Hyuk hatte bis 2004 im Labor von Hwang Woo-suk gearbeitet und war danach nach Pittsburgh gewechselt. Im Januar 2006 waren einem US-Kollegen Unkorrektheiten in einer für "Nature Medicine" geschriebenen Veröffentlichung aufgefallen.

Der norwegische Krebsforscher Jon Sudbø gab im Januar 2006 zu, mehrere hundert Patientendaten von Mund-/Rachenkrebserkrankten frei erfunden und sie zu einer Studie verarbeitet zu haben. Diese Daten wurden in der angesehenen Fachzeitschrift "The Lancet" veröffentlicht. Die Aussage dieser Fälschung war, dass das Risiko für Mund-/Rachenkrebs bei Rauchern angeblich auf die Hälfte gesenkt werden könne, wenn man über längere Zeit "Paracetamol" einnehme.

Der japanische Biochemiker Kazunari Taira wurde Anfang 2006 von der Universität Tokio suspendiert, nachdem er die Daten mehrerer, in hochrangigen Fachzeitschriften veröffentlichter Studien auf dem Gebiet der RNS-Interferenz nicht reproduzieren konnte. Auch konnte er weder die Rohdaten zu den Publikationen noch Labortagebücher vorweisen und wurde somit als Fälscher überführt.

Der Strahlungsonkologe Steven Leadon von der University of North Carolina at Chapel Hill verlor seine Professur, nachdem ein Universitätsausschuss ihn schuldig gesprochen hatte, in einem 1997 in "Science" erschienenen Artikel gefälschte Daten veröffentlicht zu haben. Der Artikel, der zurückgezogen wurde, hatte den Einfluss des Brustkrebsgens BRCA1 auf die zelleigenen DNS-Reparaturmechanismen zum Inhalt. Am 8. Juni 2006 sprach ihn auch das "US Office of Research Integrity" schuldig.

Catherine Verfaillie, heute Professorin der Katholieke Universiteit Leuven, veröffentlichte 2002 in "Nature" eine Arbeit, die einen Ausweg aus den ethischen Problemen der Forschung an embryonalen Stammzellen (ES) zu weisen schien. Konnte man sie zuvor gewinnen, indem man Embryos zerstörte, berichtete Verfaillie nun, sie habe im Knochenmark von Mäusen sogenannte "multipotente adulte Progenitorzellen" entdeckt, aus denen man in ihrem Labor die gleichen Zelltypen hervorbringen konnte wie aus embryonalen Stammzellen. Eine Wiederholung der Experimente in anderen Laboren misslang jedoch. Reporter der Zeitschrift "New Scientist" wiesen Ende 2005 nach, dass in mehreren Publikationen Verfaillies und in einer Patentschrift identische Bilder erschienen, die jeweils unterschiedliche Zellkulturen belegen sollten. Auch wurden weitere Daten ihrer Veröffentlichung angezweifelt. Eine Untersuchungskommission der University of Minnesota kam zu dem Ergebnis, dass die Veröffentlichung von 2002 gefälscht wurde.

Der Schmerzforscher Scott Reuben fälschte seit 1996 die Rohdaten von bis zu 21 Studien. Der Experte für postoperative Schmerzbehandlung stützte damit die Vergabe von bestimmten Schmerzmitteln nach Operationen und begünstigte damit die Pharmaunternehmen. Diese gängige klinische Praxis wurde durch den Skandal in Frage gestellt.

Das Klinikum Ludwigshafen enthob am 26. November 2010 den anästhesiologischen Chefarzt Joachim Boldt mit sofortiger Wirkung seines Amtes. Dem Anästhesisten wurde vorgeworfen, eine angebliche Originalarbeit in der Fachzeitschrift "Anesthesia & Analgesia" publiziert zu haben, "deren Aussagen keine wissenschaftliche Studienerhebung zugrunde lag". Als Indizien für diesen Vorwurf wurden seitens der Deutschen Gesellschaft für Anästhesiologie und Intensivmedizin erwähnt, "dass beispielsweise keine Labor- und Patientendaten über die Studie zur Verfügung stehen". Im Februar 2011 wurde Boldt der Titel "Außerplanmäßiger Professor an der Justus-Liebig-Universität Gießen" aberkannt, da er seiner Lehrverpflichtung in Gießen nicht mehr nachgekommen war. Bei dem Fall ging es um Studien, die Vorteile von Hydroxyethylstärke (HES) belegen sollten. Mit 89 zurückgezogenen Fachartikeln übernahm Boldt im März 2011 international den ersten Platz in dieser Statistik.

Andrew Wakefield stellte 1998 in einem Artikel in "The Lancet" eine Verbindung zwischen einer Impfung mit dem Masern-Mumps-Röteln-Impfstoff und nachfolgendem Autismus her (Der Fall Wakefield). Später wurde bekannt, dass er von

Anwälten, die Eltern von Autismus betroffener Kinder vertraten, 55.000 £ an Drittmitteln erhalten hatte. Die Veröffentlichung wurde inzwischen von "The Lancet" zurückgezogen, Wakefield ist in seinem Heimatland Großbritannien mit Berufsverbot belegt worden.

Yoshitaka Fujii, ein japanischer Anästhesiologe, wurde im Februar 2012 von der Toho Universität entlassen, da acht von neun durch eine universitätsinterne Kommission geprüfte Fachveröffentlichungen gefälscht waren und die vorgeschriebenen Standards nicht erfüllten. Fujii erklärte sich daraufhin einverstanden, die Veröffentlichungen zurückzuziehen. In der Folge wurde die Integrität seines gesamten in englischer Sprache verfasstes Werkes aus 20 Jahren – 193 Publikationen – in Frage gestellt. Im September 2012 berichtete "Nature", dass Yoshitaka Fujii voraussichtlich mindestens die Hälfte dieser Publikationen zurückziehen müsse.

Edward Shang, ein deutscher Chirurg, der im Rahmen des "Integrierten Forschungs- und Behandlungszentrums Adipositas-Erkrankungen" von Mannheim nach Leipzig wechselte, beendete am 9. Mai 2012 in gegenseitigem Einvernehmen seine Tätigkeit in Leipzig. Ausgangspunkt war die Rücknahme einer Publikation in "Surgery for Obesity and Related Diseases", in der Shang behauptete, im Rahmen einer Studie 60 Patienten operiert zu haben. Tatsächlich waren im betreffenden Zeitraum lediglich 21 Patienten operiert worden.

Der japanische Forscher Hisashi Moriguchi vom Klinikum der Universität Tokio berichtete am 11. Oktober 2012, ihm sei es als weltweit erstem Forscher gelungen, induzierte pluripotente Stammzellen erfolgreich an mehreren Patienten einzusetzen. Diese Aussage sorgte in Japan für ein großes Medienecho, da sie von "Yomiuri Shimbun", der auflagenstärksten Zeitung der Welt, als Titelgeschichte verbreitet wurde. Nachdem jedoch umgehend die Harvard Medical School und das Massachusetts General Hospital die von Moriguchi behauptete Kooperation dementierten, räumte er bereits am 13. Oktober 2012 ein, dass seine Behauptungen gelogen waren. Kurz darauf wurde zudem bekannt, dass er keine Zulassung als Arzt besaß und dass die Universität Tokio ihn entlassen hatte.

Haruko Obokata, Forscherin am RIKEN-Institut in Japan, hatte in zwei aufsehenerregenden "Nature"-Veröffentlichungen sowie in einer dritten Publikation behauptet, eine beliebige Zelle durch dreißigminütiges Eintauchen in ein Säurebad in eine pluripotente Stammzelle umprogrammieren zu können. Eine mehrmonatige Untersuchung ergab 2014, dass mehrere Proben bereits zu Beginn der Experimente mit Stammzellen kontaminiert waren und dass dies "wahrscheinlich nicht zufällig" geschehen sei; ferner seien Abbildungen in den Studien ohne ausreichende Datengrundlage erstellt worden.

Dem italienischen Chirurgen Paolo Macchiarini, der in Schweden am renommierten Karolinska-Institut als Gastprofessor tätig war, wurde Anfang 2016 vorgeworfen, Publikationen gefälscht und leichtfertig das Leben von Patienten aufs Spiel gesetzt zu haben. Macchiarini galt als Experte für künstliche Luftröhren, bis ein Fernsehbericht "von gravierenden Diskrepanzen zwischen der – in der Mehrheit der Fälle letztlich mit dem Tod endenden – Krankengeschichte von Macchiarinis Patienten und den vom Chirurgen in Fachkreisen präsentierten Ergebnissen dieser Operationen" berichtete. Daraufhin trat der Leiter des Karolinska-Instituts, Anders Hamsten, von seinem Amt zurück; zuvor war das Institut Vorwürfen gegen Macchiarini nicht nachgegangen. Der Fall hatte auch Auswirkungen auf die Zusammensetzung des Komitees, das für die Vergabe des Medizin-Nobelpreises zuständig ist.

Physik?

Jan Hendrik Schön, Nano-Physiker, fälschte Messdaten zum elektronischen Verhalten organischer Strukturen. Schön war bereits 2002 als potenzieller Kandidat auf den Nobelpreis in der Diskussion, als der Betrug aufgedeckt wurde: Seine Messergebnisse konnten nicht reproduziert werden.

Victor Ninov fälschte Messdaten über die angebliche Erzeugung von zwei neuen chemischen Elementen (Schwerionen).

Rusi P. Taleyarkhan von der Purdue University wird seit mehreren Jahren vorgeworfen, seine Experimente zur Bläschenfusion seien nicht reproduzierbar. Dies veranlasste im Frühjahr 2007 schließlich den Ausschuss für Wissenschaft und Technologie des US-Repräsentantenhauses zu einer eigenen Untersuchung, nachdem eine Überprüfung des möglichen wissenschaftlichen Fehlverhaltens durch die Heimatuniversität u. a. in der Fachzeitschrift "Nature" als undurchsichtig kritisiert worden war.

Der südkoreanische Zellbiologe Prof. Tae Kook Kim wurde Anfang 2008 vom Dienst im "Korea Advanced Institute of Science and Technology" in Daejeon suspendiert, nachdem sich zwei seiner Publikationen in den Fachzeitschriften "Science" und "Nature Chemical Biology" als "frei von jeglicher wissenschaftlichen Wahrheit" entpuppt hatten. In "Science" war 2005 zunächst eine Methode beschrieben worden, wie man durch Nanoteilchen die Wechselwirkungen zwischen Molekülen im Inneren von Zellen und Medikamenten beeinflussen kann. In der zweiten Studie wurde 2006 behauptet, es sei gelungen, Körperzellen so umzuprogrammieren, dass man deren Alterungsprozess stoppen und sie sogar verjüngen könne.

Dem Evolutionsbiologen und Kognitionsforscher Marc Hauser wurde 2010 von einer internen Untersuchungskommission der Harvard University vorgeworfen, er habe sich in mindestens acht Fällen des wissenschaftlichen Fehlverhaltens schuldig gemacht. Ein Aufsatz von Hauser in der Fachzeitschrift "Cognition" wurde zurückgezogen, die Gültigkeit weiterer Publikationen in Frage gestellt. Eine der angezweifelten, 2007 in den "Proceedings der Royal Society" veröffentlichte Studie wurde Anfang 2011 nach einer Wiederholung der Experimente als korrekt ausgewiesen, ebenso eine in "Science" veröffentlichte Studie. Mit Wirkung vom 1. August 2011 kündigte er seine Tätigkeit an der Harvard University. Eine abschließende Stellungnahme des "U.S. Department of Health and Human Services Office of Research Integrity" (ORI) bestätigte Anfang September 2012 die Vorwürfe gegen Hauser: Ihm sei in sechs Fällen "wissenschaftliches Fehlverhalten" nachgewiesen worden.

Umwelt?

Eine Postdoktorandin der Universität Uppsala publizierte im Juni 2016 in "Science" gemeinsam mit dem Leiter ihrer Arbeitsgruppe eine weltweit beachtete Studie über den Zusammenhang von Mikroplastik im Ozean und die Entwicklung von Fischlarven. Besucher der angeblich auf Gotland durchgeführten Experimente bezweifelten bereits unmittelbar nach der Publikation, dass die behaupteten Versuchsansätze dort hatten durchgeführt werden können. Kurz nach dieser Kritik wurde von den beiden Autoren der Studie behauptet, die Rohdaten seien infolge des Diebstahl eines Laptops komplett verloren gegangen. Eine Untersuchung durch die Universität Uppsala führte im Mai 2017 dazu, dass "Science" die Publikation für ungültig erklärte. Im Dezember 2017 erklärte die Universität Uppsala die Daten der Studie für erfunden.

Anhand der Beispiele sollte veranschaulicht werden, dass man heute weder den Ergebnissen der "Götter in Weiß" noch anderen angeblich wissenschaftlichen Ergebnissen trauen darf. Ganz offensichtlich kann jeder zum Betrüger werden, wenn er dadurch persönliche Vorteile sieht. Hinzu kommt, dass, falls es sich bei dem Fälscher um einen Professor oder um eine einflussreiche Koryphäe ihres Fachs handelt, die Mitarbeiter und Kollegen für die eigene Karriere auf ein gutes Einvernehmen mit dem Fälscher angewiesen sind, wodurch es erwiesenermaßen eine unentdeckte Dunkelziffer an Fälschungen gibt. Insbesondere wenn es sich bei einer fälschenden Koryphäe um den Leiter einer auf Jahre angelegten Projektgruppe handelt, würde ein Auffliegen des Schwindels zum Ende des Projektes und einer ungewissen Zukunft der Projektmitarbeiter führen.

Dazu haben wir korrupte Politiker wie Philipp Amthor (CDU) aus Mecklenburg-Vorpommern, die schon als Nachwuchsaspiranten mit der Lobbyarbeit beginnen und sehr bald lernen, sich durch Vorteilnahme im Amt die Taschen zu füllen!

LITERATURVERZEICHNIS

Andrew Natsios und Kelly Doley (2009): "The coming food coups". The Washington Quarterly 32: S. 7–25.

A. M. Zaki, S. van Boheemen, T. M. Bestebroer, A. D. Osterhaus und R. A. Fouchier, "Isolation of a Novel Coronavirus from a Man with Pneumonia in Saudi Arabia", New England Journal of Medicine, Nr. 367, S. 1814–1820, November 2012.

A. Fehr und S. Perlman, "Coronaviruses: an overview of their replication and pathogenesis", Methods in Molecular Biology, Nr. 1282, S. 1–23, 2015.

A. J. Nahmias, J. Weiss, X. Yao et al.: Evidence for human infection with an HTLV III/LAV-like virus in Central Africa, 1959. In: The Lancet 327, Nr. 8492, Juni 1986, S. 1279–1280.

Behrooz Morvaridi (2012): "Capitalist Philanthropy and Hegemonic Partnerships". Third World Quarterly 33: S. 1191–1210.

Bundesministerium für Arbeit, Soziales, Gesundheit und Konsumentenschutz (Hrsg.): Empfehlung Influenza-Impfung (Grippeimpfung), Saison 2018/2019.

Conway, Gordon (1997): The Doubly Green Revolution: Food for All in the Twenty-first Century. London, New York: Penguin Books.

C. Drosten, S. Günther, W. Preiser, S. van der Werf, H.-R. Brodt, S. Becker, H. Rabenau, M. Panning, L. Kolesnikova, R. A. Fouchier, A. Berger, A.-M. Burguière und e. al., "Identification of a Novel Coronavirus in Patients with Severe Acute Respiratory Syndrome", New England Journal of Medicine, Nr. 348, S. 1967–1976, 2003.

C. M. Coleman und M. B. Frieman, "Coronaviruses: Important Emerging Human Pathogens", Journal of Virology, Bd. 88, Nr. 10, S. 5209–5212, May 2014.

Chang L., Yan Y., Wang L. "Coronavirus Disease 2019: Coronaviruses and Blood Safety", Transfusion Medicine Reviews 2020.

D. Hamre und J. Procknow, "A New Virus Isolated from the Human Respiratory Tract", Proceedings of the Society for Experimental Biology and Medicine, Bd. 121, Nr. 1, S. 190–193, January 1966.

Deborah Potts (2012): "What ever happened to Africa's rapid urbanization? Africa Research Institute", Counterpoint Series, London, S. 16.

ECDC: "Outbreak of novel coronavirus disease 2019 (COVID-19)": increased transmission globally – 5. Update.

E. Ercivan: "Wenn Wissenschaft Wissen schafft", Rottenburg 2004.

F. Beaudette und C. Hudson, "Cultivation of the virus of infectious bronchitis", J Am Vet Med Assoc, Nr. 90, S. 51–58, 1937.

Gates Foundation, Jahresbericht 2008.

I. M. Mackay und K. E. Arden, "MERS coronavirus: diagnostics, epidemiology and transmission", Virology Journal, Bd. 12, Nr. 222, 2015.

International Comitee on Taxonomy of Viruses (ICTV), "Virus Taxonomy: 2018b Release", 2019.

James B. Stewart (2010): "Sometimes smoke is just smoke", Wall Street Journal, 16. 10. 2010.

Jeanne Koopman (2012): "Will Africa's Green Revolution squeeze African family farmers to death?" Lessons from small-scale high-cost rice production in the Senegal River ValleyReview of African Political Economy 39: S. 501.

Jennifer Bair (2005):" Global capitalism and commodity chains: looking back and going forward". Competition & Change 9: S. 153–180.

Jonathan Crush (2013): "Linking Food Security", Migration and Development. International Migration 51: S. 60-75.

J. F. Drexler, V. M. Corman und C. Drosten, "Ecology, evolution and classification of bat coronaviruses in the aftermath of SARS", Antiviral Research, Bd. 101, S. 45-56, January 2014.

K. McIntosh, J. Dees, W. Becker, A. Kapikian und R. Chanock, "Recovery in tracheal organ cultures of novel viruses from patients with respiratory disease", PNAS, Bd. 57, Nr. 4, S. 933-940, April 1967.

L. Saif, "Animal coronaviruses: What can they teach us about the severe acute respiratory syndrome?", OIE Revue Scientifique et Technique, Bd. 23, Nr. 2, S. 643-660, 2004.

L'Aquila Joint Statement on Global Food Security v. 10.7.2009.

Michael T. Osterholm u.a.: "Efficacy and effectiveness of influenza vaccines: a systematic review and meta-analysis". In: The Lancet, Januar 2012.

Michael T. Osterholm u. a.: "The Compelling Need for Game-Changing Influenza Vaccines - An Analysis of the Influenza Vaccine Enterprise and Recommendations for the Future". (PDF) online Oktober 2012; abgerufen am 5. Juni 2019.

M. M. Lai, "RNA Recombination in Animal and Plant Viruses", Microbiological Reviews, Bd. 56, Nr. 1, S. 61-79, March 1992.

N. Zhu, D. Zhang, W. Wang, X. Li, B. Yang, J. Song, X. Zhao, B. Huang, W. Shi, R. Lu, P. Niu, F. Zhan und et al., "A Novel Coronavirus from Patients with Pneumonia in China, 2019", New England Journal of Medicine, Nr. 382, S. 727-733, February 2020.

N. Yamane, H. Uemura: "Serological examination of IgE- and IgG-specific antibodies to egg protein during influenza virus immunization". In: Epidemiology and infection. Band 100, Nummer 2, April 1988, S. 291-299.

P. Woo, S. Lau, Y. Huang und K.-Y. Yuen, "Coronavirus diversity, phylogeny and interspecies jumping", Experimental Biology and Medicine, Bd. 234, Nr. 10, S. 1117-1127, October 2009.

P. Woo, S. Lau, C. Lam, C. Lau, A. Tsang, J. Lau, R. Bai, J. Teng, C. Tsang, M. Wang, B. Zheng, K. Chan und K. Yuen, "Discovery of seven novel Mammalian and avian coronaviruses in the genus deltacoronavirus supports bat coronaviruses as the gene source of alphacoronaviruses and betacoronaviruses and avian coronaviruses as the gene source of gamma- and deltacoronavirus", Journal of Virology, Bd. 86, S. 3395-4008, 2012.

Philipp McMichael (2013): "Value-chain agriculture and debt relations: contradictory outcomes". Third World Quarterly 34: S. 671-690.

Prabhu Pingali (2012):" Green Revolution: Impacts, limits, and the path ahead". PNAS 109: S. 12302-12308.

Raj Patel (2013): "The long Green Revolution". Journal of Peasant Studies 40: S. 1-63.

Robert-Koch-Institut: "Wissenschaftliche Begründung für die Empfehlung des quadrivalenten saisonalen Influenzaimpfstoffs". In: Epidemiologisches Bulletin 2018, Nr. 2, S. 19-34, 2019.

Rockefeller Foundation (2006): "Africa's Turn: A New Green Revolution for the 21st Century".

S. Duffy, L. A. Shackelton und E. C. Holmes, "Rates of evolutionary change in viruses: patterns and determinants", Nature Reviews Genetics, Nr. 9, S. 267-276, March 2008.

Stellungnahme des Nationalen Impfgremiums, Soziamministerium.at, 2019.

T. Jefferson, A. Rivetti, C. Di Pietrantonj, V. Demicheli, E. Ferroni: "Vaccines for preventing influenza in healthy children. In: The Cochrane database of systematic reviews". Band 8, 2012, S. CD004879.

T. Jefferson, C. Di Pietrantonj, A. Rivetti, G. A. Bawazeer, L. A. Al-Ansary, E. Ferroni: "Vaccines for preventing influenza in healthy adults. In: The Cochrane database of systematic reviews". Band 3, 2014, S. CD001269.

T.S. Jayne, Jordan Chamberlin und Derek D. Headey (2014), Land pressures, the evolution of farming systems, and development strategies in Africa: A synthesis. Food Policy 48: S. 1-17.

V. Corman, J. Lienau und M. Witzenrath, "Coronaviren als Ursache respiratorischer Infektionen", Internist, Nr. 60, S. 1136-1145, 2019.

V. M. Corman, D. Muth, D. Niemeyer und C. Drosten, "Chapter Eight - Hosts and Sources of Endemic Human Coronaviruses", Advances in Virus Research, Nr. 100, S. 163-188, 2018.

"Virology: Coronaviruses", Nature, Bd. 220, S. 650, 1968.

World Bank (2007): "Agriculture for Development". World Development Report 2008.

BILDNACHWEIS

Al Jazira TV: 30
Alphabet Inc.: 125
Anonym: 75
Botao Xiao: 12
Bundesarchiv Berlin: 57, 80, 83, 86, 87, 88, 89, 90, 98, 111
Bundesministerium für Gesundheit: 63, 68, 71
China Central Television (CCTV): 1, 3, 6, 9, 17, 18, 41, 58
Hotel Steigenberger Hof: 76
Jeffrey K. Silverman: 46
Nature Medicine: 11, 15, 19
Paul-Ehrlich-Institut: 73
Pixabay: 47, 54, 69, 78, 79, 95, 118

Pinterest: 113
Robert-Koch-Institut: 56, 62, 64, 70, 108
StockAdobe: 31
Strasson Group: 122
South China Morning Post: 27
Science: 43
Wikipedia: 24, 44, 48, 55, 72, 74, 82, 94, 99, 100, 101, 102, 104, 109, 121, 124
Wuhan Institute of Virology: 8, 11, 15, 19, 58

Die übrigen Abbildungen stammen aus dem Archiv des Autors.

DANKSAGUNG

Der Autor möchte folgenden Institutionen und Personen danken, die zu diesem Buch Anregungen, Informationen oder Bildmaterial beigesteuert haben: Al Jazira TV, Alphabet Inc., Bundesarchiv Berlin, Bundesministerium für Gesundheit, Paul-Ehrlich-Institut, Robert-Koch-Institut, Wuhan Institute of Virology, Fort Detrick, China Central Television, Nature Medicine, South China Morning Post, ScienceMagazine, Pixabay, Pinterest, Wikipedia, Hotel Steigenberger Hof in Frankfurt a. M., Strasson Group, Jeffrey K. Silverman, Botao Xiao, Dilyana Gaythandshieva, Garry Grant, Görkem Şenel, Igor Giorgadze, Hanyu Pinyin, Imge Şenel, Ilkay Erçelik, Kai Gumbrecht, Knuth Lessing, Jürgen Gross, Jeffrey K. Silverman, Taner Arıkan, Xing Chuan und vielen anderen Personen, die hier leider aus Sicherheitsgründen alle nicht namentlich genannt werden können.

Die Erwähnung der Institutionen und Personen besagt nicht, dass sie von den in diesem Buch behandelten Inhalten und aufgestellten Theorien informiert sind oder sie akzeptieren, es denn, es wird vom Verfasser ausdrücklich darauf hingewiesen.

ÜBER DEN AUTOR

Erdogan Ercivan beschäftigt sich seit 1978 mit Themengebieten der Prä-Astronautik und Archäologie. Von 1981 bis 1986 war er beim Departement DEH der US-Army in Berlin tätig und gehörte dem Ägypten-Forum der Humboldt-Universität an. Er veranstaltete 1998 den "1. Weltkongress Verbotene Archäologie" und ist einer der Pioniere bei der Einführung "Pflegeversicherung im Gesundheitswesen" (PKV). Von 1987 bis 2007 war er auf dem Sektor Banken und Finanzdienstleistungen tätig. Seit 1995 verfasste er als Wissenschaftsjournalist mehrere Bestseller, die in verschiedene Sprachen übersetzt sind.

Larry A. Smith

MMS – Der natürliche Viruskiller

MMS steht für Miracle Mineral Solution, wunderbare
Minerallösung – und der Name ist Programm: Mehr als
75.000 Fälle von Malaria konnten erfolgreich behandelt werden, viele Aids-Patienten und zahlreiche Fälle
von Hepatitis C, Tuberkulose und Erkältungen – ohne
Nebenwirkungen.
Lesen Sie in diesem praktischen Ratgeber, bei welchen
Krankheiten Sie MMS anwenden können, wie es herzustellen und zu dosieren ist sowie was Anwender zu
MMS zu berichten haben.
Kein Buch über ein Wunder, sondern über eine wun-
dervolle Minerallösung, über MMS – die Hoffnung für
ein gesundes Leben im 21. Jahrhundert.

160 Seiten, Klappenbr.
ISBN 978-3-89845-312-7
€ [D] 14,90

Heiko Christmann

Blut gut – alles gut

Laborwerte richtig deuten –
Dunkelfeldmikroskopie nutzen.
Sanfte Diagnose und wirksame Behandlung

Unser Blut gibt Aufschluss über Funktionsstörungen,
Krankheiten und Belastungen, die der Heilpraktiker
Heiko Christmann mit der Dunkelfeldmikroskopie di-
agnostiziert. Hier erläutert er, welche Therapien er aus
den Ergebnissen ableitet und gibt an zahlreichen Fall-
beispielen aus seiner Praxis Einblick in diese beeindru-
ckende Behandlungsmethode.
Lernen Sie, Ihre Blutwerte zu lesen, und pimpen Sie Ihr
Blut!

192 Seiten, Flexocover
ISBN 978-3-89845-645-6
€ [D] 15,00

403 Seiten, gebunden
ISBN 978-3-930243-01-3
€ [D] 22,90

Margret Cheney

Nikola Tesla – Erfinder, Magier, Prophet
Über ein außergewöhnliches Genie und seine revolutionären Entdeckungen

Das Buch berichtet ausführlich über Leben und Werk von Nikola Tesla (1856-1943), der vielfach als "der größte Erfinder aller Zeiten" bezeichnet wurde. Als Entdecker der "Freien Energie" ist er für einige fast zu einem Mythos geworden. Margaret Cheney zeichnet nicht nur sehr lebendig und kompetent das Portrait einer zweifellos exzentrischen, schillernden und nahezu übernatürlich begabten Persönlichkeit; sie beschreibt auch ein Stück spannender Zeit- und Wissenschaftsgeschichte.

360 Seiten, gebunden
ISBN 978-3-930243-66-2
€ [D] 14,95

Ulrich F. Sackstedt

Quanten-Äther
Die Raumenergie wird nutzbar – Wege zur Energiewandlung im 21. Jahrhundert

Ulrich F. Sackstedt stellt Energiewandlungsverfahren aus Quellen vor, die von der Schulphysik kaum akzeptiert sind. Diese könnten das drohende Szenario zukünftiger Energieengpässe abwenden. Er erläutert Grundlagen der Quantenäther-Vorstellung und präsentiert Zukunftstechnologien zur Energiewandlung und -nutzung sowie zur Informationsübertragung und zu Materialtechniken. Mehrere Beiträge von Kennern der Materie sowie von Nikola Tesla und Viktor Schauberger, den "Vätern der freien Energie", kommen zur Sprache.

272 Seiten, 2-farbig,
Klappenbroschur
ISBN 978-3-89845-648-7
€ [D] 20,00

Peter Berliner

Klare Worte

Wie Sie überzeugend sagen, was Sie meinen

Klar und überzeugend kommunizieren
Sei es im Beruf oder im Privatleben: Wirkungsvolles
Sprechen vor und mit anderen Menschen ist heute
wichtiger denn je. Wer seine Ideen und Projekte überzeugend vortragen kann, hält den Schlüssel zum Erfolg
in der Hand.
Kompakt und unterhaltsam coacht Sie Peter Berliner,
Experte für Kommunikation und Persönlichkeitsent-
wicklung, wie Sie die Kunst der klaren Worte erfolgreich
meistern und andere von Ihren Ideen überzeugen!

224 Seiten, broschiert
ISBN 978-3-89845-596-1
€ [D] 17,00

Maria G. Baier-D'Orazio

Schneiden Sie die Tomaten doch mal anders als sonst

*Aus der Routine des Alltags ausbrechen
und jünger werden*

Haben Sie sich nicht schon immer ein Leben ge-
wünscht, in dem Platz ist für Neues, für Spontaneität,
Lebenslust und Abenteuer? Genau dieses Leben können
Sie sich erschaffen und frischen Wind in Ihr Leben lassen. Entdecken Sie, wie Sie mit kleinen Veränderungen
dem Leben Farbe verleihen, es facettenreicher, intensiver
werden lassen.
Der wunderbare Nebeneffekt: Diese neue Art an ge-
lebter Intensität wird in Ihnen das Jungsein aktivieren.
Begleitet von einer Vielzahl spielerischer Übungen,
entdecken Sie so einen wahren Jungbrunnen für ein
Leben, das sich jeden Tag neu erschafft.

Wilhelm Mohorn

Raumenergie – Das decodierte Rätsel
Neue Energiequellen zum Nulltarif

Wilhelm Mohorn erläutert eine der faszinierendsten Entdeckungen auf dem Energiesektor: die Raumenergie, die alte Energien ablösen und eine neue Energie-Ära einläuten kann. Sie ist unerschöpflich, umweltfreundlich, ungefährlich und kann kostenfrei genutzt werden.
Er erklärt die konkrete Anwendung der Raumenergie und zeigt, dass jeder bereits heute von dieser Energie-Revolution profitieren und sich diese neue Energiequelle zum Nulltarif zunutze machen kann.

240 Seiten, gebunden
ISBN 978-3-89845-517-6
€ [D] 19,95

Vadim Zeland

Transsurfing
Realität ist steuerbar

Dieses Buch löste in Russland eine wahre Revolution aus. Die Realität ist steuerbar! Wir alle glauben, wir seien abhängig von den äußeren Umständen – dabei ist es genau umgekehrt! Ihre innere Wirklichkeit kreiert die äußere Realität. So erfüllen sich Wünsche, Träume verwirklichen sich.
Transsurfing ist eine mächtige Technologie zur Realitätssteuerung. Alle, die sich mit Transsurfing beschäftigen, erleben eine Überraschung. Die Umgebung eines Transsurfers verändert sich beinahe augenblicklich auf magische Weise.

232 Seiten, broschiert
ISBN 978-3-89845-154-3
€ [D] 14,90

Weiterführende Informationen zu
Büchern, Autoren und den Aktivitäten
des Silberschnur Verlages erhalten Sie unter:
www.silberschnur.de

Natürlich können Sie uns auch gerne den
Antwort-Coupon aus dem beiliegenden
Lesezeichenflyer zusenden.

Ihr Interesse wird belohnt!